世界の法律情報

―グローバル・リーガル・リサーチ―

阿部博友
小林成光
高田　寛
高橋　均
平野温郎

［編著］

文眞堂

推薦のことば

　本書は，各国の法律情報の調べ方について，主として大学・大学院で法学を学ぶ方々や企業の法務に携わる方々を想定して刊行された。そして期待に違わずポイントを絞った極めて解かりやすいものに仕上がり，初学者にはとても使い勝手の良いものになった。法律学習のためであれ，法律実務のためであれ，そうした方々のためのガイドラインとして格好の書であり，法律問題に直面したとき，最初に紐解くべき一書としてお勧めしたい。

　誰でも初めて法律に接するときは戸惑いがある。私事ながら，商社の法務・審査部門で30年余，大学・大学院で国際取引法担当の教授として18年余を過ごしてきた。この間，企業法務の現場や研究・教育に携わり，否応なしに法律に接してきたが，しかし実は大学では経営学部に籍を置いていたので，会社に勤務して初めて法律問題に直面した時は大いに戸惑ったものである。暗中模索をしながら凌いできたが，本書のような手がかりとなる書籍があれば，ずいぶんと助けになったことであろう。

　本書に先立って刊行された姉妹編ともいうべき『やさしい法律情報の調べ方・引用の仕方』は好評であった。これに読者の要望を踏まえ，よりグローバルな内容にしたのが本書である。今日のグローバルな経済・社会は，地球の裏側でおこった出来事でもたちまち身近な問題となる。ある国の為替変動が直ちに日本経済に影響するし，どこか遠い国で流行した感染症にも一喜一憂しなければならない時代である。法律問題も国内だけを見ていればよい時代ではなくなった。

　このような今日のグローバルな経済・社会のニーズに沿うよう，本書は，北アメリカ，ヨーロッパの先進諸国の法はもちろん，アジア，ラテンアメリカ，中近東，アフリカにまで対象を広げ，より一層の読者の便宜が図られている。このように広範な分野をカバーするためそれぞれの分野に精通した執筆陣がエッセンスだけを取り上げ，コンパクトに纏め上げているので，ハンディな入

門書として，愛用されることを願っている。

国際取引法学会顧問
企業法学会理事
前国際商取引学会会長
元神戸学院大学法科大学院教授

富澤　敏勝

はしがき

 21世紀に入ってから，早くも10数年が経過した。この間，わが国のグローバル化は，市場経済のみならず，文化，社会，学術などあらゆる分野において急速に進展している。法律学の分野も例外ではなく，他国・地域の法制度や法律情報の知識は，国際訴訟法制の分野のみならず，日々の経済的・社会的生活においても必要不可欠の時代を迎えている。

 とりわけ，国際取引に関わる企業にとって，取引先の国・地域にどのような法律があり，いかに運用されているのか，またどのような紛争事例があるのかなど，最新の法律情報を入手することは，諸外国との取引において，最低限必要な準備である。

 しかしながら，海外との取引の場合，多くは，わが国の法律事務所を通して現地の弁護士等から必要な情報を入手するなど，その方法は限られてきた。また，仮に必要な情報を得られたとしても，国際法務の専門家を抱えている企業は格別，外国法に関する基本的な知識不足のため十分に諸外国の法制度等を理解することができず，場合によっては案件ごとすべてを現地の弁護士等に丸投げをすることが多いように見受けられる。特に，国際取引に不慣れな企業に至っては，その傾向が強い。このため，海外で業務を行う多くの企業は，図らずも法律の分野において大きな潜在的リスクを抱えてしまう場合が少なくない，といっても過言ではないであろう。

 本書は，これらのリスクを少しでも解消するため，諸外国・地域の基本的な法制度および法律情報の調べ方について，わかりやすく解説したものである。

 本書の対象は，日本のほか，アジア，北米・ラテンアメリカ，ヨーロッパ，中近東・アフリカにおける16の国・地域に及ぶ。また，国・地域別の法律情報のほか，国家間をまたがるEU法，イスラーム法，その他国家法以外の国際的ルールについても独立の章を設け解説している。さらに，これらの法律情報の使い方の実践編として，企業法務担当者，学生を念頭に，法律学の報告書ま

たはレポート作成のための情報収集と活用の実践の章を設けている。

　本書の執筆者は，内外の第一線の研究者16名から構成され，それぞれが研究対象としている国・地域の法制度および法律情報の入手の仕方について，最新の現地情報も可能な限り取り入れながら，わかりやすく解説している。執筆者の中には，長年，国際取引に従事してきた実務経験者も加わっている。

　本書の類の書籍は，あまり多くはない上に，対象国を絞った専門書や学術的なものが多く，本書のように多くの国・地域を対象とし，それぞれの視点から特色ある情報を満載した網羅的な書籍は，本書が初めてだといってもよいであろう。

　また，本書の対象読者は，企業法務担当者，弁護士，研究者等の法律専門家だけでなく，大学生，大学院生も十分読めるように配慮を加えた。この意味においても，本書は，外国の法律情報調査・研究の入門書としても十分に役立つものであると自負している。

　わが国のグローバル化は一層進むことはあっても，後戻りすることはない。本書が，今後ますますその機会が増えるであろう国際取引に関わる多くの読者の道標となり，ひいてはわが国のグローバル化，とりわけ法律の分野でのグローバル化への対応の一助となれば幸いである。

　最後に，本書の出版に際してご尽力いただいた文眞堂代表取締役社長の前野隆氏，専務取締役の前野眞司氏に，厚く御礼申し上げる次第である。

編著者一同

目　次

はしがき……………………………………………………………………iii

第Ⅰ編　アジア編……………………………………………………1
　　概要…………………………………………………………………3

第1章　日本法………………………………………………………5

　はじめに………………………………………………………………5
　1. 法令の基礎知識……………………………………………………5
　2. 法令に関する情報の入手先………………………………………8
　3. 法令を調べる………………………………………………………12
　4. 判例を調べる………………………………………………………17
　5. 論文の調べ方………………………………………………………23
　6. 書籍の調べ方………………………………………………………28
　7. 資料の調べ方………………………………………………………29

第2章　インドネシア法……………………………………………31

　はじめに―インドネシアとその法，インドネシア法研究の意義………31
　1. インドネシア法概観………………………………………………32
　2. インドネシアの司法制度…………………………………………43
　3. 法律情報の調べ方…………………………………………………47

第3章　タイ法………………………………………………………54

　はじめに………………………………………………………………54
　1. 概要・特色…………………………………………………………55
　2. 法制度………………………………………………………………56

  3．裁判機構 ·· 58
  4．法源，判例，法律情報 ····································· 63
 おわりに ·· 66

第4章　台湾法 ··· 68

 はじめに ·· 68
  1．概要・特色 ·· 68
  2．法制度 ··· 69
  3．裁判機構 ·· 70
  4．法令・判例 ·· 72
  5．主なビジネス関係法制度 ····································· 74

第5章　中国法 ··· 80

 はじめに ·· 80
  1．概要・特色 ·· 80
  2．法制度 ··· 82
  3．裁判機構 ·· 83
  4．法令・判例 ·· 84
  5．主なビジネス関係法制度 ····································· 87

第6章　ベトナム法 ··· 92

 はじめに ·· 92
  1．概要・特色 ·· 92
  2．法制度 ··· 95
  3．司法制度 ·· 99
  4．法律情報の探し方 ··· 102

第7章　香港法 ··· 105

 はじめに ·· 105
  1．概要・特色 ·· 105

  2. 法制度 …………………………………………………………… 106
  3. 裁判機構 ………………………………………………………… 107
  4. 法令・判例 ……………………………………………………… 109
  5. 主なビジネス関係法制度 ……………………………………… 112

第8章　マレーシア法 …………………………………………… 116

 はじめに ……………………………………………………………… 116
  1. マレーシア法概観 ……………………………………………… 116
  2. 法源一覧 ………………………………………………………… 120
  3. 法令集にアクセスする基本状況 ……………………………… 122
  4. 判例集の有無と公開状況 ……………………………………… 124
  5. 主なビジネス関係法制度 ……………………………………… 125

第Ⅱ編　北米・ラテンアメリカ編 ……………………………… 129
 概要 …………………………………………………………………… 131

第9章　アメリカ法 ……………………………………………… 133

 はじめに ……………………………………………………………… 133
  1. インターネット上の主な法情報 ……………………………… 133
  2. 法律 ……………………………………………………………… 136
  3. 判例 ……………………………………………………………… 142
  4. 書籍，公文書，辞典および法律雑誌などの調べ方 ………… 147

第10章　カナダ法 ………………………………………………… 158

 はじめに ……………………………………………………………… 158
  1. インターネットを使った判例・法情報等の検索の主な仕方 ……… 158
  2. カナダ法概観 …………………………………………………… 160
  3. 裁判所 …………………………………………………………… 164
  4. 統治システム …………………………………………………… 166
  5. 書籍・雑誌等 …………………………………………………… 168

6. 法律文献の引用方法 ……………………………………………………169

第11章　メキシコ法 …………………………………………………172
　はじめに ……………………………………………………………………172
　1. メキシコ憲法 ……………………………………………………………174
　2. メキシコ法制度の概要 …………………………………………………177
　3. メキシコの主要法令の紹介 ……………………………………………179

第12章　ブラジル法 …………………………………………………190
　はじめに ……………………………………………………………………190
　1. 1988年憲法とブラジルの政治体制 ……………………………………192
　2. 法規範の種類について …………………………………………………198
　3. ブラジルの主要法令の紹介 ……………………………………………201

第Ⅲ編　ヨーロッパ編 ………………………………………………209
　概要 …………………………………………………………………………211

第13章　EU法 …………………………………………………………213
　はじめに ……………………………………………………………………213
　1. EU法とはなにか ………………………………………………………214
　2. 具体例 ……………………………………………………………………217
　3. EU法の法源 ……………………………………………………………220
　4. EUの裁判所と判例 ……………………………………………………224
　5. 法律情報の調べ方 ………………………………………………………228

第14章　イギリス法 …………………………………………………229
　はじめに ……………………………………………………………………229
　1. インターネット上の主な法情報 ………………………………………229
　2. 憲法と法律 ………………………………………………………………232
　3. 判例 ………………………………………………………………………240

4. 書籍，雑誌および公文書などの調べ方 …………………………249

第15章　ドイツ法 …………………………………………………256

　はじめに …………………………………………………………………256
　1. 法令 ……………………………………………………………………257
　2. 判例 ……………………………………………………………………264
　3. 法文献 …………………………………………………………………270

第16章　フランス法 ………………………………………………274

　はじめに …………………………………………………………………274
　1. フランス法とEU法 …………………………………………………275
　2. フランス法の立法形式 ………………………………………………276
　3. フランスの裁判制度 …………………………………………………279
　4. フランスの法律情報の調べ方 ………………………………………284

第Ⅳ編　中近東・アフリカ編 …………………………………289
　概要 ………………………………………………………………………291

第17章　イスラーム法 ……………………………………………293

　はじめに …………………………………………………………………293
　1. 現代におけるイスラーム法 …………………………………………293
　2. イスラーム法 …………………………………………………………294
　3. 中東法 …………………………………………………………………298
　4. 法令等の検索方法 ……………………………………………………299

第18章　タンザニア法 ……………………………………………305

　はじめに …………………………………………………………………305
　1. 概要・特色 ……………………………………………………………305
　2. 法制度 …………………………………………………………………307
　3. 裁判機構 ………………………………………………………………308

4．法令・法律等文書の入手 …………………………………………309
　5．判例 …………………………………………………………………313
　6．現地調査 について …………………………………………………314

第Ⅴ編　国際ルール編 …………………………………………………317
　概要 ………………………………………………………………………319

第19章　国家法以外の国際ルール ……………………………………321

　はじめに…………………………………………………………………321
　1．国家法以外の国際ルールの形成 …………………………………321
　2．国際ルールに関する主な国際機関・国際私的団体 ……………322
　3．CLOUT による裁判例・仲裁例の調べ方 ………………………326
　4．CISG 適用事例に関するその他の情報源 ………………………331

第Ⅵ編　実践編 …………………………………………………………337
　概要 ………………………………………………………………………339

第20章　法律学のレポート作成のための情報収集と
　　　　　活用の実践 ……………………………………………………341

　はじめに…………………………………………………………………341
　1．レポート作成にあたって …………………………………………341
　2．レポート作成のための情報収集の実践 …………………………343
　3．テーマ関連の具体的視点 …………………………………………348
　4．レポート作成終了後の留意点 ……………………………………354

索引 …………………………………………………………………………358

第Ⅰ編

アジア編

アジア編　概要

　本編では，アジアにおける日本企業の主要進出先国であるインドネシア，タイ，台湾，中国，ベトナム，香港およびマレーシアを取り上げている。一口にアジアといっても法域的には単一ではなく，一定の共通性を見出すことができる一方で多様性にも溢れた地域であり，例えば旧英国植民地であった香港やマレーシア，あるいはインドやシンガポールといった英米法（コモンロー）系国・地域と，インドネシア，タイや台湾，あるいは韓国などの大陸法系国・地域が混在している。また，中国やベトナムの如く，大陸法系ながら独特の社会主義的法体系を持った国も存在している。この多様性は，法律や言語のみならず，政治・経済体制，地域事情，文化，慣習などの分野についてもいえることであり，アジア法の研究・調査は，単なる制度の表面や個別法分野・条文の理解に止まらず，地域に対する幅広い理解を通じて包括的，俯瞰的な法務環境認識を形成し，これを基盤に進めていくべきものである。

　その上で，留意しておくべき点をいくつか挙げると，まず，域内のコモンローは，今や独自の変遷を辿った"リージョナル"なものになっている。例えば香港やマレーシア（そしてシンガポール）は，従来は英国の裁判例や制定法をほぼそのまま採り入れていたが，ある時点以降は，コモンローを基礎としつつも，自国裁判所による判例蓄積が進み，新たな法令の制定・改廃が行われるなどにより，地域的な特色，差異が生じている。一方，インドネシア，台湾，ベトナムなどは旧宗主国の法体系の影響を受けているが，やはり地域的な特色，差異が加わっている。さらに，国・地域によっては，わが国よりも進歩した法制度や個別法を備えている場合もある。従って，研究・調査においては，日本法や英国法からの類推に過度に頼った思考が危険なのはいうまでもなく，安易な同一視を排した個別的アプローチ，丁寧な姿勢，粘り強い情報収集や検証，タテ・ヨコの比較法的視点が必須である。

　しかし，このようなアジア法の情報収集は決して容易ではない。日本語はもちろん，英語の資料といえども十分ではない国・地域もあり，本来は一次資料

や原典に当たることのできる言語能力を備えることが望ましい。しかし，専門的な研究者は別として，一般的な学生や実務家にとっては，第二外国語に加えて当該国・地域の言語能力を獲得することは正直難しい場合もあろうし，域内活動のクロスボーダー化が進んでいるとはいえ，実務においてもそこまで求められることは殆どない。原典の翻訳，英語の専門書，各国の Doing Business に関する法情報を纏めた資料，データベース，JETRO や JICA の情報，Martindale-Hubbell® International Law Digest，内外弁護士事務所のニューズレター，セミナー，論文，新聞記事など各種情報を総合し，"合わせ技"で精度を上げることは十分可能である。

　本編では，国・地域の特性や紙幅の関係から，記述の統一性，整合性を敢えて求めることなく，各執筆者がその国・地域の初学者にとって必要かつ適切と考える内容を紹介している。いわば，本格的な研究・調査のためのイントロダクションないし道標として活用されることを意図している。このため，日本語または英語で入手でき，執筆者として推奨できる研究用，ビジネス用の参考文献を各国・地域とも必ず掲げるようにしているので，本編の記述に飽き足らない読者は，少なくともこれらを一読することをお勧めする。

第1章

日 本 法

はじめに

　世界の法律の体系は，大陸法系，英米法系，その他（イスラーム法など）に大別できるが，日本法は大陸法系に属する。現在の日本法の法律体系は，主に明治になってから整備されたものであり，特に，同じ大陸法系のドイツ法，フランス法の影響を受けているが，若干，イギリス法（イングランド法）の影響も受けている。戦後は，独占禁止法や証券取引法（現在の金融商品取引法）などの法律は，アメリカ法の影響を強く受けている。

　法源としては，日本国憲法，条約，法律，命令（政令，省令，規則等），条例等があるが，慣習法も法源の1つとされる。なお，一般に，裁判所の裁判例は法源とはみなされないが，最高裁判所の判例は，拘束力のあるものとして扱われることが多い。

1. 法令の基礎知識

1.1　法令とはなにか

　「法律」とか「法令」ということばは，あまり区別されることなく法的な規範全般を指して日常的に使用されている用語である。しかしながら，法律用語としての狭義の「法令」は，意味が異なる。法律用語においては，「法律」と「命令」とを合わせて「法令」呼んでいる。この場合，「法律」ということばは，衆参両院の議決により成立する法規範すなわち国会が制定する法規範に限

定して使われる。また，「命令」とは，国の行政機関が制定する法規範を総称する意味でのみ使用される用語である。

1.2 「法令」の種類

(1) **日本国憲法**：日本の最高法規であって，憲法の条規に反する国内法（法律，命令，詔勅および国務に関するその他の行為の全部または一部）は効力がないとされる（憲法98条1項）。

(2) **条約**：二国間や多数国間（国際組織間）において文書の形式で締結される合意規範である。条約，協定，協約，取極（とりきめ），規約，憲章，規程，議定書など種々の名称で呼ばれている。

(3) **法律**：憲法の枠内で，国会の議決により制定される。われわれの手元にある小六法・コンパクト六法・判例六法には重要な法律が掲載されているが，もちろん法律のすべてが掲載されているわけではない。

(4) **政令**：憲法，法律の規定を実施するために，あるいは法律による委任にもとづき内閣が制定する命令をいう。

(5) **府令・省令**：内閣府の長として内閣総理大臣，各省大臣が発する命令をいう。

(6) **規則**：府・省に置かれる委員会等の規則（公正取引委員会の制定する規則，会計検査院の制定する会計検査院規則など），衆議院規則，参議院規則，最高裁判所規則などを指す。

(7) **条例，地方公共団体の規則**：条例は，地方公共団体の議会によって，法律の範囲内で制定される。地方公共団体の長が，その権限内で発する命令が地方公共団体の規則である。

法令には属してはいないが，行政機関が発するものに訓令，通達，告示がある。

訓令，通達とは，上級の行政機関が下位の機関に対して法令の解釈や行政上の取扱い・運用方針について統一的な見解を示し，行政の現場の権限行使方針を伝達するためのものだが，実際には，当該行政機関が管轄する業界等を管理・規制する役割をはたしている。告示とは，国，地方公共団体の機関が，国民の権利・義務にかかわる必要な事項を公示することをいう。

1.3 法令間の効力

法令には，法令同士で上下関係がある。憲法は他の法令すべてに対して最も強い効力をもっている。そして上位の法令は下位の法令に優先し，下位の法令は上位の法令に違反することはできないという原則がある。法令の上下関係は，最高位に憲法，次いで法律，政令，省令の順である。なお，条約は憲法に次ぎ，法律に優先するという解釈が一般的であるが，条約のほうが憲法より上位にあるという説もある。また，規則は一般的に法律に劣るとされているが，議院規則，最高裁判所規則については，他の規則とは異なり，法律より優位にあるという説もある。

1.4 「法令」以外の法

わが国の法体系は，制定法主義であると説明され，わが国の法規範は原則としてすべて成文法である法令により形成されている。しかし，実際には，成文法以外にも社会の法規範が存在する。このような法規範は，条文化されていないので，成文法に対して不文法と総称されるが，具体的には，慣習法，判例法，条理と呼ばれている法規範を指す。

(1) 慣習法

公序良俗に反しない慣習は，法令がその効力を認めたもの及び法令に規定のない事項に関するものであれば法律と同一の効力がある（法の適用に関する通則法3条）。また，人々の間で認められている慣習規範であり，公序良俗に反しなければ民法の規定と異なっていても法的な効力が認められる（民法92

条)。さらに，商慣習法は民法よりも優先する。このように慣習法は法的効力を認められた不文法であるが，ある実務規範が慣習法かどうかは，具体的な裁判を通じて国家機関である裁判所が判断する。

(2) 判例法

裁判所が，判決あるいは決定という形で行った判断は，本来的にはその事件のためだけのものである。しかし，同じような種類の事件において，裁判所は同じような判断を下したり同じような取扱いをすることが，一般国民から見て裁判の結果に対する予見可能性が高まる。また，裁判の先例を重視することは一般国民に対して法の下の平等を貫くことにもなる。特に最高裁判所の先例は，その後の裁判に対して，事実上法規範として機能している。法規範として機能する裁判の先例を判例という。

(3) 条理

「条理」とは「物事の筋道」を意味する。1875（明治8）年に太政官布告というものが出され，裁判事務心得として「民事ノ裁判ニ成文ノ法律ナキモノハ習慣ニ依リ習慣ナキモノハ条理ヲ推敲シテ裁判スヘシ」とされた。この布告の規定が現在でも有効かどうか明確ではないが，裁判所の判断には条理にもとづく場合が全くないとはいえない。

2. 法令に関する情報の入手先

2.1 印刷・出版物の六法

六法は基本的な法令を収録した出版物である。「六法」とは，元来は，明治時代に制定された最も基本的な法律6種類（憲法，民法，商法・会社法，刑法，民事訴訟法，刑事訴訟法）の総称だが，今では主要な法律や基本的な法令集の代名詞の意味で使われている。数多くの六法が出版されており，それぞれの六法は，収録数や収録分野に特徴をもつ。

(1) **大型六法**：有斐閣『六法全書』は2分冊となっており，現在有効な約1000の法律，条約，政令，省令，府令，行政機関の委員会が定める規則などが収録されている。身近にある印刷体の六法としては最大の収録数である。

(2) **中型六法**：有斐閣『小六法』，三省堂『模範六法』，有斐閣『判例六法Professional』が代表的な中型印刷体六法である。それぞれ500前後の法令を収録しており，三省堂『模範六法』，有斐閣『判例六法Professional』は，収録法令のうち50件ぐらいの法令に関連の判例要旨を掲載している。

(3) **小型六法**：有斐閣『ポケット六法』，岩波書店『岩波 コンパクト六法』，三省堂『デイリー六法』，『三省堂 新六法』などがあり，収録されている法令数は100〜200前後である。

(4) **判例付六法**：三省堂『模範六法』，有斐閣『判例六法Professional』は，中型六法の項で述べた通りである。そのほか有斐閣『判例六法』，岩波書店『判例基本六法』，三省堂『コンサイス判例六法』が代表的な判例付小型六法で，収録された法令のうち，いずれも30前後の法令には判例要旨が掲載されている。ただし，判例付六法に掲載されている「判例」は，本来の判例そのものではなく，その要旨またはその一部である。したがって，判例を正しく知り，理解するうえでは，判例の原典に当たって調べる必要がある。

(5) **その他の六法**：上記の六法はすべての分野についての網羅的な印刷出版物だが，一方で，特定の分野を対象とした法令集ではあるが，「六法」という名称で出版されているものも数多くある。『教育六法』，『建設六法』，『税務六法』，『金融六法』，『福祉六法』などあるが，六法と銘打っていても主要な法令6種類が収録されているわけでない。

2.2 インターネット版六法

インターネットのプロバイダーであるSo-net, @niftyなどと契約することによって印刷体の三省堂「模範六法」に収録されている法令と同一のデータに

アクセスすることが可能である。法令・判例を対象にした五十音順検索，法分野別検索，判決年月日検索，キーワード検索，キーワードによる判例要旨の検索を行うことができる。

2.3　官報

官報は，国が発行する新聞で国の機関が定めた法令を公布・公告するために，原則として休日を除く毎日，国立印刷局から発行されている。

官報掲載記事はインターネット上で，最新1週間分に限り無料で閲覧・印刷・ダウンロードすることができる。http://kanpou.npb.go.jp がそのアドレスだが，1週間よりも前の記事を見る場合には，有料の官報情報検索サービスの提供を受ける必要がある。

2.4　全法令集

現在施行されているわが国の法令の数は膨大なものであり，大型六法に収録された法令であっても，ほんの一部に過ぎない。わが国における全法令を収録する印刷体は，『現行日本法規』（法務大臣官房編，ぎょうせい），『現行法規総覧』（衆議院参議院法制局編，第一法規出版）がある。これらは差し替え式（加除式）で現在有効な全法令が体系的に編集されている。

国が発行する編年体式法令集として『法令全書』がある。法令全書には，公布されたすべての法令が公布年月日順に編集されている。

2.5　法令条文のウェブサイト，データベースとそのアドレス

(1)　民間の法令等ウェブサイトとそのアドレス

「法庫」：平成9年以降に公布された法令は有料だが，それ以前の法令は無料で，五十音別・分野別・公布年順の索引から検索できる〈http://www.houko.com〉。

「リオスデジタル六法」：http://www.liosgr.com

「RONの六法全書 ON LINE」：http://www.ron.gr.jp/law/

「Eichi Law Offices 法律とサイバースペース関係リソース集」：
　　http://www.law.co.jp/link.htm

「網際情報館・法律あそびのお部屋・『法遊』」:
　　http://www2s.biglobe.ne.jp/~law/law/

(2) 官庁関係の法令等ウェブサイトとそのアドレス

「最高裁判所規則集」:最高裁で施行された規則が収録されている〈http://www.courts.go.jp/kisokusyu/〉。

「制定法律」:現行憲法下での第1回国会(1948年)以降に制定された法律を、制定された年次国会毎に検索することが可能である〈http://www.shugiin.go.jp/internet/itdb_housei.nsf/html/housei/menu.htm〉。

総務省「法令データ提供システム」:総務省が所管する電子政府の総合窓口であり,官報掲載の法令に基づいて整備されている。所管省庁が不明でも,政令・省令を含むすべての法令を横断的に検索できる〈http://law.e-gov.go.jp/cgi-bin/idxsearch.cgi〉。

経産省「所管法令」:http://www.meti.go.jp/intro/law/index.html

(社)著作権情報センター「著作権データベース」:http://www.cric.or.jp/db/

特許庁「法律・条約」:
　　http://www.jpo.go.jp/index/houritsu_jouyaku.html

防衛省・自衛隊「所管の法令等」:http://www.mod.go.jp/j/presiding/

総務省「総務省所管法令等」:
　　http://www.soumu.go.jp/menu_hourei/s_ichiran.html

厚労省「厚生労働省法令等データベースサービス」:
　　http://wwwhourei.mhlw.go.jp/hourei/

外務省「条約データ検索」:http://www.mofa.go.jp/mofaj/gaiko/treaty/

国土交通省「所管法令,告示・通達一覧」:
　　http://www.mlit.go.jp/policy/file000002.html

環境省「法令・告示・通達」:http://www.env.go.jp/

財務省「所管の法令・告示・通達等」:
　　http://www.mof.go.jp/about_mof/act/

金融庁「所管の法令・ガイドライン等」:
　　http://www.fsa.go.jp/common/law/index.html

国税庁「税法・通達等・質疑応答事例」：
　　http://www.nta.go.jp/shiraberu/zeiho-kaishaku/index.htm
文部科学省「国会提出法律，告示・通達」：
　　http://www.mext.go.jp/b_menu/b004.htm
警察庁「法令・訓令・通達等」：http://www.npa.go.jp/pdc/pub_docs.htm
公正取引委員会「所管法令・ガイドライン」：
　　http://www.jftc.go.jp/hourei.html

2.6　日本法条文の英語訳ウェブサイトとそのアドレス

(1)　「日本法令外国語訳データベースシステム」：2009 年から公開された法務省の日本法令外国語訳データベースシステムである。このシステムは，法令検索，辞書検索，文脈検索の 3 部から構成されている〈http://www.japaneselawtranslation.go.jp/〉。

(2)　「日本法令英訳プロジェクト」：名古屋大学大学院での英訳作業の成果物である〈http://www.kl.i.is.nagoya-u.ac.jp/told/〉。

(3)　「Asian Legal Information Institute（Asian LII）」〈http://www.asianlii.org/resources/232.html〉。

3.　法令を調べる

3.1　法令の名称

　法令には，民法，会社法，商法というように必ず固有の名前が付けられている。したがって，法令の名前を引用することによって，個別の法令を特定することができるのである。ところが，ある法律を改正する都度，「○○法を改正する法律」という名称の法律が生まれ，年を隔てて同じ名前の改正法が登場することもある。

　そこでさらに詳しく法令を特定する場合には，法律成立年月日と法律番号を

付記して特定することも必要となる。例えば，会社法は平成 17 年 7 月 26 日法律 86 号，商法は明治 32 年 3 月 9 日法律 48 号である。

独禁法という呼び方は，独占禁止法という名前を縮めたものであるが，じつは独占禁止法という呼び名自体も略称である。「私的独占の禁止及び公正取引の確保に関する法律」（昭和 22 年 4 月 14 日法律 54 号）というのが正式名称なのだが，とても長いので，一般には略称の「独禁法」，「独占禁止法」が使われている。このように長い名称の法律は略称を持っているので，調査する場合，略称によって調査するとよい。

3.2 法令の構造

わが国の法令は，ひとまとまりの内容をもつ文章を「条」として番号を与えているが，この番号を与えられた「条」に記載される文章を「条文」という。そして，ある条文と関連する条文同士をひとつの場所にあつめて「款」とし，関係する条文の「款」を寄せ集めて「節」とし，相互の関連する「節」のまとまりを「章」として構成する。しかし，基本法となるような法律ではさらに広範囲にわたってさまざまな条文が用意されているので，関連のある「章」をあつめて「編」を構成する。したがって「編」と「編」では直接の関連が薄い場合も出てくる。

民法第 3 編の債権編には 5 つの章（第 399 条から第 724 条まで）があり，その第 2 章の「契約」（第 521 条から第 622 条まで）は第 1 節から第 7 節をもっている。第 3 節「売買」（第 555 条から第 585 条まで）において売買取引に関する条文をおいているが，この第 3 節は 3 つの「款」に分けられている。

このように「条」→「款」→「節」→「章」→「編」とより大きな条文の束となっていくが，法令の条文を引用するときは「第〇〇条」とだけ表記し，「款」，「節」，「章」，「編」は条文の引用には使用しない。なぜなら，法令においては条文には通し番号が付されているので，法令を特定しかつ条文番号を特定することによって，間違いなくその条文に到達できるからである。なお，例は少ないが，「条」と「款」との間に「目（もく）」が置かれることもある。

(1) **「条」，「枝番号」**：特定の条文を呼ぶとき「第〇〇条」というが，「第」

を省略して，単に「○○条」といったり，書いたりすることも多い。特定の「項」を呼ぶときは「第○○条第××項」あるいはやはり「第」を省いて「○○条×項」などと表現する。どちらでも構わない。

　ただし，以下に述べる「枝番号」の条文の「項」を呼ぶ場合には誤読や誤解を避けるため，「項」を呼ぶときは「第」を付さなければならない。

　「枝番号」とは，「第○○条ノ2」，「第○○条ノ3」という条文番号が付されている条文の「ノ2」，「ノ3」のような番号のことをいう。法令は条文番号が1から順番に続くように作成されているが，改正によって中途で新たな条文を挿入する必要がでてくることがある。新しい条文を挿入することによって他の条文の条文番号が変わってしまうと，混乱を生じたりするかもしれない。このような不便さを避けるために枝番号を用いている。

　(2)「項」：例えば，憲法9条は，前半部分の「日本国民は・・・放棄する」までが第1項である。次の行の「前項の目的・・・これを認めない」が第2項である。条文の中に第1項，第2項というような表記はない。六法で項の番号が○に入れた数字で表示されているのは，六法編者のサービスであり，憲法条文の原文にはない。

　しかしながら，比較的新しい法令では，第1項の数字表記はないが，第2項以下には冒頭に算用数字を打ち，新しい「項」が始まる箇所を明示している。古い法律では，憲法の条文の項と同じく，特に明示されてはいない。

　(3)「号」：条文の中に漢数字の番号付きで列挙されている場合に，そのひとつひとつを「号」という。例えば，会社法2条は，数多くの用語を「号」を用いて列挙してこれらの用語の意義を定義づけている。漢数字で表記された一，二，三，・・・・の部分が「号」である。

　上記で，子会社の定義についての条文は「商法2条3号」と特定することができる。なお，2条の冒頭の「この法律において・・・定めるところによる」という部分を「柱書（はしらがき）」と呼んでいる。

　(4)「見出し」：条文の前の（　）の部分が「見出し」である。「見出し」と

はその条項が何について定めたものかを簡潔に表示する目的で置かれたものである。比較的新しい法令では，法令の各条項の原文に見出しが付けられているが，憲法のように古い法令では，「項」の番号と同様，元来，見出しは付けられていない。六法には，[ ]や【 】でついている見出しがあるが，これは六法の編者がサービスとして付けているものであり，六法によって見出しの表現が多少相違していることがある。

(5) 「前段」と「後段」：ある条文，または項，号の文が，2つの文章から成り立っているとき，前のほうの文を「前段」，後ろの文を「後段」と呼ぶ。例は少ないが，文章が3つから成っているときには，2番目の文を「中段」といい，文章が4つ以上になるような場合には，特定の方法は「××法第○○条第3文」あるいは「××法第○○条第3段」というように使う。

(6) 「本文」と「但書」：条文の表現には，まず原則を規定し，それに続けて「ただし・・・」と文章を展開させて，この原則を制限したり，限定したりするものがある。

(7) 「別表」：条文の文章ではなく表で示すほうが分かりやすい事項について，その法令の条文の終ったあとに，当該事項をまとめた表を置くことがある。これを「別表」という。

(8) 「附則」：法令の本体をなす条文の末尾に「附則」として，付随的事項を定めた条文が置かれている。

3.3 法令を調べる
(1) 六法から探す

法令を探す場合，まず法令に関するキーワードにもとづいて探すことが重要である。

『コンサイス判例六法』のような六法は，小型六法の範疇である。小型六法においては収録法令数が150内外でしかない。よって，法令が小型六法に収録

されていなくても，収録法令数のもっと多い中型六法，大型六法に収録されている場合も多い。したがって，小型六法で探してみて見つからない場合には，中型六法にあたってみるべきだろう。中型でも見つけられない場合には，大型六法で対象の法令を探してみることが良いと思われる。なぜなら，六法には，事項索引が掲載されているのが普通で，探す対象の法令の名称が正確にわかっていなくても，関連ありそうな事項や用語を手がかりに索引で調べていくことができる。また索引から導かれた関連条文の参照条文が充実しているので，関連条文からも手がかりを見つけられることも多い。

(2) インターネットで検索する

探している法令の特定の名称が不明のときは，「法令データ提供システム」にアクセスすると見つけやすい。しかし，「法令データ提供システム」は，「法令索引検索」は現在施行されている法令が対象である。成立はしているがまだ施行されていない法令（未施行法令）やすでに廃止されてしまった法令（廃止法令）を検索しても処理結果画面に「該当するデータはありません」と表示される。このような未施行法令や廃止法令は「法令データ提供システム」の条件指定画面の「未施行法令一覧」「廃止法令一覧」をクリックすると画面に表示される。

3.4 条例を調べる

条例は地方公共団体が制定する法令であるが，通常の法令集には掲載されていない。インターネットで検索調査するのが手っ取り早いと思われる。国立国会図書館の下記のウェブサイトにアクセスすると，最近の条例や公報を公開している都道府県へのリンク集がある。各自治体によって内容がまちまちではあるが都道府県の条例などを調査することができる（https://rnavi.ndl.go.jp/research_guide/entry/post-611.php）。

4. 判例を調べる

4.1 判例とは何か

　判例とは，広い意味では過去の裁判における判決や決定のことだが，狭義では過去の裁判の原則が現在の裁判に拘束力をもつものをいう。
　一般的に，裁判においては同種の事件では類似の判断が下され，類似の取扱いがなされることが，国民にとって裁判の結果への予見可能性が強まるし，国民に対して法の下の平等を貫くことにもなり，裁判への信頼を高める。とくに最高裁判所は判例統一の役割をもち，最高裁判所の先例は，その後の裁判に対して，事実上，法規範として機能している。

4.2 判例の公刊・公開

　裁判の経過や判断の結果についての1件ごとの記録は，その裁判を行った裁判所または裁判にかかわった検察庁に保管される。しかし，1年間の裁判事件数は400万件を超えているので，保管されている記録のすべてが公刊・公開されるわけではない。結果を示す判決文が，ほんの一部の事件に限って公刊・公開されるにすぎない。

4.3 裁判所と裁判の種類

(1) 民事裁判と刑事裁判，家事事件，少年事件

　裁判は，大きく分けると，民事裁判と刑事裁判とに区分される。
　民事裁判は，私人間の権利義務関係や身分関係の紛争解決の手段として行われる。
　私人と国・地方公共団体など行政機関との法律関係の争い（行政事件）は，広い意味では民事裁判に属すが，一般には，民事事件と区別され，行政事件として行政事件訴訟法にもとづき裁判される。
　刑事裁判は，犯罪の容疑者として検察官によって起訴された者（被告人）が実際に犯罪を犯したかどうかについて，証拠にもとづき公開の法廷で審理する

手続きである。なお，死刑・無期・3年を超える懲役または禁固に該当する事件の場合には，かならず弁護人がつくことになっている。

　刑事裁判では，審理の最後に検察官の論告求刑，弁護人の最終弁論，被告人の意見陳述が行われて結審となり，裁判官が事実認定を行い被告人の有罪・無罪の判断をするが，有罪の場合には法令に定める刑罰から該当する刑を決定する。

　家事事件とは，夫婦・親子関係の紛争や人の身分に関する事件をいう。少年事件とは，20歳未満の少年の非行に関する事件をいう。これらの事件は家庭裁判所の管轄となり，審判や調停は個人のプライバシー保護，家庭内の秘密保持の観点から非公開で行われる。

(2)　三審制裁判

　わが国の裁判は，三審制である。三審制とは，第一審，第二審，第三審の3つの審級の裁判所が設置されている。第三審裁判所は「最高裁判所」である。最高裁判所の下に4種類の下級裁判所がある。高等裁判所，地方裁判所，家庭裁判所，簡易裁判所が下級裁判所であるが，高等裁判所が第二審裁判所となり，地方裁判所，家庭裁判所，簡易裁判所が第一審裁判所である。

(3)　判決，決定，命令

　裁判は，判決，決定，命令という形式に分けられる。

　判決は，訴訟を解決するためのもので，原告・被告双方による口頭弁論が行われ，裁判官による言渡しによってなされる。

　決定は，仮差押，仮処分，被告人の勾留など，迅速に裁判する必要がある事項について用いられる。判決よりも簡易な方式であり，口頭弁論をするか否かは裁判官の裁量による。

　命令は，決定よりも簡易な方式で個別の裁判官がその権限で行い，口頭弁論は不要である。被告人の退廷許可，被疑者の勾留などは命令によってなされる。

4.4 判例を探す

(1) 特定して引用されている判例を探す方法

特定の判例を探すには，判例の事件番号がわかれば，後述する判例検索データベースによって探し出すのがもっとも容易である。しかし，教科書や，論文その他の文献には引用された判例の事件番号が省略されている場合も多い。

しかし，その判例の出典である判例集や判例雑誌（末尾のリスト参照）については必ず記載されているので，その判例集や判例雑誌を図書館等で入手することによって比較的簡単に判例の全文に到達することができる。

判例の事件番号がわかっている場合には，最高裁判所のホームページにアクセスして「裁判例情報」の項目をクリックすると，下記の6つの裁判所に分かれる判例集データベースがあるので，目指す裁判所と裁判年月日，事件番号などを入力して判決文全文にたどりつける〈http://www.courts.go.jp/saikosai/〉。

(2) 特定の事項についての判例を探す方法

ある法律問題についての判例を調べたいのだが，特定の判例が不明である場合，まず，当該法律分野の体系書，教科書，注釈書，逐条解説書，判例解説書などを調べることからはじめるべきだろう。これらの文献には，当該法律問題に関連する重要判例が必ず記載されている。また関係する法律の条文が引用されている。この重要判例について，上記(1)の方法により全文を探し出して内容を調べることが可能である。また，当該法律問題に関係する法律条文がわかれば，判例付六法によって当該条文の関連判例を調べることもできる。

判例データベースでは，関連条文が不明であっても，全判決文の中のことばや事件名などをキーワードとして自由に選んで検索するキーワード検索が可能である場合が多い。ただし，キーワードは大きな概念を表すことばだと検索結果の案件数が多すぎて絞り込めないので，具体的なことばをいくつか用意して検索しなければならない。

(3) 重要判例を見つける方法

今までに蓄積されている判例の数は膨大である。あるテーマに関連するすべ

ての判例を網羅的に調査することはきわめて非効率であるし，また，その必要がない場合がほとんどである。したがって，当該テーマに関しての重要な判例をおさえることができれば，それで足りると考えてよい。

それでは，重要な判例を探すにはどのようにしたらよいのだろうか。データベースを使った検索は，漏れが少なく網羅的である反面，検索結果が多すぎてどれを選択すべきか見極めが難しく，消化不良に陥りやすい弊害がある。

結局，ある判例が重要な判例かどうかは，基本的な判断基準として，最高裁判所の判決・決定がまず優先順位が高いと考えるべきである。ついで高等裁判所の判決・決定，そして地方裁判所の判決・決定の順に重要度は低くなると考えてよい。

また，同じ審級の裁判所（最高裁と最高裁，高裁と高裁，地裁と地裁）で異なる裁判において類似の判例がある場合には，最初にある解釈を打出した判決・決定で，その後の判決・決定に頻繁に引用される判例が重要である。さらに上記(1)に列挙された6つの裁判所判例集は公式判例集であり，この判例集に収録されている判例も重要な判例に属している。

あるテーマに関する判例を探すにあたって，最初から判例を探すのではなく，そのテーマに関して書かれた文献を探すと容易に重要な判例に行き当たることが多い。

(4) 判例を探すための資料類
 ⅰ) 逐条解説書

逐条解説書は，ある法令を，条文の順番に沿って1つの条文ごとに，当該条文の意味やその内容を詳しく解説するものである。解説においては，その条文の沿革，他の条文との関係や重要な関係判例・学説など，1つの条文についてのさまざまな情報が掲載されている。したがってある条文について調査するには，逐条解説書で行うのが一番よい方法である。

逐条解説書は，このように学習や実務に優れて役立つが，改定が頻繁に行われるわけではないので判例などの情報は最新のものではないという点が難点といえる。

逐条解説書にはたくさんの種類があるが，代表的なもの数点は下記のとおり

である。

① 『新版　注釈民法』（有斐閣）

各条文を判例，学説を引用して解説する全28巻の逐条解説書。有斐閣『注釈〇〇法シリーズ』は，他に『注釈　会社法』,『注釈　刑法』,『注釈　民事訴訟法』,『注釈　刑事訴訟法』,『注釈　憲法』,『注釈　労働基準法』などがある。ただし，『注釈　会社法』は会社法の大改正前の会社法の解説である。

② 『新基本法コンメンタール（別冊法学セミナー）』（日本評論社）

条文ごとに立法趣旨や意義，適用例などが解説され，比較的平易はことばで記述されている。法令の改正や判例，学説の進行に伴い逐次改定されている。このシリーズには，『憲法』,『民法総則』など多数の法律書が出版されている。

③ 『注解　判例民法』（青林書院）

各条文の解説と当該条文が適用された判例の情報が要約されて掲載されている。引用されている判例は最高裁判所民事判例集に掲載されている判例が中心である。『注解　〇〇法シリーズ』は，他に『注解　民事執行法』,『注解　破産法』,『注解　刑法』,『注解　刑事訴訟法』などシリーズ化されている。

ⅱ）刊行されている公式判例集

印刷媒体として刊行されている公式の判例集，裁判例集のうち主たるものは以下のとおりである。

① 『最高裁判所民事判例集』,『最高裁判所刑事判例集』

前者を「民集」，後者を「刑集」と略称する。最高裁の判決・決定のうち，最高裁判例委員会で判例登載の価値ありと判断されたものが収録されている。最高裁の年間の処理事件数は2010年度で上告事件2036件，上告受理事件2485件で，合計4521件だが，そのうち「民集」,「刑集」に登載されるのはわずか数10件に過ぎない。したがって，最高裁の判断によって判例集に掲載された判例であり，そのこと自体重要な意味がある。

② 『最高裁判所裁判集（民事）』,『最高裁判所裁判集（刑事）』

前者を「集民」，後者を「集刑」と略称する。「民集」,「刑集」の漢字を入れ替えただけなので紛らわしいが，これも最高裁の判決・決定を登載したものである。ただし，「民集」,「刑集」に掲載が必須というほどではないが相対的に重要だと判断される判決・決定について年間200〜300件程度を掲載する。

③ 『高等裁判所民事判例集』，『高等裁判所刑事判例集』

前者を「高民集」，後者を「高刑集」と略称する。全国の高等裁判所の判決・決定のうち高裁判例委員会で判例登載の価値ありと判断されたものが収録されている。なお，判例とは最高裁の裁判例をいい，通常は高裁の判断は判例とはいわないが，最高裁の判例がない分野に関しては高裁の判断も判例と呼ばれる。

④ 『無体財産権関係民事・行政裁判例集』，『知的財産関係民事・行政裁判例集』

前者を「無体集」または「無体例集」，後者を「知財集」または「知的裁集」と略称する。「無体例集」には1969（昭和44）年から1990（平成2）年まで，「知的裁集」には1991（平成3）年から1998（平成10）年分までの知的財産権（特許権，実用新案権，商標権，意匠権，著作権など）に関する裁判例が収録されている。

iii) 判例雑誌

多くの判例雑誌・判例解説雑誌が定期的に出版されているが，主たるものは以下のとおりである。

① 『判例時報』

旬刊。判例の速報を目的とするが，法律論文や判例批評なども掲載される。引用されるときは「何月何日号」ではなく通し号数によりなされる。「判時」と略称される。

② 『判例タイムズ』

月2回発行。判例速報と実務論文の掲載が目的の雑誌で，判例時報と同様，引用は通し番号でなされるのが通例である。「判タ」と略称される。

③ 『金融法務事情』

旬刊。金融関係の論文が主だが，この分野の関係裁判例を収録・速報している。「金法」と略称される。

④ 『金融・商事判例』

月2回発行。金融分野の裁判例を収録している。「金商」または「金判」と略称される。

iv) 判例の網羅的検索

ある法律問題についてできるだけ多くの判例を，網羅的に調査・収集しようとする場合には，条文ごとに関連の判例が整理されている索引で探す方法が適している。すべての判例集や判例雑誌については，それぞれ法典別，条文別の索引集があわせて出版されているので，これらによって調査・検索するとよい。主たる索引出版物は下記のとおりである。

① 『判例体系』（第一法規出版）

明治中期以降の主たる判例のほぼ全部を，法典別，条文，論点ごとに整理，掲載され，全体で 200 巻以上の大部である。判例体系は「判例体系 CD－ROM」として CD－ROM 化されているので，キーワードでの検索も可能であり極めて便利である。

② 『民事判例索引集　全 13 巻』，『刑事判例索引集　全 9 巻』（新日本法規出版）

下級審の裁判例を含め，1945（昭和 20）年代以降の主要刊行物掲載の裁判例・判例をすべて条文ごとにまとめたもの。

③ 『判例時報総索引』（判例時報社）

判例時報に掲載された判例を，おおむね 100 号単位（約 3 年分）で条文ごとにまとめたもの。重要な判例は漏れていないと考えてよい。

④ 『判例年報』（判例タイムズ社）

判例タイムズの 1 年間に掲載された判例・記事・論文の索引である。1 年ごとに出版されている。

⑤ 『LEX/DB』（TKC 社）

インターネット判例検索有料サービス。判例に収録数は判例体系と遜色ない規模であり，新判例が，毎週更新されているため，最近の裁判例の判決文全文の入手が可能である。

5．論文の調べ方

論文とは「文ヲ論ズ」という言葉が語源のようであるが，論文，特に学術論文とは，ある研究テーマに関して論理的かつ客観的に考察し，それに基づいて

一定の結論や考え方を記述したものである。法学に関する学術論文は，法律学という学問の過去における研究成果だけでなく，最新の学説・考え方を知る上で重要な文献である。

5.1　学術雑誌

① **ジュリスト**（Jurist）（有斐閣）

（株）有斐閣の総合法律雑誌で，月2回（毎年1月と8月は合併号）発行している。略称は「ジュリ」である。

別冊として，対象とする法令別の別冊ジュリスト「判例百選」があるが，これは論文集というよりも判例評釈集である。また，臨時増刊として，「重要判例解説」（年刊），「学説展望」（300号特別記念），「判例展望」（500号特別記念）などがある（有斐閣「ジュリスト」：http://www.yuhikaku.co.jp/jurist, ジュリストDVD：http://www.yuhikaku.co.jp/static/digital3.html）

② **法学教室**（有斐閣）

（株）有斐閣から刊行されている日本の月刊法律雑誌である。ジュリストの姉妹書である。学生向けの雑誌ではあるが，司法試験対策のテクニック的な記事はなく，あくまでも法学を身につけるための雑誌となっているところに特徴がある。

「法学教室」の大部分の連載は単行本化されており，加藤雅信の『新民法大系』，内藤謙の『刑法講義総論』，田宮裕の『刑事訴訟法』などの体系書や，弥永真生の『演習会社法』，芦部信喜の『演習憲法』などの演習書，その他高橋宏志の『重点講義民事訴訟法』『エキサイティング民事訴訟法』などがある〈http://www.yuhikaku.co.jp/hougaku〉。

③ **民商法雑誌**（有斐閣）

（株）有斐閣が毎月発行する民商法関連の法律雑誌である。創刊は1935年であり，歴史ある法律雑誌の1つである。略称は「民商」。内容は，論説，判例批評，判例紹介，家事裁判例紹介などがある。なお，「判例批評」，「判例紹介」では，判決要旨や事実，上告理由，参照条文などが掲載され，判例の重要論点を解説している〈http://www.yuhikaku.co.jp/static/minshoho.html〉。

④ **法律時報**（日本評論社）

（株）日本評論社が毎月発行する，法律関係者，専門学・法曹人向けのジャーナル誌である。時事法律解説をはじめ，中堅法律家のライフワークともいえる研究論文発表の場として定評のある唯一の専門誌である〈http://www.nippyo.co.jp/magazine/maga_houjiho.html〉。

⑤　法学セミナー（日本評論社）

（株）日本評論社が発行する法律を目指す人向けのセミナー雑誌である。法律と社会の関係が具体的事件，裁判などを通じて，立体的に分かるような構成になっており，読み進むうちに法的なものの考え方（リーガル・マインド）が自然と身に付くような誌面づくりを目指している。

また，各種法律関係の試験を目指す人にも役立つ実定法解説の連載も豊富な情報学習誌である。別冊には，「基本法コンメンタール」「基本判例シリーズ」などがある〈http://www.nippyo.co.jp/magazine/maga_housemi.html〉。

⑥　旬刊商事法務（商事法務）

（株）商事法務が月3回発行（旬刊）する商事法を中心とした総合法律雑誌である。また，数多くの別冊があり，それぞれのテーマごとに特集を組んでいる〈http://www.shojihomu.or.jp/shojihomu.html〉。

⑦　NBL（商事法務）

（株）商事法務が月2回発行する民事・商事関連の法律総合雑誌である。特に，インターネット関連など最新の研究テーマを多く掲載している〈http://www.shojihomu.co.jp/nbl.html〉。

⑧　法曹時報（法曹会）

法曹会が毎月発行する，立法，司法に関する論文，解説，事件の概況などが掲載される法律雑誌である。この解説は最高裁判所の調査官が執筆していることもあり，特に重要視されている。それらは，年度毎にまとめられて「民事編」と「刑事編」に分けて刊行される。

⑨　国際商事法務（国際商事法研究所）

（社）国際商事法研究所が発行する機関誌である。国際的ビジネスに必要な法律情報を，タイムリーに提供しており，ビジネスに関する基本法をはじめ，各国の関連法制度，各種の法規制に関する動向，法令の改廃，行政上の運用方針や国際取引上重要な意味をもつ判例・審決の紹介に至るまで，関係情報を収

載している〈http://www.ibltokyo.jp/bulletin.html〉。

⑩ **民事月報**（法務省民事局／法曹会）

法務省民事局／法曹会が毎月発行する，戸籍，不動産登記，商業・法人登記などに関する論説・法令が掲載された法律雑誌である。

⑪ **刑事法ジャーナル**（イウス出版／成文堂）

(有)イウス出版（発行）・(株)成文堂（販売）が季刊で発行する刑事法の法律雑誌である。内容は，論説，刑事立法のほか，「外国刑事法務事情」，「外国刑事法学事情」など外国法も紹介している。

⑫ **警察学論集**（警察大学校編，立花書房）

立花書房が毎月発行する刑事法専門雑誌である。法務省，警察庁関係の実務家の論文が多く掲載される〈http://tachibanashobo.co.jp/products/list.php?category_id=202〉。

5.2 学会誌

学会誌とは，それぞれの学界が定期的に発行する機関誌で，学会での発表や研究論文，研究成果，催事などの記事が掲載される。また，新しく出版された書籍の書評などが掲載されることもある。

最近では，本格的なインターネット時代を向かえ，電子ジャーナルによる論文の発表という新しい形式に移行しつつある。

5.3 大学紀要

大学紀要は，大学や研究機関が独自に発行する学術論文集である。その大学や研究機関が所属する教授・教員や非常勤講師，大学院生が執筆する論文などが掲載される。大学によっては学部ごとに複数の紀要を持つところもある。なお，法学関連の論文は，法学部の紀要だけでなく，政治学，経済学などの隣接分野の学部の紀要に掲載されることも多く，法学部の紀要だけに注目してはならない。また，法科大学院にも紀要があるところがあるが，必ずしもあるという訳ではない。

5.4　論文データベース

①　国立国会図書館（NDL-OPAC）

NDL-OPACとは，「国立国会図書館」蔵書検索・申込システムである。OPACとは，オンラインパブリックアクセスカタログ（Online Public Accsess Catalog）の略称であり，図書館の蔵書を調べるためのコンピュータによる図書目録である。すなわち，国立国会図書館の蔵書を，このNDL-OPACを使って検索することができる〈http://opac.ndl.go.jp/〉。

②　国立情報学研究所「CiNii 学術論文データベース」

法律学の論文は，市販の法律雑誌や学会の論文集，大学の研究紀要から入手するのが一般的であるが，最近では，これらの発行済みの論文を著作権者である論文執筆者から許諾を得て，インターネット上に公開することが行われるようになってきた。また，論文執筆者が自分のホームページに公開しているサイトも多く見られる。

その中でも，わが国では国立情報学研究所が「CiNii 学術論文データベース」〈http://ci.nii.ac.jp/〉を提供している。この情報の多くは論文の書誌情報であるが，一部原文を掲載している論文もある。この利用は一部有料ではあるものの多くは無料であり，インターネットを経由して誰でもがアクセス可能である。

③　大学 OPAC

OPAC は図書館によって独自の機能を持っているので，使い方は一様ではない。しかし，一般的には，キーワードとして，書名，雑誌名，著者名，論文や書籍の表題などがあり，これらを入力して検索することにより，特定の文献を探すことができる。

よって，図書館によっては，このOPACを使うことにより特定の論文を探すことができる。得られた情報は画面表示され，図書館の蔵書として収蔵されているかどうか，収蔵されているとすればどの書棚にあるかが分かり，特定の論文を入手することができる。

5.5　デジタル雑誌

①　EOC／LIC「主要法律雑誌DVD」

このDVDには，法律雑誌に掲載された論文などがPDF化され収録されている。収録された法律雑誌は，判例タイムズ，ジュリスト，金融・商事判例，旬刊金融法務事情，労働判例，最高裁判所判例解説，法学教室などである。ただし，直近2年分の論文情報は収録されていないので，あくまで2年以上前の過去の論文を読むのに適している。なお，このDVDは有料で提供されている。

② 有斐閣「Vpass」

有斐閣の提供する重要判例検索サービスである。別冊ジュリスト判例百選，ジュリスト臨時増刊重要判例解説が収録され検索できる〈http://www.yuhikaku.co.jp/static_files/yuhikaku/HP-Vpass/vpass.html〉。

③ TKC「ローライブラリ」

TKCの提供するローライブラリであり，主な利用者は法科大学院の学生である。この主要なデータは，判例データ「LEX−DB」であるが，法律雑誌の記事をデータベース化している〈http://www.lawlibrary.jp/〉。

6. 書籍の調べ方

6.1 国立国会図書館

国立国会図書館は，わが国における唯一の国立図書館であり，国会法第130条の規定にもとづき，国立国会図書館法により昭和23（1948）年に設立された。同図書館は，日本国内で刊行される出版物を納本制度により広く収集し，国民の文化的財産として永く保存するとともに，その目録である全国書誌をデータベースその他の形態で作成し，これらの資料にもとづいて(1)国会（国会議員，国会関係者），(2)行政及び司法の各部門（政府各省庁及び最高裁判所），(3)国民（一般利用者，公立その他の図書館，地方議会等）に対してサービスを行っている（国立国会図書館要覧「設立の目的と機能」）。わが国では質量ともに最高レベルの図書館である〈http://www.ndl.go.jp/〉。

6.2 インターネットを利用した調べ方

① 国立情報学研究所

国立情報学研究所 (NII) では，インターネットを利用した書籍の検索システム「Webcat Plus」を無料で提供している。このシステムの特徴は，人間の思考方法に近い検索技術である連想検索機能を使って，必要な図書を効率的に探すことができることである〈http://webcatplus-international.nii.ac.jp/〉。

② Google ブック検索

2009年になって脚光を浴びているのが Google ブック検索である。これは世界中の書籍をWebで検索し，またその本文も読めるようにしようという Google の壮大な計画である。書籍の検索はいたって簡単で，通常の Google の検索エンジンと同じであり，キーワードを入力しさえすれば良い〈http://books.google.co.jp/〉。

7. 資料の調べ方

7.1 法案

法令にはまだなっていないが，国会で審議中の法案がいくつもある。これらを調べることにより，将来のわが国の立法政策の方向がわかる。議案は，通常国会と臨時国会に分けられており，それぞれの国会での法案が整理されている。また，議案の種類は，「衆議院議案(衆議院議員提出法律案)」，「参議院議案(参議院議員提出法律案)」，「閣法（内閣提出法律案)」，「予算」，「条約」などに別れている。

例えば，「衆議院議案」を見ると，本文情報から具体的な法律案の原文を読むことができる〈http://www.shugiin.go.jp/internet/itdb_gian.nsf/html/gian/menu.htm〉。

また，電子政府の総合窓口（e_Gov）のポータルサイトからも法案が参照できる。これは，各府省庁がそれぞれ提出した法案が掲載されている〈http://www.e-gov.go.jp/link/bill.html〉。

7.2 白書

各府省庁が毎年発行する白書は，基本的には刊行物販売センターで購入する

ことが多いが，電子政府の総合窓口（e_Gov）では，白書も公開している。電子政府の総合窓口（e_Gov）のカテゴリーの中から，「白書，年次報告書等」を選択すると，府省庁ごとに白書や報告書が表示される。これらは，各府省庁の白書・年次報告書の当該サイトにリンクされ，必要な白書等を原文で入手することができる〈http://www.e-gov.go.jp/link/white_papers.html〉。

7.3 官公庁資料

官公庁の資料はそれぞれの官公庁のポータルサイトに入って探さなければならないが，電子政府の総合窓口（e_Gov）のポータルサイトは，これらの総合窓口としての機能を果たしている。特に，非常に有用なのは，「府省横断的な情報から調べる」，「府省・機関名から調べる」，「各府省の共通掲載情報から調べる」という3つのカテゴリーからそれぞれ情報を調べることができる機能がある〈http://www.e-gov.go.jp/〉。

7.4 国会会議録

国会会議録は国立国会図書館のポータルサイトから検索できる。特に，「簡単検索」では，期間指定，発信者指定，会議指定，検索語指定が可能である。また，戦前の帝国議会会議録検索システムも整備されている〈http://kokkai.ndl.go.jp/〉。

【参考文献】
小林成光＝高田寛＝高橋均＝伏見和史＝本山雅弘『やさしい法律情報の調べ方・引用の仕方』（文眞堂，2007年）。
田島裕『法律情報のオンライン検索』（丸善，1992年）。
田島裕『法律情報のデータベース－文献検索とその評価』（丸善，2003年）。
西野喜一『法律文献学入門－法令・判例・文献の調べ方』（成文堂，2002年）。
プレマナンダン，N.＝高田寛『新世代の法律情報システム－インターネット・リーガル・リサーチ』（文眞堂，2006年）。

第 2 章

インドネシア法

はじめに――インドネシアとその法，インドネシア法研究の意義

　インドネシアは東南アジア最大の人口と豊富な天然資源を背景に，近年順調な経済成長を続けている。アジア通貨危機に引き続く1998年の政変やイスラム過激派の活動が治安リスクではある。しかし，1998年以降すでに4回の国会選挙と3回の大統領選挙を，国際的水準を満たす程度の公正さで実施し，民主的な政権交代も実現している。かつては，非民主的な権威主義体制，開発独裁国家といわれたが，現在のインドネシアは政治的安定と民主的プロセスが定着しつつある。日本からの投資は特に活発で，ジェトロの統計〈http://www.jetro.go.jp,「インドネシア経済・投資・貿易の動向2013」〉によると，外国投資のうち日本のシェアは年々増加しており，2012年の段階でシンガポールに次いで第二位である。2013年第1四半期にはシェア16%で第一位となっている。

　活発な投資活動を受けて，インドネシアではジャカルタ周辺を中心に，現地資本による大規模工業団地造成が続いている。いくつかの工業団地では，数十の日本企業が進出し，日本企業の集積が進んでいる。ジャカルタ日本人学校（小中学校）は生徒数1200人を超える大規模校である。企業投資，進出の拡大は必然的に法律需要の拡大につながり，日本の四大法律事務所を含む多くの法律事務所が，現地法律事務所と提携して複数の常駐弁護士を派遣している。また，日本で学んだインドネシア人弁護士，または日本人弁護士が現地で開業している事例もある。

　インドネシア法研究は基礎法学の視点からも重要である。インドネシアは

オランダ植民地として，民法・刑法などの基本的法制度をオランダから継受している。独立後は経済法を中心に国際的基準を取り入れつつ独自の法制度整備を進めており，法の移植 legal transplant に関する興味深い事例となっている。また，慣習法（アダット adat 法と呼ばれる）や宗教法（特に住民の 90％ がイスラム教徒であることからイスラム法）などの非国家法が，土地法・家族法・相続法といった分野で重要な役割を果たしており，公式法と非公式法の相互関係と法の発展は重要な研究テーマである。

1. インドネシア法概観

1.1 憲法

現在の憲法は 2002 年に改正されたものである。民主化を受け，1999 年から 2002 年にかけて四次の憲法改正があり，大統領権限の制限，立法権の強化，司法の独立，基本的人権などに関する規定が新たに加わった。

インドネシアは 1945 年 8 月 17 日にオランダからの独立を宣言し，その翌日「インドネシア共和国憲法」を公布した。そして，1949 年に「インドネシア連邦共和国憲法」を制定し，さらに 1950 年に「インドネシア共和国暫定憲法」を定めた。しかし，スカルノ初代大統領は 1959 年に国内の政治対立を打開するため，大統領が弱い権限しか有しない暫定憲法を廃止し，インドネシア共和国憲法を再公布することを宣言した。

(1) インドネシア共和国憲法 Undang-undang Dasar Republik Indonesia（改正前）

太平洋戦争末期の日本占領下で起草作業が行われたこの憲法は，本文 37 カ条，経過規定 4 カ条，附則 1 カ条からなる短いものである。また，憲法典には「注釈 penjelasan」という文書が付属している。「注釈」は同憲法施行後に，起草の中心者であるスポモが，憲法条文の解釈指針として個人的に作成したものである。しかし，1959 年にこの憲法を再公布した際，インドネシア政府は憲法本文と注釈を不可分一体のものであると定めた。

日本の占領下で憲法起草作業を行った独立準備調査会では，国と個人の対立を前提とする基本的人権や議会制民主主義は西洋的な国家観であり，インドネシア社会には合致しないという意見が主流となった。

そのため，指導者としての大統領に多くの権限が集中する一方，その権限を制限する制度的保障のほとんどないことがインドネシア共和国憲法の特徴である。大統領の権限としては，人民代表議会（Dewan Perwakilan Rakyat, DPR）と共同で行使する立法権，政令の制定，軍の最高指揮権，宣戦講和，大使・領事の任命および接受，恩赦・赦免，勲章・栄典の授与，大臣の任免，法律に代行する政令の制定がある。大統領は直接選挙ではなく，人民協議会（Majelis Permusyawaratan Rakyat, MPR）が選出する。人民協議会は，選挙で選ばれる人民代表議会議員に加えて，大統領自身が任命する地方代表，職能組織代表などから構成する。大統領任期は5年で再任の制限はない。

これに対して，議会（人民代表議会）と司法の権限は限られている。議会は同じく立法権を持つものの，大統領と共同でこれを行使することになっている。そのため，大統領が議会可決法案に同意しない場合，同法案は廃案となり，同じ議会会期中に法案を再提出することもできない。また，司法権については，「司法権は最高裁および法律の定める裁判体が行使する」と定めるだけで，司法の独立・裁判官の身分保障については一切規定がない。

人権については特に自由権に関する規定が不明確であり，「結社および集会，口頭および文書による思想の表明などの自由は，法律により定める」（28条），「国は，すべての国民がそれぞれの宗教を信仰し，その宗教および信仰に基づき礼拝を行う自由を保障する」（29条2項）とあるに過ぎない。そのほか，国民の権利に関する規定としては，「すべての国民は法と統治においてその地位は平等であり，例外なく法と統治を尊重する義務を負う」（27条1項），「すべての国民は人道的で適切な労働と生活への権利を有する」（27条2項），「すべての国民は国防に参加する権利と義務を負う」（30条1項），「すべての国民は教育を受ける権利を有する」（31条），「貧困者および孤児は国が保護する」（34条）という規定がある。

憲法改正は，定員の3分の2以上が出席する人民協議会において3分の2以上の多数決により行う。

そのほかに重要な規定としては，オランダ植民地法および制度が独立後も有効であることを定める経過規定II条がある。同様の規定はその後の憲法も引き継いでいる。この規定は，独立直後の法体制の真空状態を回避する目的であるが，後述のように現在に至るまでインドネシアの多くの法令は植民地法が引き続いて効力を持っている。

(2) **インドネシア連邦共和国憲法 Konstitusi Republik Indonesia Serikat**

1949年，独立インドネシアの国際的承認を目指しハーグ円卓会議が行われた。この会議に並行して，東インド植民地各地の代表は統治機構について話し合うための全インドネシア会議を招集した。連邦共和国憲法を起草したのは，全インドネシア会議内に設置された小委員会である。この小委員会の委員長は，インドネシア共和国憲法の起草も行った法学者スポモである。スポモは，共和国憲法とは異なり，議会制民主主義と詳細な基本的人権の保護を取り入れた全197カ条からなる憲法を起草した。

この憲法は，連邦制，二院制，広範な人権保障，暫定憲法という特徴を持っていた。インドネシア連邦共和国は14の連邦構成地域からなり，1945年に独立を宣言したインドネシア共和国はその一構成地域に過ぎなかった。そして議会は，各構成地域から2名ずつ選出される上院と，150人の議員の人民代表議会の二院から構成していた。法案審議では人民代表議会が優先する。

基本的人権の保護については，自由権の保障を定める第5章「人間の基本的権利および自由」（7条〜33条）と，社会的，経済的および文化的権利の実現を国家に義務づける第6章「基本諸原則」（34条〜41条）を定めた。

また，同憲法は速やかに制憲議会を招集し正式な憲法を制定することも定めていた（186条）。

(3) **インドネシア共和国暫定憲法 Undang-undang Dasar Sementara Republik Indonesia**

連邦制はオランダ植民地利権の維持を目論んだものであった。しかし，主権委譲後にオランダ軍が撤退すると，実質的な国家機能を有していない連邦構成地域の多くはすぐにインドネシア共和国に併合していった。1950年5月，最

後に残った連邦構成国である東インドネシア国と東スマトラ国は，インドネシア共和国と協議し，連邦制廃止と単一国家樹立を定める合意憲章をまとめた。また，この憲章の中で，連邦共和国憲法に代わる新たな暫定憲法を制定することにも合意した。

暫定憲法は，連邦制とそれに伴う二院制に関する規定を除けば，ほぼ連邦共和国憲法の規定を踏襲している。ただし，合意憲章では，社会民主主義的規定を，憲法に取り入れることも定めていた。そのため，「ストライキおよびデモを行う権利」を人権保障規定に追加し，また「所有権は社会的機能である」，(26条3項) という規定を加えたほか，インドネシア共和国憲法にあった「国家にとって重要であり，また多数の者の生活に影響を与える生産部門は国家がこれを管理する」(38条2項)，「土地および水，ならびにそこに含まれる天然の富は，国家がこれを管理し，人民の最大の繁栄のためにこれを利用する」(同3項) との規定も再度取り入れた。

暫定憲法でも，迅速な制憲議会の設置を定めていた。この規定に基づき1955年に制憲議会選挙が行われた。しかし，決議に必要な3分の2の多数を占める会派がなく，国内政治情勢が不安定なこととも相まって審議は停滞した。1959年，スカルノ大統領は政情を打開するために制憲議会解散とインドネシア共和国憲法再公布の大統領布告を発表した。この大統領によるクーデターといえる決定を，人民代表議会も全会一致で承認した。

(4) インドネシア共和国憲法（改正後）

1959年の再公布後，インドネシア共和国憲法はスカルノ大統領体制・スハルト大統領体制を通じて有効であった。ここでは，1998年5月のスハルト大統領辞任を契機としたインドネシア共和国憲法改正以降について説明する。

インドネシア共和国憲法では，大統領は非常に強い権限を持つ。そのため，この憲法は，スカルノ大統領体制と，1965年の9月30日事件をきっかけに権力を掌握したスハルト大統領体制において，大統領を中心とする権威主義体制を支えるものとなった。しかし，1998年に発生したアジア通貨危機の結果，スハルト体制は終了し，民主化への移行が始まった。

インドネシア共和国憲法の改正は民主化にとって不可避であった。憲法の規

定に従って，人民協議会が改正に着手し，1999年から2002年まで四次の改正を行い現在に至っている。

改正のポイントとしては，(a) 三権分立の強化，(b) 基本的人権の保障，(c) 地方自治の明確化，がある。

三権分立の強化は，大統領に統治権限が集中している状況を改め，立法機関・司法機関の独立性を高めることを意味する。まず，大統領権限については，1999年改正で，大統領の立法権を法案提出権に変更，専権事項であった大使の任命および接受については人民代表議会，恩赦権限については最高裁判所または人民代表議会の意見を諮ること，またこれまで制限のなかった再選回数を2回までとすることを定めた。2001年改正は，大統領の直接選挙制，大統領罷免手続きの明文化，大統領の議会解散権の否定，重要な条約締結に対する人民代表議会の事前承認を定めた。

立法機関の権限強化としては，1999年改正では，立法権は人民代表議会にあることを明記し，また2000年改正で，議会の可決した法案を大統領が裁可しない場合でも30日後に自動的に発効することを定めた。この改正では，人民代表議会の国政調査権についても定めている。2001年改正では，人民代表議会が大統領罷免動議を行えることを定めた。

そして，司法機関については，2001年の改正で司法の独立をより明確にするさまざまな規定が定められた。まず，改正前は憲法注釈に言及があるだけであった「司法権は独立の権力である」という文言が本文に移動した。さらに法律によって定めていた裁判所組織（通常，行政，軍事，宗教の各裁判系列）および最高裁判所の諸権限（職務および判事などの任免）が憲法上の規定となった。また，新たに違憲立法審査権などの機能を持つ憲法裁判所の設置，および行政機関から独立して最高裁判所判事候補の推薦および下級審を含む裁判官の懲戒を行う司法委員会の設置も定めた。

基本的人権，特に自由権についてインドネシア共和国憲法は28条で曖昧な規定を置くにとどまっていた。しかし，2000年改正で28条に新たに28A～28J条を追加する形で詳細な人権規定が定められた。具体的には次の通りである。生存権（28A条），婚姻・家族形成の権利（28B条1項），子供の発育権（同2項），教育・科学技術・文化芸術的利益を享受する権利（28C条1項），

社会における個人の発展の権利（同2項），法の下の平等（28D条1項），適切な労働への権利（同2項），統治における平等な取り扱い（同3項），国籍を有する権利（同4項），信教の自由，教育，職業および国籍選択の自由，移動の自由（28E条1項），思想良心の自由（同2項），表現の自由（同3項），情報の自由（28F条），自己を含む家族，名誉，尊厳および財産の保護を求める権利（28G条1項），虐待を受けない権利および庇護を求める権利（同2項），適切な生活および健康への権利（28H条1項），公正な給付を受ける権利（同2項），社会保障を受ける権利（同3項），所有権の恣意的剥奪の禁止（同4項），いかなる場合にも逸脱することのできない権利〔生存権，虐待・奴隷的取扱からの自由，思想良心の自由，法の前の平等，遡及的法による訴追の禁止〕に関する規定（28I条1項），差別的取扱からの保護を求める権利（同2項），伝統的共同体の権利（同3項），政府の人権保護伸長義務（同4項），人権保護のための立法（同5項），他者の人権を尊重する義務（28J条1項），公共の利益等による権利の制限（同2項）。

　地方分権も民主化の重要なアジェンダとなっている。2000年改正で，地方自治の原則，地方議会選挙，地方首長公選制，地方政府管轄事項の拡大（明示的に中央の権限となる事項以外は地方自治にゆだねる），地方政府の条例制定権，中央地方関係について地域の特殊性に留意した法律の制定，中央地方の財政関係および資源の協調利用に関する法律の制定について定めた。加えて，2001年改正では，人民代表議会と並んで各州から4人ずつ選出される地方代表議会（Dewan Perwakilan Daerah, DPD）を設置し，二院制に準じる制度とすることも定めた。ただし，地方代表議会の権限は，地方自治や資源管理，財源配分などの事項について法案提出権と審議権を持つにとどまり，法案可決権は有しない。なお，地方代表議会議員は人民代表議会議員とともに，憲法改正権と大統領罷免権を持つ人民協議会を構成する。

　改正後の憲法では，憲法改正は，人民代表議会と地方代表議会の議員が構成する人民協議会が行う（定足数4分の3，過半数による可決）。

　憲法改正により統治機構の関係も大きく変化した。憲法に基づくインドネシアの統治機構を憲法改正前後で比較すると図2-1のようになる。

図 2-1

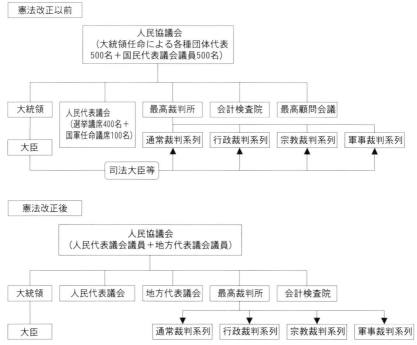

　このうち大きな改正は,人民協議会の地位の変更,地方代表議会の設置,司法機構の変更である。改正前の憲法は人民協議会を,人民の主権を行使する「国家最高機関」と定めていた。すなわち,国家権力は人民協議会に集中しており,それを大統領,人民代表議会,最高裁判所,会計検査院,最高顧問会議に分担させる規定となっていた。しかし,改正後の憲法では,人民協議会を国家最高機関とする規定はなくなった。人民協議会の議席構成も大きく変化した。以前は人民協議会の構成について憲法上の規定はなく,議会構成法は,人民代表議会議員(500名)と大統領が任命する各種団体代表(500名)の計1000人と定めていた。各種団体代表は,大統領の指名する職能組織代表,地方代表,政治組織代表(人民代表議会での議席数に比例して各政党に配分)からなる。したがって,大統領は自らを選出する人民協議会議員の半数を指名す

ることが可能となっていた。しかし，憲法改正後，人民協議会議員は，ともに選挙で選ばれる人民代表議会議員と地方代表議会議員で構成するものとなった。

地方代表議会は地方分権化政策を受けたものである。他方，憲法上の規定にもかかわらず機能していなかった最高顧問会議は，憲法改正により廃止された。

司法権については，憲法改正で「司法の独立」が明記された。改正前は，司法権基本法に基づき行政機関である司法大臣などが下級裁判所判事の人事，裁判所の予算に管轄権を有していた。しかし憲法改正後は，下級裁判所の予算・人事についても最高裁判所が管轄することとなった。

1.2 憲法以外の法令

1998年までの権威主義体制では，行政権が強い力を持ち，法律を無視するような行政法規が制定されていた。しかし，1999年に人民協議会は法制度の改善を政府に命ずる決定を採択した。現在，法令の種類および序列について定めるのは2011年法律12号である。同法は法令の種類を，a.憲法，b.人民協議会決定，c.法律および法律代行政令，d.政令，e.大統領規則，f.州条例，県市条例（7条1項）と，上位法の規定に基づき関係省庁の制定する規則（大臣規則，最高裁判所規則など）であると定める。

(1) 人民協議会決定 Penetapan MPR

人民協議会は，憲法の改正および制定，大統領の任免，国策大綱の策定を行う。国策大綱は大統領の行うべき統治の指針および人民代表議会が行うべき立法の指針を定める。ただし，大統領は国民の直接選挙で選出し，人民協議会はその結果に基づき大統領を任命しなければならない。また，大統領罷免についても，人民代表議会が発議し，それを憲法裁判所が認めた場合にのみ，人民協議会は大統領を罷免できる。したがって人民協議会の現在の権限は象徴的なものである。これに対して，憲法改正前，人民協議会は「国家最高機関」であり，大統領の任免は人民協議会の専権事項であった。

人民協議会は原則として5年に1回，通常会を招集する。ただし，緊急事項

のある場合には特別会を招集できる。人民協議会は人民代表議会議員（500名）と地方代表議会議員で構成する。

(2) 法律 Undang-undang

　立法権は人民代表議会が有する。法律の成立には大統領の裁可が必要である。ただし，大統領が30日以内に裁可しない場合，法律は自動的に成立する。地方自治に関連する法律については，各州から4名ずつ選出される議員からなる地方代表議会の審議も必要である。

　2011年立法法10条1項は，法律に定めることのできる事項として「憲法規定の実施，法律で立法を定めている事項，一定の国際条約の国内法化，憲法裁判所判決の実施，社会の法的需要への対応」を定める。

　インドネシアの法律の構成は，法律名，前文，根拠法令，規定本文，経過規定，附則，人民代表議会および大統領の署名，となっている。この構成は，下位法令でも同様である。また，通常，人民代表議会は法律と併せて注釈Penjelasanも定める。注釈は法律とは別の文書であり，法律の公示は官報Lembaran Negaraで行うのに対し，注釈は官報補遺Tambahan Lembaran Negaraに掲載する。

　憲法22条1項は「緊急の特別な事情があるときは，大統領は，法律に代行する政令を定める権限を有する」と規定する。この政令を法律代行政令Peraturan Pengganti Undang-undangと呼ぶ。法律代行政令は公布直後の人民代表議会において同意を得なければならない。人民代表議会が同意しない場合，当該法律代行政令は廃止となる。

(3) 政令 Peraturan Pemerintah

　憲法5条は「大統領は法律を適切に執行するために政令を定める」と規定する。2011年法令法によると，政令は，「上位法令の規定の実施または統治権行使のために大統領の定める法令」である。一般的にインドネシアの法律は実施細則の多くを政令に委任している。そのため，大統領が政府規則を制定しないために法律を適用できない，あるいは法律の実質的内容がほとんど政令によって定められることになる。

(4) 大統領規則 Peraturan Presiden

　大統領規則は，上位法令の実施または政府権力の遂行のために大統領が制定する。したがって，大統領規則は法律だけでなく政令の実施規則ともなる。政令と比較して，大統領規則は法的手続きなどのより事務的な規則としての内容を持つ（例えば，会社事業に関する登記や許可取得の手続きなど）。

(5) 地方規則 Peraturan Daerah

　地方規則の制定は，地方人民代表議会が首長の同意を得て行う。インドネシアの地方行政は，まず「州 provinsi」があり，その下に「県 kabupaten」，「市 kota」がある。日本と異なり，県と市は同等の自治体であり，都市部に市，それ以外により広域な県を置く。県の下位には「村」が置かれる。村を表すインドネシア語は，Desa であった。しかし，1998年以降の地方分権にしたがって，州によって異なる呼称を用いるようになる。現在は Desa, Kelurahan, Nagari, Gampong…など多様である。

　2011年法令法は，地方規則に定めることのできる事項を「地方自治および補佐業務の遂行，ならびに地方独自状況への対応，または上位法令の実施」とする。

　地方規則は罰則を定めることもできるが，他の法令に定めのある場合を除き，その上限は6カ月以下の禁固または5000万ルピア以下の罰金である（2011年法令法15条2項）。

　例外的な事例として，アチェ州は，アチェ特別自治法に基づき地方規則でイスラム法を適用することができる。

(6) そのほか国家機関の制定する規則

　上記の法令に加えて，人民協議会，人民代表議会，地方代表議会，最高裁判所，憲法裁判所，会計検査院，司法委員会，インドネシア銀行，大臣，局，庁，または法律もしくは法律の委任による政令で設置する同等の委員会，州人民代表議会，州知事，県市人民代表議会，県長・市長，村長またはそれと同等の者は規則を制定できる。これらの規則は，上位法令による委任か，または各

機関の権限に基づいて制定する。

1.3 主要な法律の概要
(1) 民法
インドネシア民法の基本となるのは，1847 年に制定された民法典（Burgerlijk Wetboek, BW）である。BW は 1838 年施行のオランダ民法典に準拠している。BW は植民地におけるヨーロッパ人へ適用する民法典であったが，インドネシア独立時に植民地法令を引き続き有効と定めたため，インドネシア全体に適用される民法典となった。現在はインドネシア語の Kitab Undang-undang Hukum Perdata（KUHPerdata）で呼ばれる。BW は歴史的経緯によりフランス民法典を元にしているため，第一編「人」，第二編「物」，第三編「契約」，第四編「時効および証拠」という構成になっている。

民法に関する重要法律として 1960 年に土地基本法（1960 年法律 5 号）また 1984 年に婚姻法（1974 年法律 1 号）が制定されている。民法典と異なる規定がある場合，これらの法律の規定が優先する。

(2) 民事手続法
インドネシアの民事手続は，改正インドネシア規則（Het Herziene Indonesisch Reglement, HIR）に基づく。HIR は「改正インド規則 Het Herziene Indisch Reglement」として 1926 年にオランダ植民地政庁が定め，インドネシアは独立後にその名称を変更した。オランダは，植民地住民をヨーロッパ人，外国系東洋人（中国系，インド系など），原住民に分類した。HIR は原住民に適用するための簡略化された手続法である。HIR は民事手続と刑事手続の両方を含んでいたが，1981 年に後述の刑事手続法が制定され，刑事手続部分が削除されている。

司法権基本法（1970 年法律 14 号，直近の改正は 2009 年）など，裁判所組織に関する法律に手続の定めがある場合には，それらの規定が優先する。

(3) 商法
基本となる法源は，オランダ植民地期の 1847 年に制定された商法典

(Wetboek van Koophandel, WvK) であり，現在は KUHD (Kitab Undang-undang Hukum Dagang) と呼ぶ。民法典の特別法であり，KUHD に規定のない場合，民法典の規定が優先する。

　独立以降，株式会社法，破産法など商法分野の重要法律は整備されつつある。これらの法律の規定は，当然に商法典および民法典の規定に優先する。2014 年に「商業法」(2014 年法律 7 号) も制定されているが，これは産業政策指針を定める法律である。

(4) 刑法

　ほかの法典と同じように，インドネシアの刑法典もオランダ植民地期に制定され，現在まで効力を有している。刑法典は，オランダ語で Wetboek van Strafrecht (WvS)，インドネシア語では Kitab Undang-undang Hukum Pidana (KUHP) である。

(5) 刑事手続法

　HIR の定める刑事手続は，植民地行政官 (理事官 resident) による命令を前提としており，司法の独立および被疑者の権利保護などの近代的刑事手続に合致していなかった。そのため，1981 年法律 8 号として現在の刑事手続法 (Kitab Undang-undang Hukum Acara Pidana, KUHAP) が制定された。KUHAP は，令状主義，無罪推定原則，国家補償制度，法律扶助への権利，逮捕理由の告知，接見交通権，公開裁判の原則などを明文化し，被疑者・被告人の権利保護や適正手続などの近代的刑事手続の原則を確立した。また，法の前の平等の原則に基づき，オランダ植民地期から引き継がれた人種別刑事手続を廃止した。

2. インドネシアの司法制度

　インドネシアの司法機構は司法権基本法に基づく。現在の司法権基本法は，スハルト体制初期の 1970 年に制定され，スハルト大統領が辞任した翌年の

1999 年に大幅な改正が行われている。

2.1 最高裁判所

2001 年の憲法改正は,「司法権は法と正義の実現のために裁判を行う独立した権力」(24 条 1 項)であると明記し,また,司法権が最高裁判所を頂点とし,その下にある 4 つの裁判系列の下級裁判所,ならびに最高裁判所と同等の憲法裁判所からなることを規定した。司法改革は,権威主義体制から民主化への最重要課題であったため,同趣旨の規定は,スハルト体制終了直後に制定された司法権基本法改正法(1999 年法律 35 号)がすでに規定していた。最高裁判所の組織,権限および手続きを定めるのは最高裁判所法(1985 年法律 14 号,2004 年法律 5 号で改正)である。

最高裁判所判事の定員は 60 名であるが,2014 年 10 月時点での現員は 49 名となっている。最高裁判所判事が多数であるのは,上訴制限が弱いために多数の事件を裁判しなければならないことが理由である。人民代表議会は,司法委員会の推薦する最高裁判所判事候補者リストから推薦する者を選び,大統領がこれを最高裁判所判事として任命する(最高裁判所法 8 条 1 項および 2 項)。最高裁長官および副長官は最高裁判所判事の互選により選出し,大統領がこれを任命する(同 4 項)。

最高裁判所は,すべての裁判系列における破棄請求,裁判所の管轄争いに関する訴訟,および確定判決に対する再審請求の審理および判決を行う(同 28 条および 29 条)。破棄請求理由は広く認められており,判決における下級審の管轄権違反,法適用の誤り,または,法令の定める条件を具備しない場合である。このため,極めて高い上訴率とそれに伴う最高裁判所の負担増加が問題となっている。2004 年の最高裁判所法改正(2004 年法律 5 号)では,破棄請求できる事件に制限を設けた。そして,予審 praperadilan に関する決定,法定刑が 1 年以下の懲役または罰金である刑事事件,地方公務員の決定であってかつ決定の効果が当該地方に限られる行政決定に対する行政訴訟について,最高裁判所は破棄審裁判を行わないことも定める(45A 条)。

最高裁判所は,法律より下位の法令(政令など)の内容が上位法に違反しているかどうかを決定する司法審査権も有している。ただし,法律の憲法適合性

審査は後述の憲法裁判所の管轄である。逆に憲法裁判所は，政令など法律より下位の法令について司法審査を行うことができない。

2.2 裁判系列と下級裁判所

インドネシア司法の重要な特徴は，司法手続が4つの裁判系列に分かれていることである。裁判系列は通常裁判系列，行政裁判系列，宗教裁判系列および軍事裁判系列である。それぞれの裁判系列は第一審および控訴審からなり，すべての裁判系列の破棄審は最高裁判所が一元的に管轄する。1999年改正の司法権基本法によると，最高裁判所は各裁判系列に対して法技術的な事項を監督する権限を持つほか，裁判官人事および裁判所財政・事務に関する事項も管轄

表 2-1

名称	管轄権	属する裁判系列	根拠法律
人権裁判所	重大な人権侵害事件（ジェノサイド罪，人道に対する罪）	通常裁判	2000年26号
汚職犯罪裁判所	汚職犯罪，汚職により取得された金銭の資金洗浄罪	通常裁判	2009年46号
商事裁判所	破産，債務猶予，知財（集積回路，産業意匠，特許，商標，著作権），銀行清算	通常裁判	2004年37号，2000年31号，2000年32号，2001年14号，2001年15号，2002年19号，2004年24号など
産業関係裁判所	労働契約，解雇，企業内労組間の紛争	通常裁判	2004年2号
児童刑事裁判所	12歳以上18歳未満の児童の刑事事件	通常裁判	2012年11号
漁業裁判所	漁業法違反にかかる刑事事件	通常裁判	2004年31号
シャリア法廷	アチェ州におけるイスラム教徒の民刑事事件およびアチェ州条例の定める事件	宗教裁判	2001年18号，2006年11号
税務裁判所	税に関する紛争（徴税，督促などに関する異議）	行政裁判	2002年14号，2009年51号（9A条1項注釈）

する。1999年改正以前，裁判官人事および裁判所財政などは，最高裁判所ではなく関係する行政庁の管轄であった。すなわち，通常裁判所および行政裁判所については司法省が，宗教裁判所については宗教省が，そして軍事裁判所については国防省がそれらの事項を管轄していた。

　裁判系列の管轄権は，事件の種類または当事者の身分に応じて決まる。通常裁判系列は，民事訴訟および刑事訴訟を管轄する。行政裁判系列は，行政機関の決定の名宛て人であり，かつその決定で不利益を被った者が，当該決定の取り消しを求める訴訟を管轄する。宗教裁判系列は，イスラム教徒同士の婚姻および相続事件，イスラム法に基づく寄付行為，ならびにイスラム経済行為に関する法的紛争を管轄する。軍事裁判所は，国軍隊員が職務中に行った違法行為を管轄する。

　上記裁判所に加えて，特定事項を管轄する特別法廷がある。特別法廷は法律上，4つの裁判系列のいずれかに付属しているが，裁判手続，裁判官の構成は独自の法令に基づいている。現在，設置されている特別法廷は表2-1の通りである。

2.3　憲法裁判所

　憲法裁判所は，2001年の第三次憲法改正に基づき設置された。その後，2003年に憲法裁判所法（2003年法律24号）が制定されている。スハルト体制における権威主義への反省から，行政権と司法権を明確に分離するとともに，司法権による行政権および立法権へのチェック機能が必要となった。憲法裁判所の設置は，このようなチェック機能を組織的にも人事的にも既存の司法権とは異なる機関に与えたことを意味する。

　憲法裁判所判事は9名で，大統領，人民代表議会および最高裁判所が3名ずつを推薦する。各機関の判事任命方法について憲法上の規定はなく，憲法裁判所法でも「透明性と参加の原則」に基づくとだけ定めている。人民代表議会は公開の議場で候補者と議員の質疑応答による審査を行って決定する。他方，大統領は関係大臣間の協議により推薦者を決定し，また最高裁判所は長官が職権で推薦者を決定している。憲法裁判所長官は，憲法裁判所判事9名の互選によ

り決定する。

　憲法裁判所の権限は，(1)法律の憲法適合性審査，(2)国家機関間での機関訴訟，(3)政党解散の決定，(4)選挙結果への異議についての決定，(5)人民代表議会の大統領罷免決議の審査，である。憲法裁判所は 2003 年から 2015 年 2 月までに，法令審査は 733 件の申立を受け，そのうち却下または取り下げられた申立を除く 401 件について審理を行った。うち，申立認容 164 件（一部認容を含む），申立棄却 237 件である。機関訴訟は 24 件の申立を受け，4 件が請求の実体的審理（本案審理）に入り認容 1 件，棄却 3 件である。地方選挙の選挙結果への異議は 698 件，本案審理に入ったうち認容 68 件，棄却 456 件であった。国政選挙は 2009 年に行われた大統領，人民代表議会，地方代表議会の選挙について，計 657 件の異議を受理した。そして，本案審理に入った申立のうち認容 70 件，棄却 416 件である。

　法律の審査について，憲法裁判所は積極的に違憲判決を出している。ただし，法律の憲法適合性審査は憲法裁判所の管轄となるのに対し，法律より下位の法令の上位法に対する適合性審査は，最高裁判所の管轄となる。したがって，憲法裁判所がある法律について違憲判決を下したとしても，当該法律の実施規定が上位法に適合しているかは最高裁判所が判断する。

3. 法律情報の調べ方

3.1 法令情報

　インドネシアには日本の六法に当たるような主要法令をコンパクトにまとめた書籍はまだない。そのため，法令を調べるには法令公布年と法令番号で検索しなければならない。法令集は法学部図書館などに所蔵されているが，現在はインターネットでの法令データベースも利用可能である。

　しかし，インドネシアの法令データベースは予告のないままの更新停止・閉鎖もしばしばあり，またすべての法令を自動的にウェブ上で公開していくような安定的なシステムは十分に確立していないようである。例えば，数年前までは司法省が Legalitas Online という法令データベースを運用していて，筆者

も有用な情報源として紹介していた。しかし，現在このサイトは完全に閉鎖されている。

本書執筆時点で，収録法令の種類と数，検索性に優れ，安定性が比較的高い法令データベースとして，次の2つを紹介する。なお，いずれも収録法令のほとんどはインドネシア語である。管見の限り，地方条例について統合的に情報を提供しているサイトはない（過去に世界銀行の支援で，地方条例データベースが公開されていたが，現在はすでに閉鎖している）。

(1) 国民法育成局（Badan Pembinaan Hukum Nasional）
URL：http://www.bphn.go.id/

上記 URL は国民法育成局のポータルサイトであり，そこから「Jaringan Dokumentasi dan Informasi Hukum Nasional」（JDIHN，国家法文書情報ネットワーク）のリンクをクリックして，法令データベースにアクセスできる。ページ下部に検索エリアがあり，法令の種類（法律，政令などや，所轄している省庁），公布年，法令名などから検索できるようになっている。執筆時に確認したところ，法律，政令，大統領規則，省令など1万3076件の法令を掲載している。また，特定の法令について，当該法令がすでに失効しているか否か，または当該法令の施行により失効したまたは変更された法令についても調べることができる。データは通常，pdf または doc 形式で提供されるが，まれに html 形式も存在する。

サーバーはやや不安定であり，数日間にわたってアクセスできない場合もある。

国民法育成局は法務人権省の外局である。独立後，インドネシアはほとんどの法制度を植民地から継承していた。当時のナショナリズムを反映して，1958年に当時のスカルノ大統領が，インドネシア独自の法律整備を行うことを目的に設立したのが国民法育成局である。現在は，立法計画に関するシンクタンク的役割（研究リポート，セミナーなどの組織）と，法令データベースの管理が主な業務である。なお，JDIHN のシステム自体は，他の省庁も採用しているが，そこで掲載している法令は，当該省庁の業務に関連するものとなっている。

(2) Hukumonline

URL：http://www.hukumonline.com/

Hukumonlineは，NGOの運営する民間の法令情報サイトである。法令データベースを利用するためにはメンバー登録のためにサインアップ手続きが必要である。無料メンバーの場合，法律および政令のファイルを閲覧できる。政令より下位の法令は検索結果に出てくるが，ファイルにアクセスすることはできない。有料メンバーの料金は，現在 Paypal での支払いにも対応しているので海外からの申込も可能である。

ログイン後，ホームページから Pusat Data（データセンター）のタグをクリックすると法令データベースに入る。そこで法令階層別のカテゴリーから法律を選択し，さらに該当年の法律番号を選択する。このようにして，Hukumonline の提供する法律データにアクセスできる。Hukumonline で同法を検索すると英語訳が提供されている場合，英語版法律ファイルも表示される。データは pdf 形式で提供されている。

Hukumonline の優れた点は，法令を検索するとその法令の上位にある根拠法令 Dasar Hukum および下位にある実施規則 Peraturan Pelaksana も表示されることである。

サーバーが弱く，特にインドネシアのビジネスアワーに当たる時間は，応答が非常に遅くなる。

なお，Hukumonline は英語ページも提供しているが，法令データベースにアクセスできるのは，インドネシア語ページのみである。英語ページでは法律関係のニュースを主に提供している。

上記2つの法令データベースの特徴と制限を前提とすると，次のような方法が有用であろう。

a．特定の法令を必要とする場合で，目的とする法令の制定年および番号が特定できている場合は，国民法育成局のデータベースで直接検索する。

b．ある法律にかかわる関係規則なども含めて入手したい場合は，まず Hukumonline で法令を検索し，関係する根拠法令および実施規則も確認する。実施規則は政令より下位の法令であることが多く Hukumonline の無

料会員資格ではアクセスできないため，それらは国民法育成局のデータベースで検索する。

3.2 判例情報

判例を検索するためのポイントおよび判例の構成について紹介したい。なお，判例の英訳は憲法裁判所判決の一部を除きほとんどない。

(1) 紙媒体による判例

これまでインドネシアの裁判判例は次の3つの形態で公開されてきた。第1に，Yurisprudensi Mahkamah Agung Republik Indonesia（インドネシア共和国最高裁判所判例）といった政府刊行物である。これは毎年出版されるが，掲載判例は非常に限られている。第2に，民事，民事手続などのテーマごとに出される民間出版物である。民間出版物については，書店で容易に入手できるが，継続性に乏しく，掲載判例の選択についても偏りがある。これは，インドネシアの裁判所が判決の公開に消極的であったことにも原因がある。第3に，学術雑誌などに掲載される判例紹介である。専門家による判例評釈が行われているのが特徴である。しかし，掲載数は1号あたり通常1～2本なので，網羅的に判例を集めて比較することは難しい。また，検索性も乏しい。

(2) 最高裁判所の判例データベース

URL: https://www.mahkamahagung.go.id/

現在，インドネシアの裁判所は情報の電子化が急速に進んでいる。通常の裁判については，最高裁判所の提供する判例データベースが便利である。最高裁判所も判決の電子公開を行っている。判例データベースは最高裁ホームページの「Putusan」のリンクからアクセスできる。判例はセクター別（Direktori）と年度別（Tahun）で検索することができる。「知財関係」というように，調査分野が決まっている場合には，セクター別のインデックスを利用する。判決文はpdfファイルで収納されている。

(3) 憲法裁判所の判例データベース

URL: http://www.mahkamahkonstitusi.go.id/

憲法裁判所は設立当初から判例へのアクセスを重要事項と見なし，インターネットでの公開を整備してきている。そのため，これまでの憲法裁判所の全判決をウェブサイトから入手できる。

ポータルサイト上部にある「Putusan」のリンクから判例データベースに入ることができる。判例データベースは，判決全文（Putusan）と判例要旨（Ikhtisar Putusan）を提供している。判例要旨ではいくつかの事件が1つのファイルにまとめられている。

判決の検索は，判決番号，事件名，申立人名，判決言い渡し期日，キーワード，判決命令の種類（認容，一部認容，棄却，却下など）によって行う。

ウェブサイトは英語での表示も可能である。ただし，英語表示で判例検索を行った場合，表示されるのは英訳された判決のみである。英訳されているのは，憲法裁判所全判決の10分の1程度である。

3.3 インドネシア法に関する参考文献

インドネシア国外のインドネシア法研究者は依然として少数である。そのため，インドネシア法に関するまとまった英語書籍も非常に限られている。日本語書籍についてはなおさらである。英米法や大陸法のように独立した研究分野とはなっていない。これは他のアジア諸国の場合と同様である。また，インドネシア法の学術研究は，なお政治学の一部，あるいは法社会学・法人類学としてのアプローチが主流であり，実定法に関する研究・解説はほとんどないという状況である。

本節では，そのような制約を前提にインドネシア法に関する重要と思われるインドネシア語以外での文献を紹介したい。

(1) **総論**

① Lindsey, Timothy, *Indonesia, Law and Society 2nd edition*, Federation Press, 2008.
② Damian, Eddy, & Hornik, Robert N., "Indonesia's Formal Legal

System: An Introduction", *The American Journal of Comparative Law*, Vol. 20, No. 3, 1972, pp. 492-530.

　文献①は，インドネシアの法と社会に関する代表的研究者による論文集であり，インドネシアにおける法的問題を一覧するのに適している。②は，インドネシアの実定法に基づく法制度に関する解説である。近年の法改正により情報はかなり古くなってしまっているが，植民地法制度と独立後の法制度の関係などについては本文献がわかりやすい。

(2) 裁判制度に関して

① Pompe, Sebasitiaan, *The Indonesian Supreme Court: A Study of Institutional Collapse*, Cornell Southeast Asia Program, 2005.
② Lev, Daniel S., *Islamic Courts in Indonesia: A Study in the Political Bases of Legal Institutions*, University of California Press, 1972.
③ Bedner, Adriaan, *Administrative Courts in Indonesia: A Socio-legal Study*, Kluwer Law International, 2001.

　上記3文献は，インドネシアの裁判について分析したものである。研究アプローチは，ソシオ・リーガル研究であり司法と政治・社会との関係，裁判所組織文化などについて考察している。実定手続法についての紹介・考察はその一部である。

(3) 経済法などに関して

① Sudargo Gautama, *Indonesian Business Law*, Citra Aditya Bakti, Bandung, 1995.
② 大来　俊子＝作本　直行編『インドネシア商標法：解説と判例』アジア経済研究所，1990年。

　文献①は，人種集団ごとの多元的法体制を基礎としてビジネス法について解説しているのが特徴である。総論では準拠法の確定について，各論では民商事法の諸点について解説している。内容はすでに古くなっている部分もあるが，インドネシア民商事法の原則については貴重な解説である。文献②は，①の著者による知財法に関する論文の翻訳が中心となっている。

上記文献以外に，世界銀行ウェブサイト「Doing Business in Indonesia」や，西村朝日法律事務所がウェブで提供している『Doing Business in インドネシア』，日本貿易振興会の発行する各種レポートにも経済法関連の情報が豊富に含まれている。

(4) 文献目録

インドネシア法に関する文献目録としては，次の3つをあげることができる。

① Pompe, S., *Indonesian Law 1949-1989: A Bibliography of Foreign-language Materials with Brief Commentaries on the Law*, M. Nijhoff Publishers, 1992.

② Ball, John, *Bibliography of Material on Indonesian Law in the English Language, 3rd Edition with 1986 Supplement*, The University of Sydney, 1986.

③ Damian, Eddy & Hornick, Robert, *Bibliografi Hukum Indonesia: Daftar Pustaka Hukum Terbitan Tahun 1945 s/d 1972*, Universitas Padjadjaran, Bandung, 1974.（インドネシア語）

このうち，①は英語以外の言語（例えばオランダ語）で書かれた文献も含んでいる。法律分野毎に文献をまとめたものであり，それぞれの分野の法律についても詳しい解説をつけている。②はリング製本されたタイプ打ちの資料であり，入手は比較的困難である。1136件の文献を収録している。③は，インドネシア語で書かれた目録であるが，単行本2681件，雑誌論文690件，学位論文3928件という膨大な書誌情報を掲載していることと，謄写印刷物や学生グループ作成の大学講義録など貴重な情報を含んでいるのが特徴である。

いずれの文献目録もかなり古い時期のものである。近年はGoogle Scholar, SRRNなどのインターネット学術検索エンジンが有用なツールである。

第 3 章

タ イ 法

はじめに

　2014年5月22日，タイでまたしてもクーデターが発生した。タイでは，タックシン派と反タックシン派の間で対立が長年続いているが，その政治的対立や混乱を話し合いや選挙で解決することはまたしてもできなかった。今回も，2006年に続いて軍によるクーデターによって対立に基づく混乱を一時的に収束させることとなった。

　これまでの慣習に基づき，クーデター後は，憲法の停止，暫定憲法の公布・施行，恒久憲法の制定という過程を経ることとなっており，現在暫定憲法が施行中である。今後恒久憲法が制定される予定であり，現在草案の作成中である。新憲法の中心的な課題は，政治的対立の解消である。そのため，司法制度に関していえば，これまでの2007年憲法体制下のものと大きな変更はないと予想される。立法制度については，現行の2014年暫定憲法におけるものは，2006年暫定憲法と同様に国家立法議会による一院制が採用されている。しかし，恒久憲法が制定される場合は，通常二院制が採用されており，これも新憲法において踏襲されることが予想される。

　そこで，本章においては，現時点において新憲法が制定されていないが，司法制度と立法制度の基本的構造は引き継がれる可能性が高いので，2007年憲法に基づき，タイの法制度の概要について述べていく。

1. 概要・特色

1.1 法典編纂

　タイは，日本と同様にアジアにおいて植民地化されなかった数少ない国の一つである。また，植民地化はされなかったが，不平等条約を欧米列強との間に締結し，その改正のためには西洋法に基づく司法制度の完備が要求されるという，日本と同様の経験を有している。

　不平等条約改正のための法典編纂においては，日本と同様に外国人法律家が重用された。当初は，総務顧問ローランジャックマンがベルギー人であったことから，ベルギー人が多かったが，フランスによる法律部門での顧問就任要求の後は，フランス人が中心となった。タイは，日本との間にも領事裁判権の承認と関税自主権の放棄を主な内容とする不平等条約を締結したが，その付属議定書の中に，主要法典編纂後に領事裁判権を放棄する旨の規定が初めて明確に盛り込まれていた。その関係で，日本人法律家政尾藤吉が法律顧問としてタイで働いており，刑法典の編纂において大きな役割を果たした。

　タイは司法制度整備の際のモデル法を自ら選択することができたため，成文法主義を採用した。

1.2 立法・解釈の特色

　タイは成文法主義を採用し，当初は大陸法の影響を受けていたが，第二次世界大戦後はアメリカ法の影響を大きく受けるようになり，この点においても日本と同様である。

　法典編纂当初は，モデル法であるヨーロッパ諸国に留学することが多かったが，近年はビジネス法の勉強のために，英語圏に留学することが多くなっている。ヨーロッパへの留学は公法分野を専攻する者が中心となる。

　外国の法律情報を継続的に入手しているが，その情報は法律解釈の場面ではなく，立法の場面で活かされている。日本の場合は，社会・経済の変化に対応するために裁判所による幅広い解釈が行われるが，タイにおいては立法で解決

する傾向がある。その際，過去の解釈動向や採用している基本原理から逸脱する場合も存在する。たとえば，タイの不法行為における損害賠償は塡補主義原則を採用しているが，製造物責任法や消費者事件等においては懲罰的損害賠償が認められる場合があり，注意が必要である。また，社会法分野においては，予算措置が必要となる場合が多いが，この場合には予算が不十分なために最新立法が実質意味を持たない場合も多く存在する。

法の運用においては，近年の政治的対立に関係して，一方の政治勢力に不利な判決，保釈決定が裁判所により行われており，裁判所の二重の基準が問題視されている。

2. 法制度

2.1 民商事法

タイでは，スイス債務法の影響を受けて，民商統一法典となっている。構成は，第1編「総則」，第2編「債務」，第3編「契約各則」，第4編「財産」，第5編「親族」，第6編「相続」であり，1935年に第5編および第6編が公布されることにより完成した。商事法に関する規定は，第3編に含まれており，倉庫営業，代理，仲介，保険，手形・小切手，パートナーシップ・会社等が規定されている。会社法については，1992年に公開会社法が独立して制定されたため，民商法典に含まれているのは閉鎖会社に関する規定である。

不動産登記制度については，トーレンスシステムを模して作った地券制度を採用しており，法律行為による物権の得喪は登記によらなければ効力が発生しない（民商法典1299条1項）が，法律行為に拠らない場合には，対抗要件主義となっている（同条第2項）。タイでは，抵当権を設定する際，債権者が抵当目的物の地券の引き渡しを求めることが多くあり，抵当権設定者は，重ねて抵当権を設定することや目的物を売却するためには，第1順位の抵当権者の合意を必要としている。

2.2 刑事法

現行刑法典は、記述のように政尾藤吉が起草に関わった 1908 年刑法典ではなく、1956 年に大改正されたものである。大きく、「総則」と「罪」に分かれているが、「罪」には、王室制度が存続しているのに関連して、王室に関する罪が依然として規定されている（刑法典 107 条から 112 条）。近年、政治的対立に伴い、不敬罪（112 条）が適用される事件が多数発生しており、その改廃について議論が生じている。

その他、タイでは死刑制度が存続しており、2013 年度には、第 1 審段階で 294 件の死刑判決が出されている。

2.3 手続法

手続法についてであるが、後掲のように、憲法裁判所、行政裁判所、軍事裁判所といった司法裁判所系列以外の裁判所が存在すると共に、司法裁判所系列内においても多数の専門裁判所が存在し、それぞれについて特別の手続規定を有している。しかし、一般法としての位置を占めるのは、民事事件については、民事訴訟法典、刑事事件については、刑事訴訟法典である。

現行民事訴訟法典は、1935 年に公布されたものであり、執行や保全に関する規定も含んでいる。通常裁判所において取り扱われる事件の中で、製造物責任法に関する事件を含めて、消費者事件に該当するものは、2008 年の消費者事件手続法による。同法では、消費者が十分な資力と法的知識を備えていないことを前提に、大幅な職権主義が採用されている。

刑事事件手続についても、民事事件手続と同様に、事件の種類により個別法が適用される場合がある。例えば、薬物に関する刑事事件については、2008 年の薬物事件手続法が適用される。第一審段階において、薬物事件は約 35 万件、約 52%（2013 年度）を占めており、タイにおいて如何に薬物問題が深刻であるかを示している。

3. 裁判機構

 現在のタイの裁判機構は，4つの裁判所系列からなる。それは，① 憲法裁判所，② 司法裁判所，③ 行政裁判所，④ 軍事裁判所である。現在，2014年暫定憲法下であるが，この枠組に変更はない。

3.1 憲法裁判所

 憲法裁判所は一審限りの審理で行われ，裁判官の構成も独特である。憲法裁判所は，9人の裁判官によって構成され，その構成は，最高裁判所判事から3名，最高行政裁判所判事から2名，法律学専門家から2名，政治学専門家から2名である（2007年憲法204条1項）。

 憲法裁判所の権限については，議員資格の判断（同91条），保留法案と新規提出法案の同一性の審査（同149条），法案の違憲審査権（同154条），緊急勅令の適法性の審査（同185条），条約締結の適法性（同190条）等である。

3.2 司法裁判所

 次に司法裁判所であるが，司法裁判所は，憲法または法律で他の裁判所が管轄権を有すると定めている場合を除き，すべての事件を審理し，裁判する権限を有する（同218条）。また，憲法または法律に別段の定めがある場合を除いて，三審制を採用している。司法裁判所系列には，最高裁判所，控訴裁判所，初審裁判所がある。初審裁判所には，専門管轄を有する専門裁判所があり，現在，少年家庭裁判所，労働裁判所，租税裁判所，知的財産・国際取引裁判所，破産裁判所がある。以下，具体的に各裁判所について見ていく。

(1) 最高裁判所

 まず終審裁判所として最高裁判所が，バンコクに設置されている。最高裁判所は，控訴裁判所の判決・命令と専門裁判所の判決・命令に関する上訴管轄権を有している。しかし，現在審議中の「専門事件控訴裁判所」の設置後は，専

門裁判所の判決・命令に対する上訴は，同裁判所に対して行われる。最高裁を含めた各裁判所には，専門的知見を要する事件に対応するために，担当部を設けることができる（「2000 年司法裁判所法」4 条）。最高裁には，5 つの専門裁判所に対応して，少年家庭事件部，労働事件部，租税部，知的財産・国際取引事件部，破産事件部があるとともに，その他，政治職在任者刑事事件部，商業経済事件部，環境事件部，消費者事件部，選挙事件部の，合わせて 10 の事件部が存在する。この中で，知的財産・国際取引事件部と商業経済事件部は経済活動に関連する事件を取り扱うが，知的財産・国際取引事件部は，後述の知的財産・国際取引裁判所が専属管轄を有する事件を取り扱い，それ以外の経済関連事件を商業経済事件部は取り扱う。

(2) 控訴裁判所

次に控訴裁判所であるが，これは控訴裁判所と管区控訴裁判所からなる（同 3 条）。当初，控訴審を審理するのはバンコクに設置されている控訴裁判所のみであったが，訴訟数の増加に伴う控訴裁判所の負担を軽減するために管区控訴裁判所が創設された。管区裁判所の創設に伴い，控訴裁判所の地域管轄はバンコクのみとなり，その他地域は全国 9 つに分割された管区に対応する管区控訴裁判所が地域管轄を有することとなった。当初は法律の施行にかかわらず，一部しか設置されていなかったが，98 年になって 9 管区すべての管区控訴裁判所が設置された。控訴裁判所は，初審裁判所の判決または命令に対する上訴管轄権を有する（同 22 条）。控訴の一般的制限として，民事事件の場合，訴額が 5 万バーツ以下，刑事事件の場合は，懲役 3 年以下または罰金が 6 万バーツ以下のときは，一定の例外を除いて，事実問題について控訴することができない。

また現在，専門裁判所からの上訴を取り扱う「専門事件控訴裁判所」の設置法案が審議中であり，法案が通過し，施行されれば，控訴裁判所は三つの種類のものを含むことになる。

(3) 初審裁判所

次に，初審裁判所であるが，これは第一審管轄権を有する裁判所である。こ

れには，専門性の高い事件を取り扱う専門裁判所とその他一般の事件を扱う通常裁判所に分けられる。

① 通常裁判所

専門裁判所以外に第一審管轄権を持っているのは，民事裁判所，南バンコク民事裁判所，トンブリー民事裁判所，刑事裁判所，南バンコク刑事裁判所，トンブリー刑事裁判所，県裁判所，簡易裁判所である。前者6つの裁判所はバンコクに所在している。この中で，簡易裁判所は，少額の事件および軽微な刑事事件を取り扱う。民事では訴額が30万バーツ以下，刑事では最高刑が懲役3年以下もしくは罰金が6万バーツ以下の事件である。

県裁判所は，民事および刑事において，下記専門裁判所と簡易裁判所が有する管轄をのぞいた事項のすべてについて管轄を有する。県裁判所は各県に少なくとも1カ所設置され，人口や訴訟数等を考慮して，1つの県に2カ所以上の県裁判所を設置することができる。

② 専門裁判所

次に専門裁判所であるが，これらは当該分野の紛争が特別の性質を有することから，当該分野に詳しい裁判官や外部専門家に審理・裁判を行わせるために独立のものとして設置されている。また，迅速，公正，適正，効率的な審理を実現するために，特別な訴訟手続を定めている。

ⓐ 少年家庭裁判所

少年家庭裁判所は，子供，少年，家族に関係する事件を取り扱う。裁判所設置法である，「1991年少年家庭裁判所設置および少年家庭事件手続法」によれば，子どもは満15歳未満の者，少年は満15歳以上，満18歳未満の者とされている（4条1号および2号）。

少年家庭裁判所の事項管轄は，子どもまたは少年が犯罪の嫌疑を受けている刑事事件，家族事件，保護事件等である(10条)。注目すべきは，合議体の体制である。合議体は，職業裁判官2人（以上）と補助裁判官2人で構成されるが，補助裁判官のうち1名は女性でなければならない（23条）。

ⓑ 労働裁判所

次に労働裁判所であるが，これは「1979年労働裁判所設置および労働事件手続法」によって設置された。労働裁判所の事項管轄は，雇用契約，労働条

件，労働者保護法または労使関係法に基づく権利義務に関する事件，関係当局の裁定に対する不服申立事件，雇用者と労働者との間の不法行為に起因する事件等である（8条1項）。労働裁判所の合議体は職業裁判官に加えて，使用者側・労働者側それぞれ同数の補助裁判官によって構成される（11条）。

ⓒ 租税裁判所

次に租税裁判所であるが，これは「1985年租税裁判所設置および租税事件手続法」により設置された。租税裁判所の事項管轄は，関係当局の裁定に対する不服事件，租税債務に関わる国の請求権に関する事件，租税還付請求に関する事件，租税徴収の便宜のためになされた合意に基づく権利義務に関する事件等である（7条）。

ⓓ 知的財産・国際取引裁判所

次に知的財産・国際取引裁判所であるが，これは，「1996年知的財産・国際取引裁判所設置および知的財産・国際取引事件手続法」に基づいて設置された。同裁判所は名称からも分かるとおり，国際取引について専属管轄を有しており，外国人にとって重要な裁判所であるので，以下管轄については，詳細に取り上げる。知的財産・国際取引裁判所の事項管轄は，知的財産や国際取引に関する民事事件または刑事事件である ① 商標，著作権および特許に関する刑事事件，② 刑法典271条～275条に定める（詐欺等取引についての）犯罪に関する刑事事件，③ 商標，著作権，特許に関する民事事件ならびに技術移転契約または実施許諾契約に基づく紛争に関する事件，④ 刑法典271条～275条に定める犯罪行為に関する民事事件，⑤ 国際的な売買，商品もしくは通貨の交換，国際的な役務提供，国際運送，保険および他の関係する法律行為に関する民事事件，⑥ ⑤に定める業務，国際送金，輸入貨物担保保管証，および，かかる業務に関係する保険に関連して発せられる信用状に関する民事事件，⑦ 船舶差押えに関する民事事件，⑧ 外国からの商品または役務提供のダンピングおよび補助に関する民事事件，⑨ 集積回路レイアウト，科学的発見，商号，原産地表示，トレード・シークレットおよび植物種保護上の紛争に関する民事または刑事事件，⑩ 法律が知的財産・国際取引裁判所の管轄内にあると定める民事または刑事事件，⑪ ③～⑩に定める紛争の解決のための仲裁に関する民事事件である（7条1項）。外国仲裁判断の承認執行事件は，同裁判所が管

轄を有する。合議体は，2人以上の職業裁判官と1人の補助裁判官によって構成される（19条）。

　　ⓔ　破産裁判所

　設置法は，「1999年破産裁判所設置および破産事件手続法」である。破産裁判所の事項管轄は，破産に関係する事件であり，刑事事件に関する場合も含まれる（7条）。

3.3　行政裁判所

　行政裁判所は，行政機関と私人との間の紛争を解決し，行政機関の不当な行為や活動により被害を受けた私人を救済するための裁判所である。設置法は，「1999年行政裁判所設置および行政事件手続法」である。

　行政裁判所の管轄事項は，① 行政機関または国家公務員による違法行為に関する事件，② 行政機関または国家公務員による不作為に関する事件，③ 行政機関または国家公務員の権限行使による不法行為またはその他責任に関する事件，④ 行政契約に関する事件，⑤ 行政機関または国家公務員が私人に行為の作為または不作為を命ずるために裁判所に申立てる旨法律により規定された事件，⑥ その他行政裁判所の管轄と法律で定められた事項に関する事件である（9条1項）。

　行政裁判所は，最高行政裁判所と初審行政裁判所の二審制を採用している。最高行政裁判所はバンコクに設置されている。初審行政裁判所は，バンコクに設置されている中央行政裁判所と，7つの地区行政裁判所が設置されている。

3.4　軍事裁判所

　最後の軍事裁判所は，軍関係者による，軍法もしくはその他刑事法に対する違反行為に関する事件，または民事訴訟法典に定める裁判所侮辱罪に関する事件を管轄とする裁判所である（「1955年軍事裁判所法」13条）。軍事裁判所は，初審軍事裁判所，中央軍事裁判所，最高軍事裁判所の3級の裁判所によって構成されており（6条），国防省の監督の下におかれている。

4. 法源，判例，法律情報

4.1 法源

　タイの法源は，憲法，法律，緊急勅令，各種命令（勅令，省令等），地方自治体による各種条例，及び革命政府による布告及び命令である。

　日本と比較して特徴的なのは，緊急勅令と革命政府による布告等である。

　まず，緊急勅令は，国家の安全，公共の安全，国家経済の安定または公共災害の防止のために発布される，法律と同様の効果を有するものである（2007年憲法184条1項）。緊急勅令は，国王に発布権限があるが，そのためには内閣の同意を必要とする（同条2項）。緊急勅令を発布した場合には，次の会期において，内閣は緊急勅令を審議するために遅滞なく国会に対してかかる緊急勅令を提出しなければならない（同条3項）。また，会期中において，租税，課徴金または通貨に関する法律で，国家の利益のために，迅速かつ秘密の検討が要求される場合においても，緊急勅令を発布することができる（同186条1項）。この場合，官報に掲載された日から3日以内に，下院に提出しなければならない（同）。

　注目すべきは，クーデター後に樹立された革命政府による布告及び命令（以下革命団布告と表記）である。「革命団布告」は，1958年のクーデターにより政権を奪取したサリット・タナラットが，憲法の廃止・停止に伴い，立法機関不存在の状況下において現実の統治に対応するために活用した形式である。矢野によれば，「革命団布告」とは，『『革命団』の実力行使によって立憲君主制の一切の制度が廃棄せられたあと，戒厳令施行化の無憲法状態において『革命団』が発する，法律的効力を伴う一連の布告のことである」（矢野1975，425頁）。「革命団布告」の内容は，憲法の廃棄から，各種法律改正，物価統制など様々である。そして，正式な改廃手続きが行われない限り，たとえ憲法が施行されたとしても，その効力は維持し続けることとなる。

4.2　判例

　タイは，コモン・ローのような先例拘束性の原則を有していないが，実際には，先例は重大な影響力を有し，事実上の拘束性があるといえる。タイにおいては，判例は1917年から公開されているが，公開されているのは最高裁判所判決に限定されている。最高裁判例は，極端に古いものをのぞき，司法裁判所事務局のHP〈http://deka2007.supremecourt.or.th/deka/web/search.jsp〉で検索することができる。現在，専門裁判所の一部は当該機関のHPで注目判決を公開することがあり，その場合には第一審判決が公開されることがある。憲法裁判所，最高行政裁判所の判決・決定についても公開されている。

4.3　法律情報の入手

　タイは植民地化されることがなかったため，他のアジア諸国と異なり，宗主国による研究が行われていない。そのため，外国語による研究は非常に少なく，法廷言語であるタイ語による法学研究，法律情報が殆どである。一部英語や日本語による法律情報も存在するが，それらはタイの法制度全般を概説するものではなく，ほとんどはタイでビジネスを行う場合に必要な法律情報を提供することを目的としている。外国人がタイで事業を行う際に参考となる書籍として，以下のものがある。

　元田時男『タイビジネス必携　第3版』タイ語翻訳GIPU，バンコク，2012年

　上記の書籍は，労働法，会社法，会計制度，租税制度など，タイにおいて事業を行う上で重要な法制度を網羅的に，かつ簡潔に概説しており，非常に有用である。

(1)　インターネットによる入手

　タイにおいても，ICTの進化はめざましく，裁判所をはじめ，タイの各省庁はホーム・ページ上に数多くの資料を掲載している。しかしながら，その殆どはタイ語であり，英語情報は非常に少ない上に，概要しか得られない場合が多い。

そのような中で，日本貿易振興機構（ジェトロ）のホーム・ページは，海外ビジネス情報の中でタイを取り扱っており，その中に「関連法規・告示等」というページがある〈http://www.jetro.go.jp/world/asia/th/business/regulations/〉。そこでは多岐にわたる法分野の法令が邦訳されている。その他，ビジネス情報を中心に，タイの情報を入手することができ，日本語ページとして最も便利である。

その他，法令の英訳を掲載しているホーム・ページとして，"Thailand Law Forum"〈http://www.thailawforum.com〉がある。このホーム・ページには，法令の英訳とともに，いくつかの法律関連の記事や論文が掲載されており，英語によりタイの法律情報を得る上で，非常に便利である。

タイの各省庁や裁判所は各自ホーム・ページを有しているが，各自の組織に関係する法令を独自に英訳したものを掲載し，また制度概要を英語で紹介している場合がある。情報を得たい組織の英訳がはっきりしていれば，検索サービスを利用することにより簡単に見つけることができるが，大まかな情報しか存在しない場合には，リンク集として，エネルギー省資源政策計画事務室が作成する"Complete Royal Thai Government Web Sites Directory"〈http://www.eppo.go.th/link_thaigov.html〉がある。ここでは，省庁毎にホーム・ページが分類されており，入手したい情報がどの機関に関係するものか予想がつけば，迅速に目的の情報にアクセスできる。

法令の情報を直接得られるわけではないが，新聞は注目される事件や法律についての記事を掲載するため，間接的に情報を入手することができる。インターネット上に発信している英字新聞としては"Bangkok Post"〈http://www.bangkokpost.com/〉と"THE NATION"〈http://www.nationmultimedia.com/index.php〉の2つが幅広いテーマについて記事を掲載しているので，法律情報を含めたタイの様々な情報を入手することができる。

(2) **図書館における入手**

日本国内では，アジア経済研究所，国会図書館，京都大学東南アジア研究所が官報や若干の文献を所蔵している他は，機関としてタイ法の文献や資料を収

集していない。そのため，タイの法律情報を図書館で入手するとなると，タイの図書館を直接訪問することとなる。

　タイにおいて法学文献を収集するためには，チュラーロンコーン大学とタンマサート大学の法学部図書室および中央図書館を訪問することが中心となる。所蔵されている文献のほとんどはタイ語であるが，若干の英語文献を入手することが可能である。現在，両大学の法学研究科は，ビジネス法について英語コースを設置しており，修士論文が英文で執筆されている。修士論文に含まれる文献目録は，タイの法律情報を得るための重要なソースなので，関係する修士論文を入手することは，非常に重要である。修士論文はPDFで公開されている場合もあり，その場合は図書館のコンピューターからダウンロードすることができる。ダウンロードすることができない場合でも，タイの場合では図書館にコピー・センターが併設されている場合が多いので，そこで複写することが可能である。

おわりに

　タイは日本と同様に欧米列強からの植民地化を免れたため，法律言語はタイ語となっている。そのため，発信される情報のほとんどはタイ語であり，タイ語ができない者にとっては法律情報へのアクセスは困難であることは否めない。しかしながら，近年は上述のようにインターネット上に日本語，英語で利用できる資料が増えてきたので，以前に比べればタイの法律情報も収集しやすくなってきた。ただ，ここで注意しなければならないのは，法令の翻訳は公定訳ではないので，あくまで概略を知る参考資料として使用することである。

　今回は本書の性格上タイ語資料の収集方法については記載しなかったが，タイでは官報もインターネット上で公開されているため，過去の法令も日本にいながら簡単に入手することができるようになった。また，最高裁判所，憲法裁判所，最高行政裁判所の判決も公開されているので，判例情報も入手できるようになっている。タイ語資料に関心のある方は，既述のエネルギー省が作成しているリンク集を用いて，各裁判所，各大学，各省庁のホーム・ページを利用

して，資料の検索，収集を行って頂きたい。

【引用文献】
矢野暢「タイにおける「革命団布告」の政治的機能―73年「10月政変」の背景についての一考察―」『東南アジア研究』12 (4), (1975年) 419-435頁。

第4章

台　湾　法

はじめに

　台湾（中華民国）の法制度は，中華民国憲法（1947年1月1日公布，同年12月25日施行。その後，数次に亘り憲法増加修正条文という形式による改正が行われている。）を頂点とする，わが国と同じく大陸法系に属する西側先進国型である。歴史的な経緯に加え，同じ資本主義，民主主義の価値観を共有し，基本的な法的思考や原理を始め，日本の法制度と共通する部分も少なくない。しかし，一方では中華民国法の伝統に由来する独特な色彩も兼ね備えており，本章は，このような台湾法の全体像を特にビジネスの視点から鳥瞰するとともに，台湾法を調査するに当たって必要となる基本的な知識やスキルを獲得することを目的とする。

1. 概要・特色

1.1　台湾法の特色

　憲法1条は，台湾を所謂「三民主義」（民有，民治，民享）に基づく民主共和国であるとし，2条で主権在民を宣言した上で，第2章において法の前の平等，基本的人権の保障など，法の支配に基づく原則を規定する。

　商取引に関する法令は，基本的には日本法類似であると理解して良く，「所有権不可侵の原則」，「契約自由の原則」，「過失責任主義」など，われわれにも馴染み深い法理が適用される。一方，これらの原則，法理に対し，過度の資本

主義・個人主義に基づき濫用されることを防止するとの観点から，例えば公平交易法（独占禁止法），消費者保護法など，企業の経済活動の自由に対して社会正義の観点から種々の修正，制限を加える立法的措置が図られている。

1.2　民商合一主義

日本法と異なり台湾には「商法典」は存在せず，民事行為および商事行為に適用される法律は原則として同一である。例えば，基本法たる民法は，第2編第2章「各種の債」中で，「交互計算」，「経理人（支配人）」，「代辦商（代理商）」，「居間（仲立人）」，「行紀（商法上の問屋）」，倉庫営業，運送営業，証券，パートナーシップ，匿名組合などの規定を置いている。ただし，「会社法」，「手形法」，「海商法」，「保険法」といった重要な商事法は，民事特別法として個別に制定されている。

1.3　中華人民共和国（大陸，香港・マカオ）との関係

台湾と大陸との関係については，「台湾地区および大陸地区人民関係条例」が基本的な事項を規定している。主な事項としては，各種往来の禁止または許可制，雇用制限，投資・技術協力・貿易の許可制など，制限事項が幅広く定められている。また，民事に関する事項として，準拠法の決定方法などの定めがある。一方，中華人民共和国特別行政区となった香港・マカオとの関係については，「香港マカオ関係条例」が基本的な事項を規定している。内容的には，上述の大陸地区との関係制限に比較して，海空の直接往来が可能である点，貿易が原則自由化されている点など，相対的に緩やかである。ただし，今も投資・技術協力の一部には許可制が残存している。

2.　法制度

2.1　権力機構

台湾では，大陸の民主集中制（三権分業体制）とは対極に立つ，わが国同様の三権分立のシステムが確立されている。憲法は，立法・行政・司法の三権分

立制に加えて，公務員の人事管理等に関する「考試権」，総統弾劾提議権・公務員等に対する弾劾権・行政院の業務調査権・会計監査権といった幅広い「監察権」の二権を加え，「五権憲法」と呼ばれている。憲法上，立法，行政，司法の三権は，それぞれ，立法院，行政院，司法院に付与されており，考試権は考試院，監察権は監察院にそれぞれ付与されている。立法院は一院制の最高立法機関であり，普通選挙によって選ばれる立法委員（議員）から組織される。行政院は最高行政機関であり，その首長である行政院長（首相）および副院長，部長（大臣）は総統による任命制である。司法院は最高司法機関であり，1名の院長，1名の副院長を含む15名の大法官から構成され，民事・刑事・行政裁判権，憲法解釈権，法律および命令の統一解釈権，公務員の懲戒権を有する。司法院により違憲と判断された法令は無効である（憲法171条1項）。

　特徴的なのは「国民大会」と「総統」である。国民大会は，全国国民（大陸を含む）を代表して政治権力を行使するとされ，具体的には総統，副総統の選挙および憲法改正などの重要な職権が付与されていた。現在では非常設化され事実上機能していない。総統は，憲法上は国民大会が選任，罷免するとなっているが（憲法27条），1992年の増加修正条文によって「中華民国の自由地域（すなわち，台湾）公民」による直接選挙で選ばれることとなった（同条文2条）。総統は，台湾の国家元首として対外的に台湾を代表するほか，行政院長の任命，司法院長を含む大法官の任命（立法院の同意を要す），法律等の公布（行政院長等の副署を要す），条約の締結（立法院の決議を要す），戒厳令の発布（立法院の決議または追認を要す），緊急命令の発布（10日以内に立法院の追認を要す）など，憲法に定められた職権を行使する。

3. 裁判機構

3.1　裁判制度

　台湾は，わが国の裁判制度に類似した，原則として三級三審制の裁判制度を有しており，憲法によって裁判官の独立も保障されている（80条）。法院組織

法により各級裁判所が設けられており，最高法院（上告審，法律審）を頂点に，省・直轄市ならびに特別区域の高等法院（控訴審），原則直轄市または県（市）に1カ所設けられている地方法院（第一審）の3段階から構成されている。民事事件については地方法院（少額案件その他一定の紛争を取扱う簡易廷を含む）が第一審となる。他に，行政訴訟を管轄する専門法院として行政法院や2008年新設の知的財産法院などがある。裁判手続法としては，民事訴訟法，刑事訴訟法，行政訴訟法，非訟事件法，強制執行法，仲裁法などがわが国同様幅広く制定されている。

3.2 仲裁制度

仲裁法により，紛争の当事者は，書面による合意（事前，事後いずれも可）を以って，裁判ではなく仲裁による紛争解決を選択できる。しかし，台湾は「外国仲裁判断の承認および執行に関する条約」に加盟していないため，日本を始め外国で行われた仲裁判断を台湾において執行するには，それに先立ち改めて承認取得手続が必要である。さらに，台湾で外国法（仲裁手続法や，外国仲裁機関の仲裁規則を含む）を準拠法として行われた仲裁判断についても，仲裁法により外国仲裁判断とみなされるので，そのままでは執行できず同様に承認の手続を要する（仲裁法47条1項）。外国仲裁判断は，台湾の公序良俗に違反する場合や，手続的な瑕疵がある場合には，その承認，執行が拒絶されるが，実務上は円滑に承認，執行が行われる場合が多いといわれている。

3.3 弁護士制度

弁護士は，わが国と同様，原則として司法試験に合格し所定の修習を受けることによりその資格を取得する。法廷弁護士，事務弁護士等の区別はない。相当数が台北市弁護士協会に所属し活動している。

4. 法令・判例

4.1 台湾法の法源

　大陸法系に属する台湾法は，日本法と同様に憲法，法律，命令の成文法を法源とするほか，最高法院が毎年その判決中から選定する判例（これを「選編判例」という。）が下級審に対して事実上の拘束力を持つ。法令は，「法律」と「命令」に大別される。法律は最高立法機関である立法院が制定するが，これには「法，律，条例または通則の，いずれかの名称を付す」とされている（中央法規標準法2条）。一方，命令は，法律の授権または職権に基づいて関係機関が制定する規範であり，その性質に応じて，「規程」，「規則」，「細則」，「弁法」，「綱要」，「標準」，「準則」のいずれかの名称を付すこととされている（中央法規標準法3条）。法令の優劣関係は，基本的にはわが国と同様である。

　地方法令に関しては，直轄市，県などの地方公共団体（省については，1997年の憲法改正でその業務および組織が凍結され，立法を含め実質的に機能していない。）は，自らの自治事項（地方制度法18条ないし20条に列挙）について，または法律や上級法令の授権に基づいて，自治法規を制定することができる。この自治法規は，「自治条例」（地方立法機関の決議を経ているもの）と「自治規則」（地方行政機関が制定するもの）に分けられ，地方のレベルに応じて法令の名称が法定されている。具体的には，自治条例については地方のレベルに応じて，「法規」，「規章」，「規約」という名称，自治規則についてはその性質に応じて，中央の命令の場合と同じ「規程」等のいずれかの名称を付すこととされている（地方制度法26条，27条）。いずれの場合も，当該地方公共団体の名称を冠することとされているので，それがどの地方レベルの法令であるかは容易に判別できる。

4.2 法令・判例の探し方
(1) 法令
　台湾の法令に関する条文を検索したい場合には，以下のソースを利用するとよい。個々の条文の修正や新規法令の制定などの更新も迅速に行われている。

① **法学資料検索系統**（Law & Regulations Retrieving System）
　http://jirs.judicial.gov.tw/Index.htm：司法院（Judicial Yuan）が運営する無料データベース・検索エンジンである。例えば民法の条文規定を調べたいときは，司法院のWebsiteのトップページから，右側中ほどの「法学資料検索」タブをクリックすると，上記URLの頁となる。ここで左上の「本院主管法規」をクリックすると検索画面が現れるので，この「検索字詞」に民法と入力し，「送出査詢」をクリックすると検索結果が現れる。検索結果の中から「民法（104.06.10）」（カッコ内は中華民国の年号による最新の修正期日を表している）をさらにクリックすると，具体的な条文の検索画面が現れ，「編章節」などのタブから各条文を検索できる。一方，この検索画面には，法律・条文毎に赤色で「英」と表示された英語版へのリンクもある。なお，入力は中国語（繁体字）で行う必要があり，中国語の文字と同一でない日本語の文字を用いては検索できない（例えば，「総則」は「總則」と入力する）。また，上記URLの頁から「English Version」をクリックすると「Latest Updates」の画面となり，そこで「Search Law」のタブをクリックすると英語版の検索画面も現れるので，同様に利用できる。

② **全国法規資料庫**（Laws & Regulations Database of The Republic of China）
　http://law.moj.gov.tw：台湾政府法務部が運営する無料データベース・検索エンジンである。中国語版のほか，英語版もある。

　一方，有料サービスには，代表的なものとして次のものがある。

① **月旦法学知識庫**（lawdata）
　http://www.lawdata.com.tw/anglekmc/ttswebx?@0:0:1:lawkm@@0.9303542523866388

② 法源法律網（Law Bank）

http://www.lawbank.com.tw/news/NewsSearch.aspx?TY=20

画面上方，左から2番目の「法規査詢」タブをクリックすると検索画面が現れる。英語版も http://db.lawbank.com.tw/eng/ から無料で閲覧・検索できる。

(2) 判例

台湾における判例を入手するには，上記の法学資料検索系統や法源法律網 http://www.lawbank.com.tw/index.aspx を利用する。いずれも無料サービスを提供している。

① 法学資料検索系統の使い方

上記の「法学資料検索系統」から，今度は真中の「裁判書査詢」タブをクリックし，調べたい判決（裁判所名，事件類型，年月日などの必須項目）を入力すると，当該判決が表示される。この法学資料検索系統には，最高法院における判決が民国85（1996）年から収録，更新されている。また，高等法院および他の支所ならびに地方法院における判決が民国89（2000）年から収録，更新されている。ただし中国語のみとなっている。

② 法源法律網（Law Bank）の使い方

上記のトップページ http://www.lawbank.com.tw/index.aspx の画面上方，一番左側の「法律新訊」タブをクリックし，その下に現れる「判解新訊」タブをクリックすると，最新の判例情報が提供されている頁に進むことができる。ただしこちらも中国語のみとなっている。

5. 主なビジネス関係法制度

5.1 私有財産制度

財産権は一般に「物権」（物権法定主義により，民法上は所有権，地上権，農育権，不動産役権，抵押（＝抵当）権，質権，典権*，留置権の8種，他に動産抵当権，船舶抵当権など），「準物権」（鉱業権，漁業権など），「債権」，

「無体財産権」に分けられ，原則として私人（個人・法人）による土地を含む財産の私有が認められている。私人間の財産関係を規律する基本法は民法である。物権の移転，設定または変更の場合，不動産については登記（民法758条1項），動産については引渡（761条）が効力発生要件となっている。

> ＊典権：地上権，農育権，不動産役権と共に，不動産（土地および建物）を対象とする用益物権の1つであり，典権者は一定の対価（通常は不動産価格の5〜8割）を支払うことにより最長30年間，当該不動産を使用，収益，処分することができ，一方，典権設定者は当該不動産の所有権を失うことなく，抵当権設定の場合と比較してより多額の現金を取得することができる。その経済的意義はわが国民法の不動産質に類似するが，被担保債権が存在しない点で異なる。典権は，設定者による上記対価の返還，または找貼（典権者に不動産を売渡し，その時点の時価と上記対価の差額を取得すること）等により消滅する。

5.2 契約制度

契約自由の原則（締結の自由，内容の自由，方式の自由）が認められている。ただし，わが国同様，経済的弱者の保護，公共の福祉，公序良俗の確保といった面から種々の制限が課せられており，強行法規違反や公序良俗違反の契約は無効とされる（民法71条，72条）。契約は申込（要約）と承諾による意思表示の合致（明示，黙示を問わない）のみにより直ちに成立する。不動産に関する物権（抵当権を含む）の移転，設定または変更の義務を目的とする契約につき公正証書，書面作成を要するもの（民法166条の1，758条2項）など，法律上書面作成が義務づけられているもの，登記が必要であるもの，要物性の観点から目的物の交付を要するものを除き，原則としてその方式に制限はない。民法上，契約の種類としては27種類の典型（有名）契約が規定されており，非典型（無名）契約，混合契約なども日本法同様に認められている。契約など債権法は任意規定であり，当事者間で特約があればこれが法律規定に優先する。その他，契約法には日本法類似の概念も多い。ただし，日本法には無いような規定も散見されるので注意を要する。例えば売買契約に関し，価格について次のような重要な民法の規定がある。

・売買代金について具体的に約定されていなくても，諸般の事情によりこれを

定めることができる場合には，代金の定めがあるものと見做される（346 条 1 項）。
・売買代金について市価によることを約定したときは，契約に別段の定めがない限り，目的物の交付時における交付地の市価と見做される（同 2 項）。

また，瑕疵担保責任に関しても日本法に比較してかなり複雑な規定を置いているので注意を要する（349 条以下）。

5.3　担保制度

　物的担保としては，民法に規定のある，法定または設定契約に基づく抵押（抵当）権（目的物：不動産，ならびに，地上権，典権および農育権），質権（目的物：動産および権利），特別法によるものとして「船舶抵当権」（海商法 33 条ないし 37 条），「航空機抵当権」（民用航空法 19 条），「動産担保取引法」に基づく動産抵当・所有権留保売買・信託占有（機械，設備，器具，原料，半製品，完成品，車両，農林漁牧産品，家畜および 20 トン未満の動力船舶または 50 トン未満の非動力船舶で，政令により定められた動産）がある。また，海商法や労働組合法に基づく優先権，留置権も存在する。各担保権の性質は概ねわが国の対応する担保権に類似する。

　一方，人的担保（保証）も日本法とほぼ同様に認められる。ただし，商行為に関わる連帯保証については，わが国商法 511 条に相当する規定がなく，保証を連帯保証とするためには明示の合意が必要である。なお，連帯保証の効果は基本的に日本法と同様である。

5.4　企業法人制度

(1)　種類

　台湾の企業法人制度は日本法に類似し，法人法定主義を採る（民法 25 条）。法人の種類には，公法人（国家，地方自治団体：直轄市，県等）と私法人（社団法人・財団法人），営利法人・中間社団・公益法人などが挙げられる。会社法（公司法。本稿執筆時点では 2015 年 7 月 1 日改正公布のものが最新である。）が認める企業法人（営利社団法人）としては，無限会社，両合会社（合

資会社ないし Limited Partnership に類似），有限会社，株式有限会社の4種類の会社がある。また，法人ではないが個人事業者，民法上の組合といった企業形態も認められている。

(2) 株式有限会社の特徴

実務的に利用されているのは殆どが株式有限会社（股份有限公司）の形態と考えられ，これはわが国の株式会社に類似する株主有限責任の組織体であるが，例えば以下の様に日本法とは異なる特徴もある。

① 発起人および株主は，株式有限会社の場合は2名以上必要である（下回った場合は会社の解散事由となる）。一人会社は，政府または法人が株主である場合は認められ，株主総会も不要とされる（会社法128条の1）。なお，発起人および株主の住所保有要件（台湾居住要件）は撤廃された。

② 取締役（中国語では董事（とうじ）という。）の制度に関しては，代表取締役は1名（董事長のみ）であり，日本法の様に複数の代表取締役設置は許容されていない。董事長に事故あるときは副董事長が，副董事長にも事故あるときは常務董事または董事1名が代理する（会社法208条3項）。董事長，副董事長，常務董事，董事についての台湾国籍・居住要件は撤廃された。

③ 法人取締役（会社法27条），取締役会代理出席の制度がある（会社法205条）。政府または法人が株主であるときは，法人取締役・監査役に選任されることが可能である。ただし，自然人を指定し，これに代表させて職務を行使させなければならない。また，代表者自身が取締役・監査役に選任されることも可能である。なお，取締役は株主である必要はない。

④ 取締役会休会中の代替機関として，常務董事から構成される「常務董事会」の制度がある（会社法208条4項）。

⑤ 総経理，部門経理などの「経理人」の制度がある（会社法29条以下）。これらは民法553条以下にその意義などに関する規定があり，それぞれ，日本法の支配人または部長その他の商業使用人に類似するが，その権限が会社定款または会社との契約によって定まる点で，支配人よりも権限範囲は狭い。経理人は台湾国内に住所または居所を持たなければならない（会社法29条3項）。

⑥ 取締役会による，会社の損失が払込資本金の2分の1に達した場合の株

主総会招集および報告義務（会社法211条1項），債務超過（時価評価によるとされている）時の破産申立義務が定められている（同2項。ただし，会社更生を申立てるときはこの限りではない）。

⑦ 会社の資金は，会社間の業務取引行為のために資金融通の必要がある場合などを除き，株主その他第三者に貸付けてはならない（会社法15条1項）。また，他の法律または定款の規定によって認められていない限り，保証人になることができない（同16条1項）。

⑧ 新株発行時におけるその従業員引受権（原則として新株発行総数の100分の10から15）が強制付与される（会社法267条1項）。ただし，外国投資家の投資先会社に対する出資比率が45％以上である場合はこの限りではない（「外国人投資条例」15条）。

　＊FIA Status Company（FIAはForeign Investment Application（Approval）の略。）

　　外国企業が台湾に進出する場合，駐在員事務所以外の形態としては，科学園区や輸出加工区における設立の場合も含め，「外国人投資条例」および「会社法」に基づいて法人または支店を設立することを要するが，その様にして設立された法人（株式会社等）を通称FIA Status Companyという。FIA Statusの会社には，海外送金保障や受取配当金に対する源泉徴収税率の軽減等の優遇措置がある（詳細については都度確認のこと）。外国人投資条例7条には，外国投資家による投資禁止項目，制限項目に関する規定があり，具体的な対象業種は経済部投資審議委員会によりネガティブ・リストとして指定されている。

5.5　倒産制度

倒産法制には再建型，清算型があり，会社法中に公司重整（＝会社更生：282条以下）および特別清算（335条以下），特別法として「破産法」（和議および破産）があり，これらの内容はわが国の対応する法令と類似している。例えば，破産法では，破産宣告前に成立した債権は破産債権とされること，期限付債権の弁済期が破産宣告時に到来すること，条件付債権は全額が破産債権として認められること，別除権や優先権，財団債権があること，否認権，相殺権，取戻権などの規定があることが挙げられるが，その一方で全体的に条文数が少なく簡略化されており，裁判実務が重要となっている。また，例えば未履行双務契約の解除権といった重要な規定がない場合もある。

5.6　その他

　契約自由の原則を社会的に修正する法律として，わが国の独占禁止法に類似し，独占的地位の濫用や協同行為（カルテルなど），不公正競争（再販売価格の制限など）を禁止し，一定の企業結合の届出義務も課している「公平交易法」，株式の発行や投資者保護に関する「証券交易法」，労働者の権利や集団的労働関係について定める「労働基準法」・「労働組合法」・「団体協約法」，その他「消費者保護法」，「薬事法」，「建築法」や各種環境保護法などが，わが国同様，多数制定されている。

　また，知的財産権の保護法制が充実しており，特許法に基づく発明専利（特許）権，新型専利（実用新案）権，新式様専利（意匠）権や，商標法に基づく商標権，独占禁止法・営業秘密法に基づく営業秘密，著作権法に基づく著作権，半導体回路配置保護法に基づく半導体回路配置（Integrated Circuit Layout）などが権利として認められ，実効性のある運用がなされている。

【参考文献】

日本語の文献は限定的であるが参考として以下のものを掲げておく。

フォルモサン・ブラザース法律事務所『台湾ビジネスのための法務のすべて』（エヌ・エヌ・エー，2009 年）。

鮎京正訓編『アジア法ガイドブック』（名古屋大学出版会，2009 年）第 3 章。

アンダーソン・毛利・友常法律事務所編『アジア・新興国の会社法実務戦略 Q&A』（商事法務，2013 年）147 頁以下。

第 5 章

中 国 法

はじめに

　中華人民共和国（以下，「中国」という。）の法制度は中華民国法を全廃して新たに構築されたものである。建国当初から1979年の改革開放政策開始まではおよそビジネスとは無縁の存在であったが，その後の経済的発展と軌を一にして急速に整備が進み，現在では海外諸国の先進的な法律や知見も取り入れた法体系がほぼ完成している。しかしそれでもなお「中国は人治の国である」とか「中国法は良く分からない」という声も少なくない。

　本章は，このような認識ギャップの原因の1つである日中の「リーガルシステム」の違いや制度的問題点にも焦点を当てながら，中国法の全体像を特にビジネスの視点から鳥瞰するとともに，調査に当たって必要となる基本的な知識やスキルを獲得することを目的とする。

1．概要・特色

1.1 "Rule by Law"

　中国では，その建国の歴史的な経緯から，共産党の指示や行政法規が法律の制定に先立って統治の手段として用いられ始めたことや，共産党の一党独裁という政治体制のため，法制度や法律は統治ないし管理の手段であるという"Rule by Law"，法による支配（狭義の法治主義）の色彩が濃い。"Rule of Law"，法の支配という考え方は十分認知されておらず，法令さえ定めれば人

権や経済活動を恣意的に規制できるという立場が取られている。例えば，契約法はいわゆる契約自由の原則を謳ってはいるものの，実際の行政機関や裁判所の運用では，契約の自由や取引の安全よりも，むしろ政治的な配慮などから結果的平等や公平性を過度に重視する立場が取られたり，行政機関がその時々の政策を優先して不明確な基準ないしロジックにより法を運用し，取引の自由を不当に制限したりするという動きが見られることがある。また，法の執行が人や地方によっても一律でない場合があること，中央官庁によるそのレビューや整合性確保のためのシステムが十分機能していないといった問題点もある。いわゆる「上に政策あれば下に対策あり」といわれるように，地方政府が地元の利益を優先するような政策や地方性法規・規則を実施したり，中央法規・規則の適正な執行を回避したりするような，いわゆる「地方保護主義」が依然として存在し，これに対する有効な手を打ちきれていないのが現状である。

1.2 人治と法治

以上のような政治・行政優先の法制度や地方保護主義が，実務の場においては法的不安定，恣意性として認識され，これが「人治」ともいわれる所以である。この見方は誤りではないものの，一面的な見方であり，むしろ中国の法治とはそのようなものだということを念頭に置いてアプローチすれば，個々の局面に対する予測可能性が高まり，対策も立て易くなる。近年の中国では，企業や国民の間にも法意識，権利意識が芽生えてきており，中国社会はすでに米国のような訴訟社会であるといっても過言ではないだろう。すでに法制度の器が整い，新たな展開を見せる中国でビジネスを推進するに当たっては，社会主義的特徴を残しながら構築されているシステムをできるだけ正確に理解し，政策や関係当局の考え方・解釈も踏まえた上で，明確なロジックと根拠があり，バランスの取れた判断をすることが重要である。

2. 法制度

2.1 一党独裁体制下における権力機構

　中国の国家機構は，日本のような「三権分立」ではなく，人民民主集中制と呼ばれる，一党独裁体制にある共産党の指導の下での「三権分業」とでも呼ぶべき独特の仕組みを取っている。憲法前文では「共産党の指導」という特定の1つの政党による政権担当が明記されており，行政を担当する国務院や司法を担当する最高人民法院（裁判所）は，憲法上の最高権力機関だがその実質は共産党の翼賛的組織である全国人民代表大会の常務委員会による監督下にある。憲法は最高法規とはされているが，内容はその時々の共産党の重要な方針や基本政策が反映される軟性憲法であり，その改正権は全国人民代表大会にある（憲法64条）。立法機関としては，中央では，法律を制定する上記全国人民代表大会およびその常務委員会（常設機関），行政法規（政省令に相当）を制定する国務院（例えば商務部といった各構成部門や国家工商行政管理局といった直属機関を含む）がある。これらの国家機関には，中央のほか省など地方各級レベルのものがあるが，日本と比べると地方の機関の独立性が強い。これが地方保護主義の生じる原因の1つともなっている。

2.2 不完全な司法権の独立

　「三権分業」の下，司法権もわれわれが考えるような独立が保障されているわけではない。人民法院は，「法律の規定により，独立して裁判権を行使し，行政機関，社会団体および個人の干渉を受けない」（憲法126条）とされ，組織としての独立性は一応法的にも担保されているが，上述の通り全国および地方各級人民代表大会の常務委員会等の監督に服するとされている（憲法67条6号，104条，128条）ほか，独特の裁判監督制度というものがあり，個々の裁判官の判断はその所属する人民法院の裁判委員会（人民法院組織法10条）や院長等の実質的な監督に服するため，裁判官にも完全な独立は保障されていない。このため，例えば多国籍企業や大手企業が当事者であって，社会的な影

響も大きいような訴訟事件の場合には，裁判委員会や，さらには人民法院所在地の共産党委員会の意向が帰趨を決めるという場合もあると考えられる（田中信行「中国式意思決定メカニズムを理解しよう」『Business Law Journal』2012年5月号，レクシスネクシス）。

3. 裁判機構

3.1 裁判所の組織

　中国の裁判所は，四級二審制，すなわち最高人民法院を頂点として，以下，高級，中級，基層という四級の人民法院から構成され（人民法院組織法2条。なお軍事法院等の特別人民法院の組織・職権については，全国人民代表大会常務委員会が別途決定するとされている（同法28条）。），裁判は二審制を取っている（民事訴訟法10条，刑事訴訟法10条，行政訴訟法6条）。第一審の管轄法院は事件の大きさによって決まり，その基準も地方や事件の性質によって異なる。具体的には，最高人民法院「全国各省，自治区，直轄市の高級人民法院および中級人民法院の第一審民商事事件管轄基準」（2008年4月1日施行）により定まる。例えば北京市や上海市における国際民事訴訟の場合，訴額が2000万元以上なら中級，1億元以上なら高級の各法院が第一審管轄裁判所となる。

3.2 訴訟の特徴

　中国における民事訴訟は，真実の発見や実質的平等の実現を目指した裁判所の積極的介入が認められる制度設計となっており，法定証拠主義や職権探知主義が採られていること，調停が重視されていること，国内事件では立件の日から6カ月以内（第一審）および3カ月以内（第二審）に審理を終結することが原則であり（民事訴訟法149条，176条），この原則の適用がない渉外民事事件であっても，訴訟手続が予想外の速さで進行する場合があることなどが特徴的である。
　また，地方保護主義（法院の地方化）という問題も1つの特徴である。これ

は，地方の法院が，当該地方の意向や地元企業の利益に沿った裁判を行うというもので，外国企業にとっては訴訟を避けたいと考える大きな理由の1つであるが，今後，司法権や裁判官の独立が強化されていけば，徐々に解消に向かう可能性もあると考えられる。

3.3 仲裁制度

上述の通り裁判制度が未だ発展途上にあることから，外国企業や外資系企業の紛争解決方法としては，契約において仲裁を選択するのが一義的には妥当である。中国の仲裁機関には，各直轄市などの人民政府が組織する仲裁委員会（例：北京仲裁委員会，上海仲裁委員会，広州仲裁委員会）と，中国国際経済貿易仲裁委員会（China International Economic and Trade Arbitration Commission, CIETAC）や中国海事仲裁委員会といった渉外仲裁機関がある。昨今は各市の仲裁委員会の質も向上してきたという見方もあるが，やはり渉外仲裁案件数からみればCIETACが他の仲裁機関と比べて圧倒的に経験が豊富であり，また国際的にもそれなりに認知されている。

4. 法令・判例

4.1 中国法の法源

大陸法系に属する中国法は，日本法と同様に，憲法，法律，行政法規，地方性法規等の成文法のみを法源とし，裁判例には拘束力も原則として無い。かつての中国では，共産党の指示のみならず，各政府機関が制定する行政法規さえ法律に優越するかのような運用状況も散見されたが，今では法令の種類と優劣関係は「立法法」により整理された。憲法は最高法規性を有し，以下，全国人民代表大会およびその常務委員会が制定する「法律」，国務院が制定する「行政法規」，地方政府が制定する「地方性法規」／国務院の各部・委員会・中央人民銀行等が制定する「部門規則」の順に下位法令となる。地方性法規と部門規則は同等の効力を有し，両者間に不一致がある場合には全国人民代表大会常務委員会または国務院の裁定に従う（立法法86条）。部門規則が規定する事項

は，法律または国務院の行政法規，決定および命令の執行に属する事項でなければならない（同71条）。

本来法律で定めるべき事項であっても，国務院に行政法規の先行制定が授権されている場合があり（同9条），中国の行政法規の名称に「暫定」，「暫行」といった表示を含むものは，この授権によって制定されたものであると整理できる。その中には施行されてから長期間に亘って改廃されていないものも少なからずあるが，いずれにしても通常の法令とその効力には何ら変わりはない。なお，「試行」という表示を含む法令の効力も同様である。

4.2 全体像把握の重要性

特にビジネスに関わる法律の場合，その内容は日本の常識で一義的には判断できる場合が少なくない。特に中国のWTO加盟後に施行ないし改正された契約法，会社法，独占禁止法など，ビジネスに関わる近代的な法律の目的・内容は，われわれにとっても一見して理解できる部分が少なくない。一方で，中国法が殆ど日本法と同じであるというわけでは勿論なく，中国特有の規定や運用がないか，注意深く，幅広く調査する必要がある。法令の運用には試行錯誤という面があり，改廃も比較的頻繁に行われるので，主要法令（特に行政法規・部門規則）や最高人民法院の司法解釈に関する情報は常にアップデートしておくことが重要である。さらに，1つの事項や関連事項が色々な法令に分散して規定されていることがあるので，全体像の把握も欠かせない。

4.3 判例について

中国は先例拘束主義を採っていない。裁判は，原則として省レベルの高級人民法院または中級人民法院における第二審判決で終局となる場合が多い。加えて，裁判例には事実上の拘束力もないため，制度として統一的な判例が形成され難い状況にある。このため，最高人民法院が，司法解釈（解釈，規定，回答，決定といった形式を採る）や下級裁判所が斟酌すべき指導判例（現時点で40件以上が指定されている）の公開などによって法規範を生み出すとともに，裁判の統一性を図る努力をしているが，十分とはいえない状況である。

4.4 法令・判例の探し方
(1) 法令
　法律の制定改廃は，全国人民代表大会の Website ⟨http://www.npc.gov.cn/npc/xinwen/node_12488.htm⟩ 上に法案趣旨説明などとともに比較的タイムリーに掲載される。また，その「法律法規庫」という法令データベースには「Laws and Regulations Database」という英語版もある ⟨http://www.npc.gov.cn/englishnpc/Law/Integrated_index.html⟩。法律だけでなく行政法規，司法解釈，地方性法規，行政規則，地方行政規則などを幅広く網羅したデータベースとしては，中央人民政府（国務院）の Website に「法律法規」⟨http://www.gov.cn/flfg/index.htm⟩ というものがある。ただ，これらはいずれも中国語によるものであり，英語版は中国語版ほど充実していないため，特定の中国法を検索したい場合は以下のソースも併用するとよい。

　① 　中国経済六法

　日本国際貿易促進協会が発行している。ビジネスに必要な殆どの代表的法令を日本語で収録しており，実務では必携の書といってもよい。

　② 　北京大学法律信息中心網 ⟨http://www.chinalawinfo.com⟩

　日本語はないが，中国の弁護士を含め，実務的に良く利用されている。特に，現在有効か，すでに失効しているかの表示があるので利用上便利である。また，英語によるデータベース（北大法律英文網：http://www.lawinfochina.com/search/SearchLaw.aspx）も有用である。ただし，このデータベースには全ての法令が含まれているわけではなく，一部の部門規章や最高人民法院の回答（地方の人民法院が具体的な事案につき意見を求めた場合のもの）は掲載されておらず，地方法令のデータも不十分である。このため必要な場合は，関連する国家政府部門や地方政府部門の Website や各種の私家版法令サイトから検索することにより，情報の正確性や精度を高める努力が必要である。

(2) 判例
　現在では多くの裁判例が公開されており，北京大学法律信息中心網や最高人民法院・地方法院の Website を利用して検索することができる。具体的な条

項の適用状況については，北京大学法律信息中心網を利用するとよい。例えば，「中華人民共和国契約法」の各条項の後に，「関連資料：部門規章，司法解釈，地方法規，裁判文書，条項注解，関連論文，実務ガイド」といった内容が掲載されている。また，「案例及裁判文書」をクリックすると，裁判例を閲覧することもできる。ただし，無償で閲覧可能な範囲に限定があること，裁判例の量が少ない場合があるので，各人民法院の Website で補う必要がある。例えば，北京市第一中級人民法院で訴訟をする場合，同法院の裁判傾向を知るため，北京法院網〈http://bjgy.chinacourt.org/index.shtml〉において，必要な検索条件を入力して関連する判決例を調べることができる。以上の方法で検索できない場合には，やはり私家版法令サイトから検索する必要がある。いずれの場合も中国語による情報が主であるため，学習に必要な範囲で中国語の読解力を身につけることが望ましい。

5. 主なビジネス関係法制度

5.1 財産制度
(1) 公有制の原則と物権法の制定
中国の財産法は，従来の国家計画および市場経済混合型から市場経済型に移行しつつある。私法の誕生ともいわれる民事基本法たる「民法通則」の施行（1987年1月1日）から約20年を経過し，ようやく「物権法」が施行された（2007年10月1日）。同法は，市場経済の実態を踏まえ，所有と利用の主体が同一であるとの社会主義法の影響を脱し，所有権に加え，用益権や担保物権などを観念すると共に，物権という上位概念を肯定，導入した画期的なものである。

物権法上，「物」には不動産および動産を含むが（2条），両者の定義規定はない。ただし，同法の特別法という位置付けに変わった「担保法」では，「本法でいう不動産とは土地ならびに建物，林木などの土地への定着物をいい，動産とは不動産以外の物をいう」と定義しており（92条），基本的には日本法類似であると考えることができよう。

(2) 土地

　土地については依然として公有制（都市においては国有，農村等においては集団所有）が維持され，企業や個人による土地の所有は認められず，土地を利用するためには物権法が定める使用権（用益物権の1つ）の法的な設定を受ける必要がある。企業や個人による建物の所有は認められるが，建物を底地の使用権と分離して所有・処分することはできない。土地の使用権には都市部における国有土地に対して設定可能な建設用地使用権と，農村部における集団所有の土地に対して設定可能な宅地使用権が物権法において定められている。建設用地使用権の法的性質は地上権（日本）や Crown Lease（旧香港）に類似し，有償による占有・使用・収益・譲渡等の処分が原則として認められている（物権法135条，143条）。

5.2　契約制度

　民法通則において契約・債権総論に関する大綱的な規定が置かれる一方で，「経済契約法」（国内の計画経済を前提），「渉外経済契約法」（国際取引を前提），「技術契約法」の3本立てとなっていた個別法が1本化され，通則的な基本法として「契約法」が1999年に施行されている。同法の内容は，若干の社会主義的側面を残してはいるが，資本主義国の契約法と基本的には同様であるといって良いもので，民商合一主義を取り，わが国の民商法でも馴染み深い概念や内容による契約総則（ただし厳格責任主義を採用している（107条）），15の典型契約を定める契約各則から成る。ヨーロッパ大陸法に傾斜しながらも，英米法や，国際物品売買契約に関する国際連合条約（CISG）などの国際的な契約規範からも規定を取り込んでいるほか，典型契約にファイナンス・リースや技術が含まれていたり，約款取引について消費者に有利な規定を設けたりしているなど（39条－41条），先進的な内容の法律である。

5.3　担保制度

　従来は担保法によって債権法の一部に位置付けられていたが，新たな物権法によって抵当権，質権，留置権が担保物権とされた。物権法に規定がない手付や保証についてはなお担保法によることとなる（物権法178条，立法法83

条)。

5.4　企業組織制度
(1)　企業と公司（＝会社）
　中国法上，経済活動の主体となる企業組織は，誰がこれを所有しているかに着目した「企業」という社会主義的な分類と，「公司」（有限責任公司，株式有限公司など）という組織法的な分類とによって画定される。国有企業改革を念頭に，近代的な組織法的分類を基本とした会社法（中国語では公司法）が施行されたのは 1994 年である。本稿執筆時点での直近の改正法は 2014 年 3 月 1 日施行であるが，全体として企業組織制度は未だ過渡期にあり，今後さらに改正が予想される。

　企業は，外商投資企業とそれ以外の内資企業に分けられる。また，法人であるものとパートナーシップ（合伙）のような非法人にも分けられる。国有企業（以前は国営企業と呼ばれていた）はいずれも政府から独立した企業法人であり，有限責任公司であることが一般的である。具体的な組織体の性質や事業目的（中国語では経営範囲）は，その設立登記書類や営業許可証によって確認することが可能である。なお，企業法人がその経営範囲を超えて不法な経営に従事した場合は，登記抹消などの行政処分や刑事罰の対象になる（民法通則 49 条）。

(2)　外資系企業
　外国企業が中国で事業活動を行うには，中国政府の許可を取得の上，上述の外商投資企業（主に有限責任公司の組織形態による）を設立する必要がある。ただし，金融機関など例外的に支店設立が認められる業種があるほか，営業活動を行わない常駐代表機構という組織を設けることは一般に可能である。

　外商投資企業には，① 中外合資経営企業，② 中外合作経営企業，③ 外商独資企業（中国語の正式名称では「外資企業」といい，①，② と合わせて「三資企業」と通称する），④ 外商投資株式会社，および，⑤ 外商投資パートナーシップ企業の 5 つの形態がある。主な形態である三資企業の設立や運営は，会社法の特別法と位置付けられたそれぞれの個別の根拠法・手続によるため，会

社法が適用される局面は役員の責任や監事（会）の設置など限定的である。

中国の産業政策でも横断的な「業種＝事業内容」による規制が一般的に行われているが，三資企業については，「投資者の資質・実績」，「経営範囲」，「最低資本金」，「出資比率」（合弁の強制）が主な規制の要素で，この内容を，その時々の外資利用政策に沿ってどのように定めていくか，どのタイミングで実施するか，ということが政策決定，実行の手法となってきた。三資企業設立は全件許可主義（中国語では審批制度）が採られており，産業分野を奨励業種，許可業種，制限業種，禁止業種の4つに分類した「外商投資産業指導目録」を定め，時々の国内産業発展動向に基づき各業種を指定し，主に奨励業種に対して優遇政策を設けたり地方に許可権限を委譲したりすることで，当該業種への投資を誘導している。今後は，経済発展に伴って更なる規制緩和が進むと期待されており，この方向性を表すものとして，2013年9月の中国（上海）自由貿易試験区設立に続き，制限業種を大幅に縮小した「外商投資産業指導目録」の改訂（2015年4月10日施行），新たな「外国投資法」のパブリック・コメント用草案の商務部による公表が挙げられる。外国投資法の草案では，三資企業に関する現行の中外合資経営企業法等の単行法令の廃止と会社法の全面的な適用，外資規制の全件許可方式からネガティブ・リスト方式への転換，合弁契約書や定款の審査対象からの除外など，従来の規制の枠組みを自由化に向けて大きく転換することが想定されている。

5.5　倒産制度

企業の倒産に適用される法律としては，2007年6月1日施行の「企業破産法」があり，国有企業だけでなく外商投資企業その他のあらゆる企業の倒産に適用される。手続類型としては，再建型である更生（中国語では重整）および和議（中国語では和解），清算型である破産清算が設けられている。倒産事件の審理に関しては，最高人民法院が多数の司法解釈を発布している。

5.6　その他

以上のほかにも，WTO加盟（2001年12月）以降，重要法令の制定ないし改正が相次いでいる。例えば，上述した物権法や会社法のほか，2008年施行

の独占禁止法（中国語では反独占法）も，市場経済移行や大衆の消費者化を背景に，独占的事業体の地位濫用や競争制限の防止に主眼を置き，カルテル規制や企業結合規制なども含むEU競争法など先進国の法律をモデルにしたものが作られており，実際に有効に機能し始めている。また，職場を基礎とする生活集団である「単位」（"danwei"）社会からの転換を背景に，労働者保護を強化した労働契約法（中国語では労働合同法）の制定や，グローバル化を意識した知的財産権法（特許（中国語では専利）法，商標法，著作権法）の近代化なども挙げることができ，今後とも幅広く注視していく必要がある。

【参考文献】
〈理論中心〉
田中信行編『最新中国ビジネス法務の理論と実務』（弘文堂，2011年）。
本間正道他『現代中国法入門』第6版（有斐閣，2012年）。
〈実務中心〉
射手矢好雄＝石本茂彦編著『中国ビジネス法必携2012』（ジェトロ，2012年）。
曾我法律事務所・森川伸吾他『中国法務ハンドブック』（中央経済社，2013年）。
西村あさひ法律事務所・藤本豪『中国ビジネス法体系 部門別・場面別』（日本評論社，2014年）。

第 6 章

ベトナム法

はじめに

　ベトナム社会は，歴史的には長期にわたる中国との冊封関係の後，フランスによる植民地支配の下でフランス法の伝統の影響を受けることとなった。ベトナムはその後，独立，南北分断と統一を経て，1986年以降はベトナム共産党によるドイモイ政策の下で，市場経済化と西側諸国による法整備支援などを通じて法改革を進めてきた。ベトナムの法改革は，市場経済化の推進に必要な民商法分野では積極的に進んでいるが，国家の統治体制全体に係る法分野では消極的なものにとどまっている（鮎京，2009）。本章は，ベトナム共産党の政策を実現するという特質をもつベトナム法を理解するために基本的な知識と法律情報の調査の方法について述べる。

1. 概要・特色

1.1　2013年憲法

　2013年，1992年憲法を改正する「ベトナム社会主義共和国憲法」（以下，「2013年憲法」という。）が採択・公布され，2014年1月1日に発効した。2013年憲法は，11章120条で構成され，第2章に人権の重視，第9章に「地方政権」として地方政府の役割・権限の明確化を盛り込み，新たな社会変化に対応しようとするものとなっている。しかしその一方で，共産党を国家・社会の領導勢力と規定する条文が堅持され，経済運営面では，削除も検討された

「国家経済が中心的役割を担う」という条文が残され国有企業を中心とする経済体制を維持する姿勢が明示されている（伊藤，2013）。ベトナムでは，国有企業が国内総生産（GDP）の約4割，雇用の約2割を占めており，経済への影響力が大きい。基幹産業を独占的に支配する国有企業は，2005年頃から本業以外の事業に進出しコングロマリット化したが，その中には経営効率の悪さから多額の債務を抱え込んだところもあり，破綻や支払い遅延など，コングロマリット化した国有企業の問題が顕在化するようになった。現在，政府は国有企業改革に取り組んでいるが，既得権益や雇用などを巡って改革への抵抗も根強く，抜本的な改革を断行するには難航も予想されている（伊藤，2014；日本貿易保険，2013）。

　2013年憲法の公布・施行にともない，1992年憲法の下で制定された法律文書の改廃や新規立法が検討されることとなった（2013年11月28日付の国会の議決64/2013/QH13号，2014年1月2日付の国会常務委員会の議決718/NQ-UBTVQH13号）。法令に関する2つの基本法（後述）も統廃合の対象であり，2014年10月・11月の第13期国会第8会期に提出・審議された「法律文書発布法」草案が2015年1月末現在，国会事務局の法案データベース（Dự thảo Online）で公開されている。この新法は，第13期国会第9会期（2015年）での通過が予定されていたため，以下本章では現行法（2015年1月現在）に基づいて記述するが，必要に応じて内容を更新する。

1.2　ベトナムの法概念

　漢越語で「法律（pháp luật）」と表記されるベトナム法上の概念は，日本法のそれとは異なる。ベトナムにおける「法律」の概念は，慣習法や判例法なども含む概念であり，日本における「法」や法一般を指す「広義の法律」に相当する。ベトナム司法部法理科学院『法学辞典』（百科辞典出版社・司法出版社，ハノイ，2006年）によれば，この「法律」を「文書」（漢越語では「文本」：văn bản）の形式で発現したものが「法律文書」（漢越語では「文本法律」：văn bản pháp luật）である。「法律文書」の範囲に関しては種々の概念や見解が存在しているが，一般的には，①「法律規範文書」（漢越語では「文本規範法律」：Văn bản quy phạm pháp luật），②「法律適用文書」（漢

越語では「文本適用法律」: Văn bản áp dụng pháp luật）および③「行政文書」（漢越語では「文本行政」: Văn bản hành chính）が含まれると理解されている。

　①　「法律規範文書」は，憲法，法律，政省令などの「法律規範」をその内容とする文書で，職権（漢越語では「審権」）を有する国家機関が「律（luật）」の定める手続に従い発布するものである。一般に「律」とは，「ベトナムにおける法律」という特定の制定法を意味し，法律規範文書の発布に関しては，諸々の国家機関が制定する法律規範文書の起草・制定手順や当該文書の効力などを規定する法律規範文書発布法がこの「律」である。現行法は，2008 年発布，2009 年 1 月発効の「2008 年法律規範文書発布法」（法律 17/2008/QH12 号）と，2004 年 12 月発布，2005 年 4 月発効の「人民評議会および人民委員会の法律規範文書発布法」（法律 31/2004/QH11 号）である。

　②　「法律適用文書」とは，文字通り具体的事案に「法律」を「適用」して発布される「文書」であり，国家機関（人民委員会や人民裁判所など）が，一般的・抽象的な「法律」を個別具体的な事案に適用した結果として示された具体的な解決策が記載された「決定」・「指針」や「判決文（判決）」がこれに含まれる。特定の個人・機関・組織のみに向けられた個別性を有する文書であり，国家が強制力をもって実現するものである。

　③　「行政文書」とは，ある具体的な事務を解決し，または，実際に生じた事件を記録し，もしくはその事件の個人・組織の状況を確認するために，職権を有する各機関・組織・個人が発布する文書であり，招聘状，通知，学位証書や大学卒業・土地使用権・結婚登記などの証明書がこれに含まれる。

　これらを日本法に当てはめれば，「法律規範」が「法規範」，その発現形式としての「法律規範文書」が「制定法」，「律」が最狭義の「法律」に概ね相当しており，ベトナム法を正確に理解するためには，日本法との異同に留意することが重要となる。以下本章では，日本法の概念や用語との混同を避けつつも，ベトナム語の用語にできるだけ則した表記として「pháp luật」に「法規範」ないし「法」（ただし「法律規範」と「法律規範文書」の用語については「法律」をそのまま用いる），「luật」に「法律」ないし「○○法」（制定法の名称の場合）の訳を原則として充てる。また，他の用語についても，意訳するので

はなく，ベトナム語に対応する漢越語を充てた直訳を原則とし，必要に応じて
（　）を付して意訳した日本語を併記する。

1.3　国家機構

　その正式名称を「ベトナム社会主義共和国」とするベトナムは，「(ベトナム共産)党が領導し，国家が管理し，人民が主人となる」という政治体制を維持し，憲法は党大会が採択した路線に基づいて作成され，国会の制定する憲法・法律や政府の政策も，党の路線を反映したものとなっている（白石，2000；今井・岩井，2012）。2013年憲法は，「人民の，人民による，人民のための社会主義法権国家（法治国家）」を謳い，国家の主人である人民に全ての国家権力が帰属し，統一された国家権力の下で，立法権，行政権，司法権を各国家機関に分配する「三権分業」という国家体制をとる（2条）。2013年憲法は，国家機関として，国会（5章）（人民の最高の代表機関かつ最高の国家権力機関），国家主席（6章）（国家元首），政府（7章）（最高の国家行政機関），人民裁判所と人民検察院（8章）（司法権を担当する国家機関），地方政権（9章）（章題の変更，地方における国家機関で，人民評議会と人民委員会を規定），国家選挙評議会と国家会計検査（国家会計検査院）（10章）（新設）を規定する。

　また，2013年憲法は，政治連合組織であるベトナム祖国戦線（9条）と政治－社会組織であるベトナム労働組合（10条）を憲法上の組織として規定し，ベトナム祖国戦線の傘下として，政治－社会組織であるベトナム労働組合，ベトナム農民会，ホーチミン共産青年団，ベトナム婦人連合会，ベトナム退役軍人会が規定されている（9条2項）。

2.　法制度

2.1　法源

　ベトナムは，制定法システムを採用し（鮎京，1999），その法体系は，憲法を頂点として，各国家機関が発布する法律規範文書からなる階層構造をとる。ベトナムの法制度は，旧宗主国のフランスの影響を受け大陸法系に属し，現在

もフランス法の影響が残っているが，南北統一後のソ連の影響を受けた社会主義法の形成，ドイモイ政策後の市場経済化に対応する法整備などによって，各国法の影響を受けたものとなっている（谷本，2013）。特に経済分野においては，ベトナムは，世界貿易機関（WTO）加盟に向けて 2005 年前後に民法典・商法典，企業法・投資法，競争法，知的財産法など数多くの基本法を，対外的な法整備支援を受けて全面改正あるいは制定し，その後も各国や国際機関が支援する法制度改革が進められ，今日に至っている。

ベトナムでは，前述した三権分業の下で，最高の国家権力機関かつ立法機関である国会が憲法（Constitution）と法律（Law）を制定する権限を有し，国会常務委員会が国会休会中に法令（Ordinance）を制定する権限を有する。なお，上記の国家機関のほかベトナム祖国戦線中央委員会と祖国戦線を構成する組織の中央機関は，法律草案（法律案）を国会に提出し，法令草案（法令案）を国会常務委員会に提出する権利を有している（2013 年憲法 84 条 1 項）。国会代表（国会議員）は，法律・法令に関する建議を行い，法律草案・法令草案を国会・国会常務委員会に上程する権利を有する（同条 2 項）。

2.2　法律規範文書
(1)　法律規範文書の体系

法律規範文書は「法律文書」と「法律下位文書」に分類され，2008 年法律規範文書発布法は 12 の法律規範文書を規定する（2 条）。また，2004 年人民評議会および人民委員会の法律規範文書発布法は，人民評議会の「議決」と人民委員会の「決定」・「指示」を各々規定する（1 条）。

法律文書は，国会の発布する文書であり，憲法・法律・議決がこれに該当する。法律下位文書は，国会常務委員会，国家主席，政府，政府首相，部長（大臣）・部（省）同格機関の長，国家会計検査総長，人民評議会，人民委員会，最高人民裁判所裁判官評議会，最高人民裁判所所長，最高人民検察院院長が発布する文書である。これらのうち，国会常務委員会の法令は，国会が委任する諸問題について規定するものであり，一定期間の施行の後に国会による審議のために上程され，法律としての発布が予定されている（2008 年法律規範文書発布法 12 条 1 項）。国会常務委員会の議決は，憲法・法律・法令の解釈などを

規定し（同法12条2項），政府の議定は，法律，国会の議決，国会常務委員会の法令・議決，国家主席の令・決定の施行細則を規定する（同法14条）。

2015年6月，「法律規範文書発布法」草案が国会を通過し，2016年7月から施行されることとなった（法律80/2015/QH13号）。2015年法律規範文書発布法は，人民評議会，人民委員会および特別行政-経済単位における地方政権を含む，各国家機関が制定する15の「法律規範文書」の体系を規定し（4条1項～15項），国会常務委員会または政府とベトナム祖国戦線中央委員会主席団による合同議決を新たに規定する（4条3項・5項，18条）。また国会常務委員会の法令については，2008年法律規範文書発布法とは異なり，「国会が委任する諸問題を規定するために発布」される旨のみを規定する（16条1項）。

(2) 法律規範文書の見方

法律規範文書には，法律規範文書の種類，番号（発布年における発布の順番），発布年，発布機関を示す略号が付され（2008年法律規範文書発布法7条），これにより各文書を特定することができる。例えば，現行の民事法典（民法典）の略号は，「法典（法律）第33/2005/QH11号（Code (Law) No. 33/2005/QH11)」であり，第11期国会（QHはベトナム語の国会：Quốc hội の略）によって2005年に発布された（法典を含む）33番目の法律を意味する。また，民事法典などが規定する著作権などに関する施行細則である政府の「議定第100/2006/NĐ-CP号（Decree No.100/2006/NĐ-CP)」は，政府（CPはベトナム語の政府：Chính phủの略）によって2006年に発布された100番目の議定（NĐ：Nghị địnhの略）を意味する。

2.3 法律適用文書と行政文書

1.2項で述べたように，法律適用文書は個別具体的な事案に法規範を適用した文書であり，行政文書は個別具体的な事案の内容などを記録，証明する文書である。2004年4月8日付文書管理任務に関する政府の議定110/2004/NĐ-CP号（2010年2月8日付議定09/2010/NĐ-CP号により一部改正）は，32の行政文書を規定する（4条2項）。ベトナムでは，憲法・法律・法令の解釈権限は，人民裁判所ではなく，国会常務委員会に付与され（2013年憲法74

条2項），行政機関は法規範などを「実施」する職権を有している。そのため，実務においては，「法律文書」を実施するための「法律下位文書」，さらには各行政機関がその職権内で関連する法律規範文書に関する「見解」を示した「公文（公文書）(Official Letter)」（筆者注：「行政文書」の1つ，当該機関の「解釈」を示したものではない）が重要な地位を占めている。

2.4 慣習法

2005年民事法典は，法律が規定しないまたは各当事者に同意がない場合，当該民事法典が規定する原則に反しない「慣習」を適用できると規定する（3条）。また，「社」内の「基礎組織」（筆者注：村落を構成する各「集落」の意。）毎に設立される和解組による自主的な紛争解決について規定する2013年基礎和解法（法律35/2013/QH13号）では，基礎組織における和解の組織・活動の原則として，国家の政策・法律，社会道徳，人民の善良な風俗・慣習との符合の確保が規定されている（4条2項）。もっとも，現実には，慣習の適用について矛盾する判決も存在し，慣習法の意義は確立していない。

2.5 判例，判決文

ベトナム法の体系において，判決文は，人民裁判所が，一般的・抽象的な法律規範を個別具体的な事案に適用した結果として示された具体的な解決策を記載した「法律適用文書」に分類される。判例は裁判規範として法認されておらず，また，2004年民事訴訟法典（法律24/2004/QH11号，法律65/2011/QH12号により一部改正）など関係法律には判決文の公開・閲覧についての定めがない。しかし，最高人民裁判所のサイトでは，同裁判所の監督審決定（後述）の一部が掲載されているが，2014年以降の決定については掲載されておらず，明確な掲載基準も不明である。また，大学教員らが各級人民裁判所の判決文や決定を分野毎に収集してまとめた『ベトナム裁判所の各判決文，決定選集』は出版されているが，Law Reportなどの定期刊行物は発刊されていないため，判例を調査することは一般的に困難である。実務上も，紛争解決手段として和解や仲裁などが好まれる傾向にあり，判決文や裁判例の調査・分析などはそれほど重要とされていない（小幡，2012）。

もっとも，実際には，下級裁判所は最高人民裁判所の判決内容を尊重しているといわれている。また，2014年人民裁判所組織法（法律62/2014/QH13号）22条2項cは，最高人民裁判所裁判官評議会の任務・権限の1つとして，最高人民裁判所裁判官評議会の監督審決定，各裁判所の法的効力を有する標準的な判決などを選択・統括して判例に発展させ，各裁判所による研究・審理での適用のために，判例を公表する旨を規定する。この規定は，2014年の改正で新たに導入されたもので，実際の運用には，施行細則の制定や訴訟法改正など，関係法の整備が待たれるところである。2015年11月に国会を通過した「(改正) 民事訴訟法典」草案（法律92/2015/QH13号，一部の条項を除き2016年7月施行）においても，法の欠缺がある場合における判例の適用について規定しており（45条3項），今後の動向が注目される。

3. 司法制度

3.1 投資活動に関連する紛争解決

2014年投資法（法律67/2014/QH13号）14条によれば，ベトナム領土における事業目的の投資活動に関連する紛争であって，国内投資家間の紛争，外国投資資本を有する経済組織間の紛争，および，国内投資家・外国投資資本を有する経済組織とその事業目的の投資活動に関連する職権を有する国家機関との間の紛争については，原則としてベトナム仲裁またはベトナム裁判所による解決がなされる（2項）。当事者の一方が，外国投資家であるか，または，外国投資家が定款資本51%以上を有するなどの23条1項が規定する一定の条件を満たす外国投資資本を有する経済組織である投資家間の紛争については，ベトナム仲裁・ベトナム裁判所・外国仲裁・国際仲裁・紛争当事者が設立に合意する仲裁のいずれかによる解決がなされる（3項）。外国投資家とその事業目的の投資活動に関連する職権を有する国家機関との間の紛争については，契約に基づく他の合意がある場合または他の規定を有するベトナム社会主義共和国が締約国である国際条約がある場合を除いて，ベトナム仲裁またはベトナム裁判所による解決がなされる（4項）。

日越間投資の場合，ベトナムで投資活動を行う日本企業と一定の日系現地法人は，私人間紛争については，ベトナム仲裁やベトナム裁判所に加えて，外国法に基づく仲裁（直訳は「外国仲裁」）・国際的な仲裁機関（直訳は「国際仲裁」）・アドホック仲裁のいずれかを選択しうる。また，ベトナム政府との間の紛争については，個別の仲裁合意がない場合であっても，日越投資協定（平成16年条約15号）14条（国家と投資家との間の紛争解決手続）に基づいて，国際的な調停・仲裁を利用しうる。

3.2 司法機関

ベトナムの司法権を担当する国家機関は，人民裁判所および人民検察院である（2013年憲法8章）。人民裁判所は，ベトナム社会主義共和国の審理（裁判）機関であり，司法権を実現する（2013年憲法102条1項）。人民裁判所は，最高人民裁判所，高級人民裁判所，省・中央直轄都市の人民裁判所（省級人民裁判所），県・郡・市・省直轄都市・これら相当の人民裁判所（県級人民裁判所），軍事裁判所から構成される（憲法102条2項，2014年人民裁判所組織法3条）。最高人民裁判所は，各級人民裁判所の判決などに対する監督審および再審を行う（2014年人民裁判所組織法20条）。高級人民裁判所は，2002年人民裁判所組織法2条が規定していた「法律が定めるその他の各裁判所」にかわるもので，省級人民裁判所の判決などに対する控訴審，省級人民裁判所および県級人民裁判所の判決などに対する監督審および再審を行う（同法29条）。

人民検察院は，公訴権を実行し，司法活動を検察するとともに（2013年憲法107条1項，2014年人民検察院組織法（法律63/2014/QH13号）2条），司法活動でなされた行為・判決・決定であって，法律違反や権利侵害などのあるものなどについて，異議や建議を申し立て（2014年人民検察院組織法5条），民事事件などに立ち合う権限も有している（2014年人民検察院組織法2章7節）。人民検察院は，人民裁判所の構成に対応して，最高人民検察院，高級人民検察院，省・中央直轄都市の人民検察院（省級人民検察院），県・郡・市・省直轄都市・これら相当の人民検察院（県級人民検察院），各級軍事検察院から構成される（2013年憲法107条2項，2014年人民検察院組織法40条）。

3.3 裁判制度

　人民裁判所における裁判手続では，第一審と控訴審による二審制度が保障されている（2013年憲法103条6項，2014年人民裁判所組織法6条1項第1文）。控訴・異議申立てのなされなかった第一審の判決・決定，および，控訴審の判決・決定は，法的効力を有する（2014年人民裁判所組織法6条1項第2文，第3文）。法的効力を有する判決・決定は，訴訟法律（訴訟法）の規定に従い法律違反または新たな事情が明らかになると，監督審または再審の手順に従い再審理される（同条2項）。また第一審では，簡易手続による場合を除き，参審員が審理に参加する（2013年憲法103条1項，2014年人民裁判所組織法8条）。

　ベトナムの民事裁判手続の場合，判決・決定の結論が事案の客観的情状に符合せず，当事者の合法的な権利，利益に損害をもたらすなどの根拠があるとき（2015年民事訴訟法典326条1項），監督審手続がとられる（同法325条）。また，事案の解決過程において当事者が知り得なかった，事案についての重要な情状が発見されるなどの根拠がある場合には（同法352条），法的効力を有する判決・決定の基本的内容を変更し得る新しい情状が発見されて，再審手続がとられる（同法351条）。監督審手続および再審手続では，当事者に申立権は認められていないが（同法331条，354条），監督審については，当事者は申立権限を有する機関に対して審理を提議できる（同法327条1項，328条，329条）。なお，ベトナムにおける外国判決の承認・執行については，民事訴訟法典7編35章・36章で規定されている。

3.4 仲裁制度

　ベトナムにおける仲裁は，2010年商事仲裁法（法律54/2010/QH1号）とその下位法が定めている。ベトナムにおいて仲裁による解決が法認される紛争は，「商事活動から発生する紛争」，「商事活動を行う者との間で発生する紛争」および「法律が仲裁による解決を規定するその他の紛争」である（2010年商事仲裁法2条）。ベトナムでは，機関仲裁とアドホック仲裁のいずれも法認されているが，仲裁機関の設立における司法省による認可（同法25条）やアド

ホック仲裁判断の登記(同法 62 条)が規定されるなど,仲裁機関とアドホック仲裁のいずれも国家の管理下に置かれ,十分な私的自治は認められていないといえる。ベトナムの代表的な仲裁機関として,ベトナム商工会議所 (Vietnam Chamber of Commerce and Industry; VCCI) の付属機関であるベトナム国際仲裁センター (Vietnam International Arbitration Centre; VIAC) がある。

また,ベトナムは「外国仲裁判断の承認および執行に関する条約(ニューヨーク条約)」の加盟国であり,民事訴訟法典 7 編 35 章・37 章がベトナムにおける外国仲裁判断の承認・執行を規定する。

4. 法律情報の探し方

基本的な法律の場合,ベトナム国内の書店において市販されている書籍や雑誌,あるいはインターネット上の有料・無料のデータベースなどを通じて,英語など外国語に翻訳されたものが入手できる。以下では日本語と英語による無料のインターネット上の情報を中心に紹介する。もっとも,翻訳された法律情報は,質・量ともに十分とはいえず,不正確であったり,誤っていることもあり,実務においても研究においても,正確を期するためにはベトナム語原文にあたることが必要である。

4.1　法律文書

日本語:
・独立行政法人国際協力機構(JICA)「ベトナム六法」
　〈http://www.jica.go.jp/project/vietnam/021/legal/index.html〉
・独立行政法人日本貿易振興機構(JETRO)「ベトナムの各種制度に関する情報」〈http://www.jetro.go.jp/world/asia/vn/business/〉

英語:
・"The Official Gazette - the English Translation of CÔNG BÁO,"
　〈http://vietnamlawmagazine.vn/gazette.html〉: 下記 "Vietnam Law &

Legal Forum"による官報（CÔNG BÁO）の英語訳。
- "Centre Database on Legal Normative Documents,"
  〈http://vbpl.vn/TW/Pages/vbpqen.aspx〉：ベトナムの国家機関（中央および地方）が発布する法律規範文書に関する統合データベースで，ベトナム司法部が管理・運営する。2015年1月末現在，英語版には1994年以降の文書が掲載されている。
- Ministry of Justice, "Legal Normative Documents,"
  〈http://moj.gov.vn/vbpq/en/pages/vbpq.aspx〉：ベトナム司法部が管理・運営するデータベース。2015年1月末現在，英語版には1994年以降の文書が掲載されている。
- Ministry of Planning and Investment, "Legal Normative Documents,"
  〈http://vbqppl.mpi.gov.vn/en-us/Pages/default.aspx〉：ベトナム計画投資部が管理・運営するデータベース。2015年1月末現在，英語版には2003年以降の文書が掲載されている。

4.2　法律文書の紹介・解説など
日本語：
- 法務省法務総合研究所国際協力部
  〈http://www.moj.go.jp/housouken/houso_houkoku_vietnam.html〉：日本・法務省法務総合研究所国際協力部が実施しているベトナムに対する法整備支援活動を紹介するページ。ベトナムの法制度や現状についての報告書，法令の日本語訳や解説が掲載されている。

英語：
- "Vietnam Law & Legal Forum,"
  〈http://vietnamlaw.vnanet.vn/〉：政府直属機関であるベトナム通信社（Vietnam News Agency）が発行する英語法律雑誌。電子媒体・紙媒体ともに定期購入が可能。情報の一部を無料で入手できる。
- ジェトロ・アジア経済研究所「Asian Law Series」
  〈http://www.ide.go.jp/English/Publish/Download/Als/〉：アジア法に関するレポート。

4.3　判決・仲裁判断など

前述したように，ベトナムでは判決文の閲覧・公開は制度化されていないが，最高人民裁判所は，ホームページ（ベトナム語・英語）〈http://www.toaan.gov.vn/〉において情報発信を行っており，経済法廷の決定や監督審決定の一部などを公開している（ベトナム語のみ）。ベトナム国際仲裁センター（VIAC）は，ベトナム語版ホームページ〈http://viac.vn/index.php〉において，2002 年発行の『国際仲裁判決選集 50 第 1 巻』（ベトナム語のみ）の Word ファイルを掲載している。

【参考文献】

書籍

鮎京正訓「法律［近現代］」石井米雄（監修），桜井由躬雄＝桃木至朗（編集委員）『ベトナムの事典（東南アジアを知るシリーズ）』（同朋舎（発行）・角川書店（発売），1999 年）。

鮎京正訓「ベトナム」鮎京正訓編『アジア法ガイドブック』（名古屋大学出版会，2009 年）。

栗津卓郎ほか著『ベトナム法務ハンドブック』（中央経済社，2013 年）。

今井昭夫＝岩井美佐紀編著『現代ベトナムを知るための 60 章【第 2 版】（エリアスタディーズ 39）』（明石書店，2012 年）。

白石昌也編著『ベトナムの国家機構』（明石書店，2000 年）。

雑誌その他

伊藤学「ベトナム，憲法改正案を可決　本格的改正は見送り」『日本経済新聞電子版』（2013 年 11 月 28 日）。
〈http://www.nikkei.com/article/DGXNASGM2804P_Y3A121C1FF2000/〉（確認日 2015 年 1 月 31 日）。

伊藤学「ベトナム，300 社超を民営化へ　経営の不透明さが壁に」『日本経済新聞電子版』（2014 年 9 月 23 日）。
〈http://www.nikkei.com/article/DGXLASGM22H23_S4A920C1FF8000/〉（確認日 2015 年 3 月 25 日）。

小幡葉子「ベトナム民事訴訟における判例と判決の公開」『白鴎大学法科大学院紀要』第 6 号（2012 年）1-11 頁。

谷本規「法制度」『The Lawyers』第 10 巻第 9 号（2013 年 9 月）6-11 頁。

「特集ベトナムビジネス法務解説」『The Lawyers』第 10 巻第 9 号（2013 年 9 月）5-61 頁。

日本貿易保険「ベトナム　銀行・国営企業改革の現状」『カントリーレビュー』(2013 年 5 月号）。
〈http://nexi.go.jp/webmagazine/country/004784.html〉（確認日 2015 年 3 月 25 日）。

第7章

香　港　法

はじめに

　香港は，世界的な金融センターであるだけでなく，中華人民共和国（以下，「中国」という。）の広東省深圳経済特区に隣接する同国への投資や貿易のゲートウェーとしても重要な機能を果たしている。1997年に主権が英国から中国に返還された後においても，一国二制度と呼ばれる高度な自治権を享受しており，中国（本土）の法体系とはまったく別個の，英国法を母体とする西側先進国型の法体系を依然として維持している。

　本章は，このような香港法の全体像を特にビジネスの視点から鳥瞰するとともに，香港法を調査するに当たって必要となる基本的な知識やスキルを獲得することを目的とする。

1. 概要・特色

1.1　香港の位置付け

　英国植民地・香港は，アヘン戦争後，1842年の南京条約による清から英国への香港島割譲，1860年の北京条約による九龍半島（Kowloon Peninsula）南部市街地割譲，1898年の九龍半島他地域・新界（New Territories）租借（期間99年）によって出来上がった。その後，1984年に調印された「香港問題に関する中英共同声明」に基づく1997年7月1日付の中国への返還により，「中華人民共和国香港特別行政区」（The Hong Kong Special Administrative

Region of the People's Republic of China, 略称：HKSAR）として新たなスタートを切った。このHKSARは，中国憲法31条に基づき設立された特殊な地方行政区域であり，中国の他の行政区画とはその位置付けや法制度が顕著に異なっている。

1.2 香港基本法

香港の政治・行政・立法の体制，中央人民政府との関係，居民の権利義務，司法体制その他の基本制度を定める実質的な憲法が，返還と同時に施行された中国の法律である「香港基本法」（Basic Law。以下，「BL」という。）である。BLは，「香港特別行政区は社会主義の制度と政策を実施せず，従来の資本主義制度と生活様式を今後50年間保持する」（5条）と規定し，一国二制度の意義を具体的に明らかにした上で，返還後も従来のcommon law systemや殆どの制定法令が原則として維持される旨を定めている（8条）。一方，中国（本土）の法律は原則として適用されないことも規定し（18条），中央の各部門，各省等（これらの香港出先機関を含む）はHKSARの法律を遵守する義務があるとしている（22条3項）。この結果，香港の法制度は，後述の終審裁判所の新設以外には返還前と基本的な差異が殆ど無いという現況にある。

2. 法制度

2.1 前提としての高度な自治権

香港が有する高度な自治権はあくまで中国憲法に基づく一種の地方自治権であると考えられ，固有の権力というものではないが，立法，行政，司法の三権についてBLの枠内での幅広い裁量権が与えられている。また，高度な自治権を支える財政面においても，財政独立権や徴税権が認められている。ただし，BLの改正や解釈自体は中国の全国人民代表大会およびその常務委員会という中央機関に依存しているため，BLが保障する法理は常に政治的に歪められる可能性を内包している。

2.2 権力機構

香港では三権分立システムが導入されており，それぞれ立法会 (Legislative Council。略称：LEGCO)，行政長官 (Chief Executive)，終審裁判所 (Court of Final Appeal) を頂点とする裁判所に付与されている。行政長官は HKSAR の首長としてこれを代表し (BL43 条)，立法会 (一院制) は独自の立法権を与えられた HKSAR の立法機関であり (BL17 条，66 条)，BL の改正および国防，外交などの国家行為に関わる事項を除く幅広い立法権を持ち，また裁判所は独立の司法権と終審権を有し，国家行為を除き HKSAR の全ての事件について管轄権を有する (BL19 条)。

3. 裁判機構

3.1 独立司法権および終審権

香港は，英国の裁判制度の模倣ながら極めて整備された効率的な裁判制度を維持している。BL は従来の香港の司法体制が維持されると規定しており (81 条 2 項)，実質的な変更は，最終審が従来の The Judicial Committee of the Privy Council (英国枢密院司法委員会) から新設の終審裁判所となった点が唯一といっても良い。

3.2 裁判所の組織

香港の裁判所は，立法，行政から独立した Chief Justice (終審裁判所長官) を長とする司法機構 (Hong Kong Judiciary) の下で運営されている。原則として従来の裁判所構成，管轄範囲が維持され，終審裁判所，高等裁判所 (High Court：控訴法廷 (Court of Appeal) および第一審法廷 (Court of First Instance) から構成される)，地区裁判所 (district courts)，裁判署法廷 (magistrates' courts) およびその他の専門法廷 (other special courts) を設ける (BL81 条)。具体的な裁判所の組織および職権は法律で規定する (BL83 条)。HKSAR の裁判所は三審制を取っており，主な裁判所の民事管轄

権の概略は次の通りである。

(1) District Court
民事および刑事事件を担当する。民事事件については，紛争額がHK$5万以上の契約紛争事件および不法行為事件ならびにHK$100万以下の事件などを第一審として取り扱う。

(2) The Court of First Instance (of the High Court)：旧・High Court
民事事件および殺人など重大な刑事事件（第一審）を担当する。民事事件については，Magistrates' Court, Small Claim Tribunal（現行HK$5万以下の少額紛争を担当）等の控訴（appellate）裁判所として機能する他，殆どの民事事件について，紛争額に制限無く，第一審として担当する（ただし，訴額がHK$100万以下の場合，原告はDistrict Courtを選ぶこともできる）。

(3) The Court of Appeal
民事事件および刑事事件に関する，District CourtおよびThe Court of First Instanceからの控訴裁判所として機能する。なお，返還前の香港においては最上級審裁判所であった。

(4) The Court of Final Appeal（"CFA"）
香港における終審（上告）裁判所であり，あらゆるcourtからの上告事件を担当する。通常1名のChief Judge，3名のpermanent judgeおよび1名のnon-permanentのHong Kong judgeまたは他のcommon law法体系国のjudgeの合計5名の裁判官から構成される。

3.3 仲裁制度
代表的な常設国際仲裁機関として1985年設立の香港国際仲裁センター（Hong Kong International Arbitration Centre）がある。手続法は国連国際取引法委員会（UNCITRAL）のモデル法をArbitration Ordinance（Cap. 609）でほぼそのまま採用しており，同法による仲裁手続を行うことも可能だ

が，実務的には「UNCITRAL Arbitration Rules」による仲裁を約定するのが一般的である。外国仲裁判断や中国（本土）の国内仲裁判断は原則として香港においても執行できる。

3.4 弁護士制度

弁護士制度は，返還後においても従来の制度を踏襲しており，Barrister（法廷弁護士）および Solicitor（事務弁護士）に分かれている。ほかには外国法のプラクティスを専門とする外国法弁護士（foreign lawyers：登録制）と，弁護士の補助的な資格として Legal Executive（Paralegal とも呼ばれる）がある。Barrister の中でも年齢および実績能力により特に選任された者が，一定の権威と特権を有する Senior Counsel（旧・Queen's Counsel）である。

4. 法令・判例

4.1 香港法の範囲

香港法は，次のものから構成されている。

(1) Local legislation

香港の制定法（"The Laws of Hong Kong"）は，立法会によって制定され現在約 800 ある条例（Ordinance）と，その授権に基づいて制定される bylaws, rules, regulations などの付属法令（delegated or subsidiary legislation）から構成される。各 Ordinance は The Laws of Hong Kong の各 Chapter であるという位置付けなので，タイトルの他に通し番号が付されている。

(2) Laws passed by the National People's Congress of PRC on HKSAR matters

中国（本土）の法律は原則として HKSAR には適用されず，平時に適用される法律は，現時点では首都，国歌・国旗・国章，祝日，領海，国籍，外交特

権等に関するものに限られている（BL18条2項）。

(3) Common law & rules of equity

返還以前に適用されていたコモン・ロー（common law）およびエクイティー（equity）が今後とも香港の法源となる（BL8条，Hong Kong Reunification Ordinance（Cap. 2601））。現在HKSARにおいて適用されている主なものは次の通りである。

① 英国の法令がそのまま，または，修正等を加えられて香港のOrdinanceとなっている場合は，当該Ordinance。

② 1997年7月1日以前の，英国枢密院司法委員会における香港からの上告事件に関する判例，および，香港の裁判所のbinding precedents。ただし，香港の裁判所によって変更，修正された場合はこの限りではない。なお，英国枢密院司法委員会の上記以外の判例，英国における下級裁判所や英連邦の各裁判所の判決は，香港の裁判所に対しては従来からpersuasiveではあるがbindingではない。

③ 1997年7月1日以降における香港の裁判所のbinding precedents。同日以降の英国枢密院司法委員会（現在では英国最高裁判所）の判例は全てpersuasiveであるに止まることになるが，現実的には現在もイングランドの判例は香港の裁判所にとって"great persuasive authority"であり，また他の英連邦諸国の判例を参考とする傾向も強まっているといわれている。

(4) Chinese customary law

身分法，新界地区の土地制度などに関連する慣習法である。

4.2 法令・裁判の用語

香港の公用語は中国語と英語である（BL9条）。法令も両国語併記が原則であり（Official Languages Ordinance（Cap. 5）4(1)条），別段の定めが無い限り双方に優劣関係は無い（同3条）。裁判手続の当事者は，裁判官の決定に拘わらず中国語か英語のいずれかを選択することができる（同5条）。

4.3 法令・判例の探し方
(1) 法令
全ての制定法は，その制定改廃が先ず毎週発行の香港政府公報 (Government Gazette) の Legal Supplement No.1（条例用）および No.2（付属法令用）に掲載される。電子版も Website〈http://www.gld.gov.hk/egazette/〉で閲覧できる。立法会における法案の議事の経過については，その Website (Official Record of Proceedings of the Legislative Council (Hansard)) から閲覧できる。

特定の香港法を検索したい場合には，以下のソースを利用するとよい。

① Basic Law

www.basiclaw.gov.hk/en/index：香港政府が運営する香港基本法のデータベースである。

② Local Legislation

www.legislation.gov.hk/index.htm：香港政府の Department of Justice が運営する Bilingual Laws Information System (BLIS) という無料データベースである。更新も迅速に行われている。

www.hklii.hk/eng/databases.html：香港大学・Australasian Legal Information Institute が共同運営する法律情報システムである Hong Kong Legal Information Institute (HKLII) の無料データベースである。

(2) 判例
判例に関しては香港も英米法系の先例拘束主義を採っている。代表的な判例集には，① Hong Kong Law Reports and Digest (HKLRD)（1997年から現在までの判例を収録），その前身である ② Hong Kong Law Reports (HKLR)（1905年から1996年までの判例を収録），③ Hong Kong Court of Final Appeal Reports (HKCFAR)，④ Hong Kong District Court Law Reports (HKDCLR)，⑤ Hong Kong Cases (HKC) がある。これらのほか，例えば刑法，土地法，税法関係など特定の分野毎の判例集がある。英国の判例もしばしば引用される。

112　第 I 編　アジア編

日本において香港の判例を入手するには，有償のサービスであればWestlaw International が提供しているデータサービスが充実している。無償のサービスには香港政府の司法機構 Website がある。http://legalref.judiciary.gov.hk/lrs/common/ju/judgment.jsp

また，上記 HKLII のデータベースや検索エンジンも使い勝手が良い。

(3) 判例の表示

香港の判例は次の例の如くに表示される。

　Democratic Republic of the Congo and Others v. FG Hemisphere Associates LLC［2011］HKCFA 66;（2011）14 HKCFAR 395;［2011］5 HKC 395; FACV5/2010（8 September 2011）

［表示の説明］

本件は終審裁判所の判決で，左のコンゴ民主共和国他が上告人（第一審被告），右が被上告人（第一審原告）である。以下左から順に，大括弧内が判決のあった年次（2011 年），HKCFA 66 とは終審裁判所の事件受理番号，その右は香港終審裁判所レポート（上記(2)の③）2011 年第 14 巻 395 頁以下に掲載との意味（開始頁のみを表示している），その右は別のレポートである Hong Kong Cases（上記(2)の⑤）の 2011 年第 5 巻 395 頁以下に掲載との意味，FACV とは司法機構が定める裁判所・案件類別番号の略称（Prefix）の一つで Final Appeal（Civil）を意味し，FACV 5/2010 は終審裁判所への民事上訴であることと，その事件番号を示している。最後の括弧内は判決の日である。

5.　主なビジネス関係法制度

5.1　私有財産制度

英米法においては，財産（ないし財産権）（property）は一般に物的財産（real property）と人的財産（personal property, chattels）とに分けられるが，香港法も同様である。土地（land）を除く財産については，私人（個

人・法人）による私有が認められている（BL6 条）。HKSAR 域内の土地は，返還前は形式的とはいえ国王（Crown）の所有物とされていたところ，返還後は中国本土と同様に国家の所有物（全人民所有制）であると位置付けられたが，管理，使用収益権限は香港政府が有し，収入もその支配に帰する（BL7 条）。土地と建物は分離して譲渡等の対象とすることができない。外国人による不動産取引に関する規制はなく，国籍に拘わらず香港の不動産を購入し，譲渡し，処分することができる（Aliens (Rights of Property) Ordinance (Cap. 185)）。企業が事業用地を手当てする場合の法的な形式は，香港政府に premium とよばれる対価を払って，更新可能な不動産賃借権（Government Lease）を取得するか，これを取得したデベロッパー等が開発する土地の転貸借を受けることが一般的である。

5.2 契約制度

香港の契約法はイングランド法に準拠しており，コモン・ローやエクイティーが適用され，契約自由の原則が妥当する。契約法全般を規律する通則的な条例は制定されておらず，判例が主な法源であるが，いくつかの分野では個別の条例が制定されている。例えば Sale of Goods Ordinance（Cap. 26）は動産売買に関するもので，英国の Sale of Goods Act に準拠している。また，Consumer Goods Safety Ordinance（Cap. 456）は製品の安全確保に関するもので，わが国の製造物責任法や消費生活用製品安全法に相当する。

5.3 担保制度

約定担保として譲渡担保権（mortgage），抵当権（charge），質権（pledge），保証（guarantee）などが認められている。留置権（lien）も認められる。譲渡担保権と抵当権は，特定の物だけではなく，内容が変動する集合物（例えば会社資産全部であるとか，特定の種類の商品在庫など）を対象とすることも可能である。これらを debenture (containing floating charge) とか floating charge と呼ぶ。また，被担保債務を特定債務だけでなく不特定の継続的債務とすることも可能である。抵当権を会社の清算人や他の債権者に対抗するには登記（registration）が必要である。

5.4　企業組織制度

　香港法が認める会社は英国型のものであり，実務で主に利用されている株式有限会社（company limited by shares），非営利組織に利用されることが多い保証有限会社（company limited by guarantee）のほか，無限会社（unlimited company）および外国会社の営業拠点（place of business of a non-Hong Kong company）がある。個人事業者（Sole Trader），組合（Partnership）といった企業形態も認められている。香港の会社条例（Companies Ordinance）は，2014年3月に改正法（Cap. 622）が施行された。従前の会社条例（Cap. 32）は，Companies (Winding Up and Miscellaneous Provisions) Ordinance（Cap. 32）となった。新しい会社条例では，基本定款や額面株式の廃止，定時株主総会の省略や電子化等の手続の簡素化，取締役の責任強化や最低1名の自然人取締役の任命義務付けといったガバナンス強化など，近代化の流れに沿った変更がなされた。

　株式有限会社には，Private Company（非公開会社）とPublic Company（公開会社）の2種類があり，前者は株式譲渡の制限，株主数の制限（50人以下），第三者による新株または社債の引受禁止の3要件を満たしているもので，それ以外の株式有限会社は全て後者である。なお，香港証券取引所上場会社（Listed Company）はPublic Companyである。

5.5　倒産制度

　個人の倒産に適用される法律としてはBankruptcy Ordinance（Cap. 6）（破産条例），会社の倒産（任意清算型，強制清算型，再建型）に適用される法律としては上述のCompanies (Winding Up and Miscellaneous Provisions) Ordinance（Cap. 32）（会社清算その他雑則条例）がある。

5.6　その他

　香港は1970年代までは公私に亘る腐敗が深刻であったが，1974年に警察権を持った独立の機関である廉政公署（Independent Commission Against Corruption, ICAC）が設立され，厳格な取締りが実施されるようになり，さ

らに Prevention of Bribery Ordinance (Cap. 201) も施行され，極めて廉潔度が高い地域となった。また，レッセフェールの土地柄で，香港政府も中国（本土）と異なり私的取引分野に介入する度合が低く，金融・証券取引，インフラ，消費者保護，雇用など一部の分野を除き規制が少ない点が特徴的である。ただし，従来は通信・放送事業に限られていた競争法の分野に関し，2012年に競争制限的な取決めや市場支配力濫用の禁止を含む包括的な Competition Ordinance (Cap. 619) が制定された（なお，本稿執筆時点では組織設立に関わる条文などが順次施行されているが，規制本体に関する条文については，2015年12月14日の全面的な施行を目指してガイドライン公表などの準備が進められている）。

【参考文献】
廣江倫子『香港基本法の研究』（成文堂，2005年）。

Cottrell, Jill, *Legal Research, A Guide for Hong Kong Students* (Hong Kong University Press, 1999).
Srivastava, D.K., (General Editor), *Business Law in Hong Kong* (4th Ed. Sweet & Maxwell, 2014).
Stott, Vanessa, *An Introduction to Hong Kong Business Law* (4th Ed. Prentice Hall, 2010).
Wesley-Smith, Peter, *An Introduction to the Hong Kong Legal System* (3rd Ed. Oxford University Press, 1998).

第 8 章

マレーシア法

はじめに

　マレーシアの法制度は，英国植民地時代にイギリス法を継受し，コモンロー法系に属する。ビジネス法をはじめとする法制度は ASEAN 諸国の中でも整備されており，法令および判例の電子化も進み，さらには法令，判例および基本書へは英語でアクセスできるため，マレーシアに関する法制度情報の収集は比較的容易である。世界銀行『Doing Business 2015』のビジネス活動容易度ランキングにおいてマレーシアはアジア諸国の中ではシンガポール（1位），香港（3位），韓国（5位）に次ぐ 18 位であり，同国へは日系企業を含めて多くの外国企業が進出している。マレーシアの投資環境上の利点は，政治経済的安定，積極的な外資導入政策，充実したインフラ，国民の英語力である。

1．マレーシア法概観

1.1　統治機構（司法府については「1.2 裁判所」で叙述）

　マレーシアは 13 の州と連邦直轄領からなる連邦国家であり，立憲君主制およびウエストミンスター型議院内閣制を採用している。国王（Yang di-Pertuan Agong）は最高元首であり連邦の行政権は国王に帰属するが（連邦憲法 32 条 1 項，39 条），その権能は名目的なものに過ぎず，実質的に，行政権は内閣に帰属している。すなわち，国王は，原則として，内閣または大臣の助言に従って連邦憲法および連邦法が定める権能を行使しなければならない

（同法40条1項）。かかる国王の主たる権能には，国軍最高司令官，恩赦，一部上院議員の任命が含まれるが，国軍最高指令官としての国王の権能も儀礼的なものにとどまり，国軍委員会が指揮，規律，管理その他の軍に関する一切の事項について統制する（同法41，42，45，137条）。

連邦の立法権は，国王，上院（Dewan Negara）および下院（Dewan Rakyat）により構成される国会に帰属する（同法44条）。

1.2 裁判所
(1) 連邦裁判所

マレーシアには連邦と州の裁判所がある。連邦の裁判所は，一般的管轄権のある上位裁判所（superior courts）と，管轄権に事物または訴額の制限を課す下位裁判所（inferior courts）からなる。判例形成に関与するのは，上位裁判所のみである。上位裁判所は，高等法院（High Court），控訴院（Court of Appeal）および最高の裁判所としての連邦裁判所（Federal Court）からなる。なお，1985年にイギリス枢密院司法委員会への上訴が廃止されるまでは，枢密院司法委員会が終審の裁判所であった。各上位裁判所の構成，裁判権等は連邦憲法のほか裁判所法（Courts of Judicature Act 1964。以下，「CJA」と称す）で定められている。高等法院の訴訟手続は高等法院規則（Rules of the High Court 1980）に，控訴院の訴訟手続は控訴院規則（Rules of the Court of Appeal 1994）に，連邦裁判所の訴訟手続は連邦裁判所規則（Rules of the Federal Court 1995）にそれぞれ規定されている。下位裁判所は，プングル裁判所（Penghulu's Courts。州政府が任命する行政単位ムキムの長たるプングルによる裁判所で，マレー半島部のみに設置され，極めて限定された管轄権を有する。），第一級および第二級治安判事裁判所（First Class Magistrate, Second Class Magustrate），セッションズ裁判所（Sessions Courts）からなる。各下位裁判所の構成，裁判権等は下位裁判所法（Subordinate Courts Act 1948。以下，「SCA」と称す），その訴訟手続きは下位裁判所規則（Subordinate Courts Rules 1980）に定められている。次に，各裁判所の民事に関する管轄権について述べる。

① 民事

ア．下位裁判所
ⓐ 治安判事裁判所

第一審管轄権：第二級治安判事裁判所は訴額が3千リンギを超えない債務履行請求について，第一級治安判事裁判所は訴額が2万5千リンギを超えない請求について，それぞれ第一審の裁判権を有する（SCA90，92条）。

ⓑ セッションズ裁判所

第一審管轄権：セッションズ裁判所は，交通事故，不動産賃貸借および自救的動産差押えに関する事件ならびに訴額が25万リンギを超えない請求について，第一審の裁判権を有する（同法65条）。

監督的管轄権：セッションズ裁判所は，権限を越えて裁判権を行使したか否か，その権限内の事件について裁判権を行使しなかったか否かを監督する権限（supervisory jurisdiction 監督的管轄権）を限定的に有する。すなわち，セッションズ裁判所は治安判事裁判所またはプングル裁判所が下した判決に「違法もしくは不適切」またはその訴訟手続上に瑕疵を認める場合は，当該事件記録を高等法院へ送る（同法54条）。

イ．上位裁判所
ⓐ 高等法院

第一審管轄権：高等法院の管轄権に事物および訴額の制限はないが，通常，セッションズ裁判所の管轄権にない事件について第一審の裁判権を行使する。

上訴管轄権：下位裁判所判決に対する上訴は高等法院へ提起されるが，訴額が1万リンギを超える訴訟または法律問題を含む訴訟に限られる（CJA27条）。

監督的管轄権：下位裁判所に対する監督権限を有する（同法32条）。

ⓑ 控訴院

上訴管轄権：高等法院判決に対しては控訴院へ上訴できるが，原則として，訴額が25万リンギ以下の事件は上訴が認められない（同法67条）。

ⓒ 連邦裁判所

第一審管轄権：連邦裁判所は，連邦法または州法の無効について，連邦議会または州議会がその立法権を越えて定めたか否かを審査する権限を有する（連邦憲法128条1項）。また，連邦裁判所は，州の間の争いまたは連邦と州の争

いについて第一審の裁判権を有する（同条2項）。

　上訴管轄権：控訴院判決に対する連邦裁判所への上訴は，高等法院が第一審裁判所であり，かつ初めて審理する一般原則に関する問題または連邦裁判所での審理が公益に適う重要な問題を含む場合に，連邦裁判所がこれを認める（同法96条）。

1.3　州裁判所

　州の裁判所には，シャリーア裁判所と先住民裁判所（サバ州およびサラワク州のみに設置）がある。

(1)　シャリーア裁判所

　各州および連邦直轄領には，ムスリム（イスラーム教徒）の主として，家事事件を処理するシャリーア裁判所が設置されている。例えば，連邦直轄領では，シャリーア下位裁判所，シャリーア高等法院およびシャリーア控訴院からなる三審制を採用している。なお，国内に最高裁判所に相当するような統一のシャリーア裁判所はない。

(2)　先住民裁判所

　ボルネオ島に位置するサバ州およびサラワク州には，州裁判所として，先住民裁判所（Native Courts）が設置されている。先住民裁判所は，連邦憲法および州法において先住民の慣習法適用が認められている事項につき管轄権を有する。

1.4　特別裁判所

　国王および統治者の民事および刑事事件を扱う特別裁判所の設置が随時認められている（連邦憲法182条）。

1.5　裁判外紛争処理

　労働審判所（Industrial Court），消費者苦情審判所，住宅購入者不服審判所などが設置されている。

マレーシアの裁判所が抱える深刻な問題は裁判遅延である。国連国際取引法委員会（UNCITRAL）のモデル法に基づいて起草された仲裁法（Arbitration Act 2005）38条では，原則として，国内または外国の仲裁判断は拘束力を有し執行可能なものと認められることを定めている。外国企業や外資系企業の紛争解決方法としては，契約において仲裁を選択するなどして，裁判外で紛争解決を図る例が多いようである。

2. 法源一覧

マレーシア法は，連邦憲法を最高法規として連邦および州の法令，州憲法，判例，イギリス法，慣習法ならびにイスラーム法から成る。連邦は財政や徴税といった重要な領域について立法専権を有し，州の立法権は，主として，イスラーム法および慣習，土地，農業，森林や天然資源へ及ぶ（連邦憲法第9附則）。連邦法と州法に矛盾が生じる場合は，連邦法が優位する（同法75条）。州憲法で定めるべき事項については連邦憲法第8附則が掲げており，これに違反した場合は，連邦議会は州憲法のかかる規定を法律で正すことができる（同法71条4項）。

2.1　法令

連邦の法令は，連邦議会が制定する法律（Act）および委任立法である従位立法（subsidiary legislation）からなる。法律および従位立法は官報への登載をもって公布され，施行日の定めのない法律は官報に登載された翌日から施行される。従位立法は官報への登載をもって公布され，施行日の定めのない従位立法は官報に登載された公布日から施行される（解釈法86条1項）。各州は州議会の制定する法律（Enactment，但しサラワク州ではOrdinance）のほか従位立法を定める。

1948年および1967年解釈法（法律388号）3条によれば，従位立法とは「法律（Act, Enactment, Ordinance）その他法源に基づいて定められた勅令（proclamation），規則（rule），規程（regulation），命令（order），通告

(notification)，細則（by-laws）その他立法上の効果を有するもの」である。従位立法は，法律の委任の範囲を超えていないかどうかにつき，権限踰越（ultra vires）の法理による司法審査に服する。

2.2 判例
上位裁判所判例が先例拘束性をもつ。

2.3 イギリス法
　マレー半島部，サバ州およびサラワク州では効力を有するイギリス法が異なる。原則として，マレー半島部においては1956年4月7日にイングランドで効力を有していたコモン・ローおよびエクイティの準則，サバ州とサラワク州ではそれぞれ1951年12月1日，1949年12月12日にイングランドで効力を有していたコモン・ロー，エクイティの準則および一般法律がそれぞれ効力を有する（民事法3条1項）。但し，イギリス法がある事件に適用されるためには，マレーシアに当該事件に適用される制定法がなく，かつ当該イギリス法がマレーシアの事情に適していなければならない（Wu 2005:127, 8）。
　商取引に関しては，より広範なイギリス法適用が認められている。すなわち，商取引に関する事件に対して，ペナン州およびマラッカ州を除くマレー半島部においては1956年4月7日に効力を有していたイングランド法，ペナン州，マラッカ州，サバ州およびサラワク州においては事件を審理する時点で効力を有しているイングランド法の適用が認められている（民事法5条1, 2項）。このように，イギリスの直轄植民地であったペナン州，マラッカ州，サバ州およびサラワク州と間接統治されていたその他州では適用されるイギリス法が異なるが，実際のところ，マレーシアの裁判官がコモン・ローに従う際に民事法5条1項および2項に言及することはほとんどなく，土地管轄に関係なくイングランドの先例に従う傾向がある，と指摘されている（Sharifah Suhana 2007:188）。

2.4 慣習法
　主たる慣習法は，マレー慣習法およびサバ州およびサラワク州先住民の慣習

法である。中国人の慣習法，インド人の慣習法は，先住民を除くムスリムでない者へ原則として適用される婚姻・離婚法（LRA）が 1981 年に施行されて以降，その法的意義をほぼ失った。

2.5 イスラーム法：連邦直轄領を例として

連邦直轄領・シャリーア裁判所の裁判規範には，イスラーム法に関する法令，1993 年イスラーム法施行法（1993 年法律 505 号）34 条に基づいて公布されたファトワー（法学者の裁定），聖典クルアーン，スンナ（預言者ムハンマドの範例），マレーシアにおけるムスリムの大多数が属するシャーフィイー法学派を中心とするスンニー派正統四法学派（ハナフィー派，シャーフィイー派，マーリク派，ハンバル派）の学説が含まれる（イスラーム法について詳しくは「イスラーム法」の章を参照）。

3. 法令集にアクセスする基本状況

連邦の法律，従位立法および法律案を登載した官報は以下のような構成になっている。なお，法令はマレー語及び英語で表記される。

〔1〕 Acts Supplement (Tambahan Akta) (1963-) 連邦議会の法律を登載する。1969 年以降の法律および改正法は，それぞれ制定順に Act 1, Act 2... および Act A 1, Act A 2... と一連番号が付され別々にまとめられている。なお 1963 年から 1968 年までは Act 1 of 1964（1964 年法律 1 号）のように年毎に法律番号が付されていた。

〔2〕 Legislative Supplement (Tambahan Perundangan) (1963-) 従位立法のうち勅令，規則，規程，命令，通告および細則を登載したものが Tambahan Perundangan 'A'（略称 P. U. (A)），人事，商標登記および各種通知を登載したものが Tambahan Perundangan 'B'（略称 P. U. (B)）に，それぞれ P. U. (A) 1, P. U. (A) 2... または P. U. (B) 1, P. U. (B) 2... と年毎に番号が付されてまとめられている。

〔3〕 Bills Supplement (Tambahan Rang Undang-Undang) (1963-)

法律案を登載する。

官報以外の法令集には，六法全書的な法令集として，

〔4〕 The Annotated Statutes of Malaysia, LexisNexis社 がある。

各州の法令は州の官報に収められ，マレー半島の諸州の法律，従位立法および法律案を登載した官報は以下のような構成になっている。

Enactment Supplement 各州議会が制定した法律（Enactment）。年毎に順に No.1 of 2003... と順に番号を付す。

〔5〕 Legislative Supplement 各州の従位立法。年毎にP.U.1, P.U.2...と番号を付す。

〔6〕 Bill Supplement 各州の法律案。

サバ州の官報のうち法令および法律案を登載したものは下記の通りである。

〔7〕 First Supplement 州議会の制定した法律（Enactment）。

〔8〕 Second Supplement 従位立法。

〔9〕 Third Supplement 法律案。

サラワク州の官報のうち法令および法律案を登載したものは下記の通りである。

〔10〕 Part I 州議会の制定した州法（Ordinance）。

〔11〕 Part II 従位立法。

〔12〕 Part III 法律案。

法令等を登載する電子媒体には，次のものがある。

〔13〕 法務総裁HP〈http://www.agc.gov.my〉 連邦の法律（英語，マレー語），連邦の官報（英語，マレー語）

〔14〕 国会ホームページ〈http://www.parlimen.gov.my〉 1990年以降の法案，1999年以降の下院議事録，2004年以降の上院議事録の一部を閲覧できる。

〔15〕 LexisNexis, LexisNexis社及びWestlaw Asia, Westlaw社 連邦の法律（英語）

〔16〕 PNMB LawNet, PNMB社〈http://www.lawnet.com.my〉 連邦の法律（マレー語，英語），官報（マレー語，英語）。

特定の法分野について，マレーシア法を調べたいときには〔17〕を利用する

と便利である。

〔17〕 Halsbury's Laws of Malaysia, LexisNexis 社　法分野別に詳しく説明がなされたエンサイクロペディア。

4. 判例集の有無と公開状況

判例は公開され，主たる判例集には下記のものがある。引用方法は，例えば［2003］1 MLJ 100 のように［判例集の発行年］巻　略号　開始頁である。

〔18〕 Malayan Law Journal〔略号 MLJ〕, 1932～, LexisNexis 社　上位裁判所の判決を収録。日本国内の大学および研究機関にも所蔵されている。電子媒体 LexisNexis からアクセスできる。

〔19〕 Malaysian Current Law Journal〔略号 CLJ〕, 1981～, CLJ Legal Network 社　上位裁判所の判決を収録。

〔20〕 All Malaysian Reports〔略号 AMR〕, 1992～, Westlaw 社　上位裁判所の判決を収録。

通常裁判所以外の判例集としては下記のものがある。

〔21〕 Industrial Law Journal, LexisNexis 社　労働審判所の裁定，通常裁判所における労働法に関する事件を収録。

〔22〕 Jurnal Hukum［略号 JH］, 1980～　シャリーア裁判所判決および論文収録。マレー語。

〔23〕 Shariah Law Reports, 2004～, LexisNexis 社　シャリーア裁判所判決，イスラーム法に関する通常裁判所判決，論文，ファトワー，他国のシャリーア裁判所判決等収録。Malayan Law Journal 社が年 4 回刊行。

〔24〕 Cases on Native Customary Law in Sabah（略号 Lee Hun Hoe's Cases（Sabah））　先住民裁判所判決について 1973 年にサバ州政府が刊行した数少ない判例集。

判例法主義に基づくマレーシア法を調べる，あるいは研究するためには，数ある判例から適当なものを探すことが不可欠である。判例検索のためには，次のような判例集利用のための補助資料を利用すると大変便利である。

〔25〕 Mallal's Digest, 4th edition, LexisNexis 社　判例要旨を分類したもので，1808年以降の判例集に掲載されたマレーシアおよびシンガポールの上位裁判所の全判決（上位裁判所から枢密院へ上訴されたものも含む）を網羅し，随時改訂されている。これと合わせて毎年発行される

〔26〕 Mallal's Digest Yearbook, LexisNexis 社　を見れば最新の判例についての情報を得ることができる。特定の法律の条文についての判例を探したい場合には，

〔27〕 Mallal's Digest, Legislation Citator, LexisNexis 社　を参照し，特定の判例の変遷を調べる場合には，

〔28〕 Mallal's Digest, Case Citator, LexisNexis 社　を利用するのが便利である。

判例を登載する電子媒体には次のものがある。

〔29〕 Lexis-Nexis 〈http://www.lexis.com〉

〔30〕 PNMB LawNet 〈http://www.lawnet.com.my〉

5. 主なビジネス関係法制度

5.1　契約法

イギリス法と同じく財産（property）は，わが国の不動産とほぼ同一範囲の物的財産（real property）と人的財産（personal property）とに分類される。契約に関する主な制定法としては，通則的な規定を含む契約法（Contract Act 1950），債権と金銭を除く不動産に関係しない人的財産（chattel personal）の売買を定める動産売買法（Sales of Goods Act 1957）などがある。

5.2　不動産法

土地の上の建物も「land」と一体に扱われる。土地（land）の登記については，トーレンズ式権原登記制度を採用しており，土地権原の登記は土地取引における効力発生要件であり，公信力を有する。土地に関する主な制定法は，

サバ州およびサラワク州を除くマレーシアで適用される国家土地法典（National Land Code 1965 ［Act 56］)，ペナン州およびマラッカ州で適用される「国家土地法典（ペナンおよびマラッカの権原）に関する法律（National Land Code (Penang and Malacca Titles) Act 1963)」，サラワク州で適用される土地法典（Sarawak Land Code ［Chapter 81］) ならびにサバ州で適用される土地法（Sabah Land Ordinance ［Chapter 68］)である。

5.3 担保制度

担保には，質権（pledge, pawn），動産（goods）を目的物とする留置権（possessory lien），動産譲渡担保（chattel mortgage），抵当権（charges），土地権原を目的物とする留置権（lien），浮動担保（floating charge）がある。

5.4 企業組織制度

企業形態には，会社法（Companies Act 1965）に基づいて設立される会社ならびに事業登録法（Registration of Businesses Act 1956）に基づいて登記されるパートナーシップおよび個人企業（sole proprietorship）がある。会社には，株式会社（companies limited by shares），保証有限会社（companies limited by guarantee），外国会社の営業拠点がある。株式会社は非公開会社（private company）または公開会社（public company）のいずれかであり，前者は株式譲渡を制限し，株主数を50人以内に制限し，株式・社債の公募を禁止し，金銭預託の公募を禁止している会社であり，後者はそれ以外の会社である。

5.5 倒産制度

会社の倒産（清算型，再建型）は会社法，個人の破産は破産法（Bankrupcy Act 1967）によってそれぞれ規律される。

【参考文献】

鮎京正訓編『アジア法ガイドブック』(名古屋大学出版会, 2009年)。
稲正樹＝孝忠延夫＝國分典子編『アジアの憲法入門』(日本評論社, 2010年)。

Harding, Andrew, *The Constitution of Malaysia: A Contextual Analysis* (Oxford: Hartt Publishing, 2012).
Lee Mei Pheng and Ivan Jeron Detta, *Business Law*, second edition (Malaysia: Oxford University Press, 2014).
Sharifah Suhanah Syed Ahmad, *Malaysian Legal System*, 2nd edition (Malaysia: LexisNexis, 2007).
Wan Arfah Hamzah, *A First Look at the Malaysian Legal System* (Malaysia: Oxford Fajar, 2009).
Wu Min Aun, *The Malaysian Legal System*, third edition (Malaysia: Longman, 2005).

第Ⅱ編

北米・ラテンアメリカ編

北米・ラテンアメリカ編　概要

　本編では，わが国と政治経済的に関係が深い北米のアメリカおよびカナダ，そしてラテンアメリカのメキシコおよびブラジルを取り上げることにする。

　まず，アメリカは1776年にイギリスからの独立戦争に勝利し，1783年のパリ条約によって独立をはたした。基本的にはイギリスのコモン・ローを継受して発展し，主な法源は判例法であることで英米法系に属する。1789年に近代的憲法の最初である合衆国憲法が発効したため，制定法の役割をも無視できない。合衆国憲法では連邦制が採用され，連邦には1つの法と州には50の法からなる，多元的な法が大きな特徴である。

　カナダは北米大陸の北部に位置する。17世紀初頭，カナダではフランス王国からの入植が進み，ヌーヴェル・フランスという植民地が形成されるに至る。そこでは，入植者と先住民族の関係は，比較的穏やかであったという。その後，ヌーヴェル・フランスは，イギリスへの割譲を経て，イギリス系の諸州とともにケベック州として今日のカナダを形成するに至る。こうして形成された多文化主義的な伝統は，カナダの特徴の一つとなっている。

　現在のメキシコやその周辺地域には先住民の独特の文化が繁栄したが，16世紀以降は欧州の文化との融合が進んだ。独立後の法令編纂に際してはスペイン法を基礎に構築が進められたが，私法分野ではナポレオン法典が参考にされた。メキシコ政府は，1980年代以降に市場開放政策への転換をはかっている。そして，自由経済市場を構築し維持するために経済法分野を中心に変革がもたらされた。

　そして，ブラジルは，1822年の独立以降，フランスやドイツの近代法典を参考として法典編纂作業に着手した。また，19世紀末に至り共和制に移行する際に，アメリカ憲法を参考にしている。世界の多様な法制度を吸収しつつ発展を続けたブラジル法は，1980年代以降，環境基本法など先端領域の立法に積極的に取り組んできた。また，1990年代以降は，市場開放政策への転換を機に経済法制の改革も進行中である。

第 9 章

アメリカ法

はじめに

　アメリカ法は，わが国の憲法，刑事訴訟法，会社法，労働法，金融商品取引法（旧法は証券取引法），独占禁止法など数多くの法律の立法化に多大な影響を与えている。しかも，法改正にあたってアメリカ法が参照されることが少なくない。アメリカ法を調査することがわが国の立法の方向を指し示すことになるといって過言でない。

　本章は，このようなアメリカについての法律情報の調査について述べることにする。特に，アメリカにおける主要な法源である，法律および判例を理解するために必要とされるスキルを身につけることを目的とする。その場合にアメリカ法の特徴である連邦制に注意を払う必要がある。さらに，法律および判例以外に，書籍，雑誌および公文書の入手法を理解することが重要であることはいうまでもない。

1. インターネット上の主な法情報

1.1　有料のインターネット・サービス

　アメリカでは，2つの主要なデータベース，Thomson 社（現在，Thomson Routers 社）によって買収された West グループ（以下，West 社）の Westlaw 〈http://www.westlaw.com〉と Reed Elsevier 社によって買収された LexisNexis グループの Lexis 〈http://www.lexis.com〉とがある。日

本の法学部ではこれらのデータベースは広く活用されているが，有料のデータベースであるため，このサービスに加入していない者にとって敷居が高いツールである。現在，Westlaw および Lexis は調査時間の節約のために画面および検索エンジンを一新され，WestlawNext（以下，Westlaw）および Lexis Advance（以下，Lexis）に移行している。

(1) Westlaw

Westlaw は，アメリカ法のみならず，イギリス法，カナダ法，香港法，EU 法などをも収載するデータベースである。最初の画面に検索ボックスがあり，それにキーワードを入れると，多くのデータベースの資料のリストが出てくる。また，画面に論文の注に掲載されているサイテーション（引用番号）をそのまま入れると，文献が閲覧できる。Westlaw にはまた，Jurisdiction と呼ばれる法域および Practice Areas と呼ばれる主題別にデータベースのリストがあり，そのリストから資料を入手することが便利である。

Westlaw は，英語の会話や文章を用いる自然文（Natural Language）およびキーワードにより行う検索式（Terms and Connectors）による検索ができる。後者を活用することによって精密な検索が可能となり，そのためには and, or などの結合子を習熟する必要がある。

(2) Lexis

Lexis は英語と日本語の画面〈http://www.lexisnexis.jp/research/〉を利用でき，利用マニュアル〈http://www.lexisnexis.jp/ja-jp/support/resources/lexis-com.page〉が充実しているので，初心者には利用しやすいデータベースといえる。Lexis は Westlaw とほぼ同じ検索方法を採用し，トップの画面の「Find a Source」を利用すると，入手したいデータベースを選択できる。その利用にあたって画面上のメニューからもアメリカの判例（Cases），連邦法（Federal Legal），州法（States Legal），議会資料（Legislation & Politics），法分野別ソース（Area of Law），2 次的文献（Secondary Legal）などのデータベースを容易に入手できる。

特に検索すべき資料が明確であるときには「Find a Source」を利用し，

明確でないときには法分野別ソースから資料を入手することが早道であるように思われる。

(3) HeinOnline

HeinOnline〈http://heinonline.org〉は、ロースクールの雑誌を中心に2000種類以上の法律関係雑誌の中から数多くの論文を検索できるデータベースである。このデータベースのメリットは、第14章のイギリス法で説明するように、コンテンツが印刷体と同じイメージで閲覧できるということ、さらに創刊時からフルテキストで読めるということである。最も引用される著者、法律論文・法学紀要などをも知ることができることが興味深い。

さて、「Law Journal Library」というボックスで法律雑誌を検索するにあたり、著者・タイトル検索とキーワード・フレーズ検索という基本的な検索オプションを備えている。さらに、政府官報である Federal Register、連邦法に関する立法史、世界の図書館で全部が入手できない法律古典書からなる Legal Classics をも収載し、アメリカ法を研究するための必須のツールとなっている。

(4) Loislaw と Bloomberg Law

Wolters Kluwer 社が提供する法律検索システムとして、連邦法・州法のみならず、連邦・州の裁判所の判例をも収載する Loislaw〈http://loislaw.com〉がある。このシステムの料金が低いということで、小規模の弁護士事務所に特にメリットがある。ロースクールの学生およびパラリーガルの場合には無料である。

数多くのアメリカのロースクールは、Bloomberg BNA 社が提供する Bloomberg Law＜http://www.bna.com/bloomberglaw＞というデータベースと契約している。これは比較的新しいインターネット検索サービスで、独占禁止法、労働法、会社法、知的財産法などのビジネス法に強みがある。

1.2 無料のインターネット・サービス

無料のインターネット・サイトは法情報を完全に網羅するものでなく、単な

る出発点となることが多い。いくつかのサイトが，法域および主題別に法律資料を網羅的に集めたデレクトリを提供している。

最も有名なのが FindLaw 〈http://www.findlaw.com〉, Justia.com 〈http://www.justia.com〉, および Cornell Law School の法情報研究所 〈http://www.law.cornell.edu〉 のサイトである。Washburn University School of Law 〈http://www.washlaw.edu/〉も利用しやすい。

これらのサイトは，法律，判例などの第1次的資料，ブログ，雑誌などのサイトとリンクしている。

日本におけるアメリカ法関係のサイトとしては，東北大学大学院法学研究科・法学部〈http://www.law.tohoku.ac.jp/link/uslaw-j.html〉および京都大学大学院法学研究科附属国際法政文献資料センターのサイト〈http://ilpdc.law.kyoto-u.ac.jp/manual-us.htm〉を活用すべきである。

次に，以上の情報源に収録されている，法律，判例，書籍・雑誌・公文書などを概略的に説明することにする。

2. 法律

イギリスと同様に，アメリカ法における主な法源は判例法であった。しかし，19世紀末以来，制定法（statute）が重要になってきた。例えば，1890年反トラスト法（Antitrust Act）および20世紀初頭の労働者補償法（Workers' Compensation Act）などが制定され，これらの分野における判例法の重要性は減少することになった。そして，1887年に設立された州際通商委員会（Interstate Commerce Commission）およびその後の連邦取引委員会（Federal Trade Commission），証券取引委員会（Securities and Exchange Commission）のような行政委員会が裁判所の司法的役割を担うようになり，これらの委員会が根拠としている法は，1887年州際通商法（Interstate Commerce Act），1890年シャーマン法（Sherman Act），1914年クレイトン法（Clayton Act），1933年証券法（Securities Act），1934年証券取引所法（Securities Exchange Act）などの制定法に基づいている。したがって，

アメリカ法システムは純粋な意味における判例法システムでも完全に制定法・法典からなるシステムでもなく，混合のシステム（mixed system）である。

制定法は連邦のレベルだけでなく，州レベルでも存在する。実際に，不法行為，契約，財産，商法，会社法という私法の分野および刑法などは州法の管轄である。

さらに，合衆国憲法は，明示的に列挙して，連邦の立法権の範囲を規定し，他の権限については州に留保し，そして修正第6条のいわゆる「最高法規条項（supremacy clauses）」において連邦法は州法よりも優位にあると規定する。

次に，アメリカにおける基本法である憲法を見てみよう。

2.1 憲法

合衆国憲法は，政治的関係を定義し，市民の権利および自由を列挙し，中央政府の枠組みを創造した基本法である。憲法は最終的に1788年に9州以上が批准し成立したが，200年以上で27回の修正があった。これらの修正の中で最も重要であるのは，個人の自由を保障する権利章典（Bill of Rights），およびこの保障を州にも及ぶとした修正第14条である。憲法の条文は殆ど変更されていないが，個人のプライバシー，同性婚のようにその起草者が予見できなかったような状況に対して裁判所は憲法を適用してきた。法律調査においては，憲法原理に関する司法解釈が憲法の文言と同様に重要である。

各州には自州の憲法が存在する。州憲法は合衆国憲法に相当するものであるが，州憲法は合衆国憲法より詳細な内容で頻繁に修正されている。州憲法は個人の人権に関しては重要な法源である。州憲法は合衆国憲法以上にプライバシーなど個人の権利を保障しているからである。

2.2 制定法
(1) 連邦議会

上院（House of Senate）と下院（House of Representative）からなる合衆国の連邦議会（Congress）の会期は，下院議員の任期に合わせて2年で，各会期に数百の制定法が制定される。連邦議会は，州政府が有する一般的な公共の福祉の増進および保護を目的とする規制権限（いわゆる police power）

を有しないで，合衆国憲法第1編第8節によって立法権限を与えられた事項，すなわち，租税，関税，消費税の賦課徴収，外国との通商，各州間の通商（州際通商），条約の締結，特許権および著作権などについてのみ法律を制定することができる。具体的には，記念日の制定という単純な法律から何百頁にわたる税法という複雑な法律がある。

その手続であるが，増税以外の法案は上院または下院の議員によって提出され，委員会で議論された後に，票決にかけるために本会議に送付され，通常の法案は両院の単純過半数で通過しなければならない。その後に大統領に送付される。大統領が署名すれば成立するが，その法案を拒否しても，両院がそれぞれ3分の2以上の賛成により可決した場合には成立する。さらに，大統領が署名も拒否もしない場合には，10日後には自動的に法案が成立することになる。

各法令は一般法律（public law）または個別法律（private law）と指定される。一般法律と個別法律との区別は曖昧であることがある。両方とも同じように制定され，会期別法律集（session laws）として掲載されているが，一般法律のみが法典の一部となる。

(2) 州議会

「立法府」（Legislature）とか「州議会」（General Assembly）と呼ばれる州の議会は殆ど連邦議会と同じであり，それぞれの州の市民から選出された代表者から構成される。一院制のネブラスカ州を除く全州は二院制である。

州議会は基本的に，合衆国憲法または州憲法によって禁止されておらず，かつ連邦議会の専属的管轄権に服していない事項については，連邦の憲法，法律または条約に反しない限り，あらゆることを立法することができる。

そこで，分野に応じて制定法がある。例えば，ニューヨーク州ではデビッド・ダドレー・フィールド（David Dudley Field）が起草した民事訴訟法典（Code of Civil Procedure）および刑事訴訟法典（Code of Criminal Procedure）が有名であるが，カリフォルニア州の民法典（Civil Code），刑法典（Penal Code）および教育法典（Education Code）など同様な制定法があり，「法典（code）」ではなくて「法（law）」という言葉が使用されている。フィールドの法典，ルイジアナ州の法典などの少数の法典を除き，法典と

いう言葉は日本で一般的に使われる意味と異なることに注意すべきである。

ところで，50の州において法が異なることは商取引上便利なことでないので，州法の統一を実現するために統一州法全米会議の作成した統一法がある。この統一法の中での成功例が統一商事法典 (Uniform Commercial Code。翻訳は，田島裕訳『UCC2001―アメリカ統一商事法典の全訳』（商事法務，2002年））である。さらに，統一法以外に，モデル法もアメリカ法律協会 (American Law Institute) によって作成されている。模範刑法典 (Model Penal Code) と模範事業会社法 (Model Business Corporation Act。翻訳は，北沢正啓＝平出慶道訳『アメリカ模範会社法』（商事法務研究会，1988年））が代表的なモデル法である。

なお，地方自治体の単位は多様で説明が困難であるといわれているが，市議会 (city council) という立法機関が制定するものとして，基本法である憲章 (charter) および環境・教育などの特定の問題を扱う条例 (ordinance) がある。

(3) 行政規則

合衆国特許商標庁 (United States Patent and Trademark Office)，労働省 (Department of Labor)，証券取引委員会など数多くの連邦行政機関によって制定される行政規則 (Administrative Regulation) がある。各州にも行政機関が存在し，数多くの規則を制定している。

行政機関は準司法的役割および準立法的役割を果たしている。すなわち，行政規則を制定するという準立法的な役割，そして審理し，決定をするという準司法的役割である。

次に行政府自体について触れることにする。行政府の役割は主に法を実施するというものであるが，行政府自体が法としての役割をしている。その法とは，上院の助言と同意に基づき行政府によって締結される条約 (Treaty)，そして行政の長である大統領が発する大統領令 (Executive Order)・大統領声明 (Executive Proclamation) である。州知事も行政命令を発給できる。

(4) 法律の調べ方

合衆国憲法の原文は，百科事典，合衆国法律集（以下，*U.S.Code* とする），パンフレット，インターネット〈http://www.archives.gov/exhibits/charters/constitution.html〉，および Westlaw, Lexis などの商業データベースで知ることができる。州憲法の情報源のものとしては注釈付州法典がある。州憲法の条文に関して最も便利なものが FindLaw の州法のリスト〈http://www.stateconstitutions.us/index.html〉である。

連邦法が最初に公表される資料としては，法令速報である slip laws がある。これは，1件ごとに刊行されるページ番号のついた法令速報である。

紙媒体としての法令速報の配布は遅れる。インターネットを利用すれば，法令速報は法案が連邦議会を通過した時点で入手できる〈http://www.gpo.gov/fdsys/search/home.action〉。次に法令は session laws とも呼ばれる連邦法令集である *Statutes at Large* に収載される。制定された法律は連邦法令集として制定順に編集されるのである。Lexis, Westlaw, および HeinOnline は連邦法令集を閲覧でき，HeinOnline を利用すれば，法律を引用し，議論している法律論文にも容易にアクセスすることができる。

連邦制定法の調査の出発点となるのは，1926年にはじめて公刊され1934年以来6年毎に公刊されている公式の法律集である *U.S.Code* である。この集成は，General Provisions から War and National Defense までの51の主題別の編 (title) がアルファベット順に配置されるという編成になっている。各編は章 (chapter)，そして節 (section) に区分される。*U.S.Code* は HeinOnline, Westlaw および Lexis，さらに Legal Information Institute〈http://www.law.cornell.edu/uscode/text〉, GPO Access〈http://www.gpoaccess.gov/uscode/index.html〉などのサイトで入手できる。

U.S. Code には2つの欠点がある。タイムリーに最新のものとされてないこと以外に，法典の条文を解釈・適用した裁判所の判例に関する情報がないことが欠点である。この後者の欠点に対応するために，注釈付法典として，West 社が出版し，Westlaw でも入手できる，*United States Code Annotated* (USCA)，そして LexisNexis 社が出版し，Lexis でも入手できる *United States Code Service* (USCS) がある。

USCA および USCS は制定法の修正および引用している判例を知ることができるが，KeyCite または Shepard's のサイテーションを利用することにより広範に調査することが可能となる。Westlaw の KeyCite は電子版でのみ入手できるが，Shepard's の情報は Lexis を通じてのオンラインおよび印刷体の *Shepard's Federal Statutes Citations* で入手できる。KeyCite および Shepard's の主要な利点は注釈付法典よりも最新の情報を提供していることにある。

州の会期別法律集および法典は，Westlaw および Lexis 以外に州政府関係のインターネットのサイト〈http://www.statelocalgov.net/〉で入手でき，注釈付の州制定法は電子版でも印刷体でも入手できる。無料のサイトは僅かの注釈付法典を閲覧できるにすぎないが，Westlaw の KeyCite または Lexis の Shepard's のサイテーションを利用すれば注釈付法典に掲載されていない判例および論文をチェックできる。

Shepard's のもう 1 つの出版物である，*Shepard's Acts and Cases by Popular Names: Federal and State* は制定法をタイトルで列挙し，法令名を知っているときまたは他の州と類似の法令を調査するときに有用である。

次に統一法は West 社の *Uniform Laws Annotated* で参照でき，Westlaw は Annotated 以外に州別の統一商事法典のシリーズである *Uniform Commercial Code Records* をも入手できる。

これらの制定法以外に，連邦政府が発令する行政規則・命令がある。最初に規則・命令は *Federal Register* で提案・公表され，最終的に *Code of Federal Regulations*（CFR）に収録される。CFR は *U.S.Code* と同じ 50 のタイトル（編）に対応し，州にも同じものがある。

大統領令は *Federal Register* で公表される〈http://www.whitehouse.gov/briefing-room/presidential-actions/executive-orders〉。大統領令でなく，大統領声明は毎年刊行される連邦法令集である *Statute at Large* に印刷される。なお，CFR と *Federal Register* は Lexis, Westlaw, HeinOnline で閲覧できる。

なお，地方自治体の条例は West 社の出版物である *Matthews Municipal Ordinances* という著書で入手できる。Municipal Code Corporation 〈http://www.municode.com〉が条例に関する有用なサイトであるので，是非参照されたい。

なお，日本の国会図書館のサイト中の『外国の立法』では「マリファナ規制に関する動向」など興味深い立法の動向を閲覧できるものがある〈http://www.ndl.go.jp/jp/diet/publication/legis/〉。

3. 判例

3.1 裁判所
アメリカの裁判制度は連邦の裁判制度と州の裁判制度からなる。

(1) 連邦裁判所の管轄権
連邦の最高裁である合衆国最高裁判所が扱うことができる事物管轄事項（subject matter jurisdiction）は合衆国憲法第3編第2項第1節で定められている。下級の連邦裁判所の管轄権は連邦議会が決定する。連邦裁判所の管轄権の範囲は広いようであるが，限定されている。

最も重要なのは，連邦問題管轄（federal question jurisdiction）と呼ばれる合衆国憲法，連邦法，大統領令，条約のもとで発生する問題である。

次に，合衆国が訴訟の当事者である訴訟以外に，州籍相違管轄（diversity of citizenship jurisdiction）と呼ばれるものである。この管轄には，相異なる州の市民間の訴訟で，訴額が7万5000ドルを超える民事訴訟が含まれる。

また，破産事件は合衆国破産裁判所のみで審理される。連邦裁判所のみで扱われるのは専属管轄（exclusive jurisdiction）と呼ばれ，海事事件，連邦刑事法の適用を受ける事件などは州裁判所で審理されない。

原則として連邦裁判所の専属管轄を除く全事件は州裁判所で審理することができ，競合管轄（concurrent jurisdiction）と呼ばれる。連邦問題管轄および州籍相違管轄の事件は競合管轄の代表例である。

(2) 連邦裁判所の構造

　連邦裁判制度には 3 段階がある。事実審裁判所は合衆国地方裁判所 (United States District Courts) と呼ばれ，控訴審裁判所は合衆国控訴裁判所 (United States Courts of Appeal) と呼ばれる。州を含むすべての裁判所を統括する最終審裁判所が首都ワシントン D.C. に所在する合衆国最高裁判所 (United States Supreme Court) である。合衆国最高裁判所の意見〈http://www.supremecourt.gov/opinions/opinions.aspx〉は公表されるが，すべての合衆国地方裁判所または控訴裁判所の意見が公表されているわけではない。下位裁判所の意見は重要な事件のみを公表するのである。

　94 の合衆国地方裁判所は第一審管轄としては主に連邦問題を伴う事件を扱う。各州は州内で分割し，少なくても 1 つの合衆国地方裁判所がある。カリフォルニア州，ニューヨーク州およびテキサス州には 4 つの地方裁判所があるのである。

　合衆国地方裁判所には 646 名の裁判官がいる。地区に配分される裁判官の数は訴訟件数に基づく。ここでの審理は，陪審が参加するか否かに関係なく，原則として 1 人の裁判官により行われる。地方裁判所の裁判官の仕事は，治安判事 (magistrate) および破産裁判官 (bankruptcy judge) によって軽減されているのである。

　合衆国地方裁判所以外に，複雑な法律問題を伴うため，合衆国租税裁判所 (United States Tax Court)，合衆国国際通商裁判所 (United States Court of International Trade)，合衆国連邦請求裁判所 (United States Court of Federal Claims)，合衆国破産裁判所 (United States Bankruptcy Court) などの特別の裁判所がある。合衆国破産裁判所は合衆国地方裁判所に統合されている。

　次に全米を 12 の巡回区 (circuit courts) に区分する合衆国控訴裁判所と，ワシントン D.C. に所在する連邦巡回区控訴裁判所 (Court of Appeals for the Federal Circuit) がある。合衆国控訴裁判所は一般に法律問題を扱い，合衆国地方裁判所から控訴された事件を審理する。合衆国控訴裁判所は，人身保護令状 (habeas corpus) に基づく控訴を除き，州裁判所からの事件を審理しない。ここでの審理は，原則として 3 人の裁判官により行われる。

連邦巡回区控訴裁判所は，前述の特別の裁判所からの控訴事件，特許権関税事件に関する控訴事件，合衆国を被告とする民事訴訟に関する控訴事件などを扱っているが，合衆国特許商標庁局，合衆国国際取引委員会（United States International Trade Commission）による審決（rulings）をも扱っている。

最後に，合衆国の最終審裁判所である合衆国最高裁判所は口頭弁論を主宰し，評議を司会する1名の首席裁判官（Chief Justice）と8名の陪席裁判官（Associate Justice）で構成され，全員の裁判官が出席し，平等な資格で審理される。合衆国最高裁判所は合衆国憲法第3編に基づき大使その他の外交使節および領事が関係する事件，および州が当事者である事件について第一審管轄権を有しているが，連邦議会が大使その他の外交使節のみならず，合衆国政府と州政府間に関する事件をも競合管轄を認める法律を制定した。

そのため，合衆国最高裁判所は，州の境界線をめぐる訴訟事件，水利権のような州政府間の訴訟事件についてのみ専属的な第一審管轄権を有することになった。通常は控訴裁判所からの上告事件，例外的に地方裁判所からの上告事件を扱う。州の最高裁判所からの上告事件も存在する。合衆国最高裁判所による審理は，これらの上告事件を扱うか否かについての判断が認められていない権利上告（appeals of right）ではなく，特別の重大な理由がある場合にのみ裁量上告受理令状（writ of certiorari）の申立てによって行われることが殆どであるが，そのうち多くは受理されず，判決が下されることが少ない。

(3) 州裁判所

50の州には独自の裁判制度があり，その州の法律のもとで発生した事件に対して責任を負っている。州裁判所は殆どの刑事事件，不法行為および契約の事件，さらに家族法関係の事件などに対して管轄権をもっている。このように，殆どの事件は連邦の裁判所ではなくて，州の裁判所に提起される。

州裁判所のシステムは連邦裁判所に従っているので，巡回裁判所（Circuit Court），地方裁判所（District Court）または上位裁判所（Superior Court）などと呼ばれる事実審裁判所（Trial Courts），控訴裁判所（Court of Appeal）または上訴裁判所（Appellate Court）などと呼ばれる中間上訴裁

判所，および最終裁判所（Supreme Court）などと呼ばれる最終審裁判所がある。8州は中間上訴裁判所がないので，この場合には事実審裁判所から州最高裁判所に上告されることになる。

州によっては，領域に応じて2つ以上の上訴裁判所があるところがあれば，刑事と民事によって別個の最終審裁判所があるところもある。ニューヨーク州の裁判所の名称が最も混乱させるもので，事実審裁判所は Supreme Court, 中間上訴裁判所は Appellate Division of the Supreme Court, 最終審裁判所は Court of Appeals と呼ばれるので，注意が必要である。

遺言検認裁判所（Probate Court），少年裁判所（Juvenile Court），都市裁判所（Municipal Court），請求裁判所（Court of Claims），少額請求裁判所（Small Claims Court）のように管轄権が限定された裁判所がある。特に，会社法では数多くの上場企業が設立準拠法としているデラウェア州衡平法裁判所（Delaware Court of Chancery）が著名であるが，他国に存在する商事裁判所（Commercial Court）は存在しない。唯一の例外は1995年に設置されたニューヨーク州事実審裁判所商事部（Commercial Division of the Supreme Court of the State of New York）である。

ちなみに，National Center for State Courts のウェブサイト〈http://www.courtstatistics.org/Other-Pages/State_Court_Structure_Charts.aspx〉は各州の裁判組織の構造がチャート式で閲覧できることが便利である。

3.2 判例の調べ方
(1) 判例集

United States Reports（以下，*U.S.Reports*）が1817年以降（*U.S.Reports* という名称となったのは91巻以降）における連邦最高裁判所判例集で最初に引用されるべき判例集である。政府は毎年数巻の *U.S.Reports* を出版しているが，出版が大幅に遅れる傾向がある。

U.S.Reports 以外に，S.Ct.と略記される West 社の *Supreme Court Reporter* と L.Ed.と略記される LexisNexis 社の *United Supreme Court Reports, Lawyer's Edition* という判例集がある。これらの判例集は *U.S.Reports* に見られない編集上の特色をもっており，Westlaw または Lexis で入手できる。

さらに速報版の最高裁判所判例シリーズとして，U.S.L.W. と略記される *United States Law Week* がある。

West 社は連邦地方裁判所または連邦控訴裁判所に関する公式判例集をも出版している。West 社は *Federal Reporter* シリーズで連邦地区裁判所の判決を出版している。各シリーズは 999 巻までであり，999 巻以降に新しいシリーズが始まる。現在，*Federal Reporter* は第 3 シリーズで，F.3d と略記される。第 3 シリーズ以前のシリーズは，F. および F.2d である。F. は 1880 年から 1924 年までの判例，F.2d は 1924 年から 93 年までの判例，そして F.3d は 93 年以降の判例を登載したものである。

同様に，連邦地方裁判所の判決も West 社により現在第 2 版の *Federal Supplement*（F.Supp.）として出版されている。*Federal Rule Decisions*（F.R.D.）にも，連邦民事訴訟規則（Federal Rules of Civil Procedure。翻訳は，渡辺惺之＝吉川英一郎＝北坂尚洋訳『アメリカ連邦民事訴訟規則—英和対訳』（レクシスネクシス・ジャパン，2005 年）），連邦刑事訴訟規則（Federal Rules of Criminal Procedure），連邦証拠規則（Federal Rules of Evidence）および連邦上訴手続規則（Federal Rules of Appellate Procedure）に関する連邦地方裁判所の判例であり，かつ *Federal Reporter* および *Federal Supplement* に登載されなかった判決がある。

州の公式判例集は，*U.S.Reports* と同様に，権威的なもので準備書面において引用される。しかし，21 の州が公式判例集の刊行を廃止し，West 社の判例集を権威的なものと指定している。West 社の非公式の判例集である，National Reporter System は，50 州およびコロンビア特別区を，Atlantic（A.2d），North Eastern（N.E.2d），North Western（N.W.2d），South Eastern（S.E.2d），Southern（So.2d），Pacific（P.3d），South Western（S.W.3d）という 7 つの地域に区分し，上訴裁判所（appellate courts）の重要な判決を登載するものである。これらの判例集は，最も人口の多い 2 州の判例集，すなわち *California Reporter*（Cal.Rptr.3d）および *New York Supplement*（N.Y.S.2d）により補足される。

(2) 判例の入手

　Lexis および Westlaw が判例についての巨大なデータベースである。新しいデータベースである Bloomberg も同様である。

　このなかでも Westlaw が連邦および州の判例データベースとして最も包括的なものである。分野によって異なるが，特定の州に限定されたデータベースで検索し，次に連邦の判例法にまで拡大して検索するのが生産的である。Westlaw で最も効果的な調査は，各判例の前にある編者の概要と頭注とを利用することである。頭注で検索する方法としてはダイジェストの論点表示および論点分類を活用することである。ダイジェスト・システムは 400 以上の論点からなり，Abandoned and Lost Property から Zoning and Planning までアルファベット順に配列されていている。次に，各論点は，キーナンバー（Key Number）と呼ばれる，10 万以上の数字で表された項目に分類される。

　以前には，Westlaw と Lexis との主要な差異は，Westlaw が編者による判例の要約があり，Lexis が裁判所の意見のみを掲載していることであった。しかし，現在，Lexis は，1930 年代までの判例の要約（case summary）および判例における論点をまとめた頭注（headnotes）がある。Lexis の頭注は，West のキーナンバーのような数字による分類法を利用していないが，判例の調査でも極めて有用である。Shepard's のサイテーションを利用すると，判例の引用履歴などで評価状況を把握できるとともに，引用している法学紀要をクリックすることで検索の範囲を拡大することができる。

　ちなみに，HeinOnline には 19 世紀から 20 世紀初頭の判例集を収載するアメリカ初期の判例集というサービスがある。

4. 書籍，公文書，辞典および法律雑誌などの調べ方

4.1　リステイトメント（Restatement）

　アメリカ法に関する最も重要な注釈書は，著名な裁判官，弁護士および大学教授から構成されるアメリカ法律協会（American Law Institute）が発行する *Restatements of the Law* と呼ばれるシリーズにある。リステイトメント

は法ではないが，代理，法の抵触，契約，判決，不法行為，信託などの主要なアメリカ法の分野の法原則の再記述化を目的としており，法解釈において裁判所により引用されることが多い。この引用は *Restatement in the Courts* という本でまとめられている。

そして，アメリカ法律協会が選挙法，コーポレート・ガバナンス，家族法，知的財産およびソフトウェア契約に関する原則（principles）を公表している出版物をも見逃せない。

以上のリステイトメントおよび原則の現在版は Westlaw および Lexis で見ることができ，リステイトメントを引用している判例および雑誌論文は Westlaw の KeyCite および Lexis の Shepard's を利用すれば見ることができる。特に Westlaw は一部のリステイトメントおよび原則についてのドラフトを閲覧できる点が興味深い。

4.2　書籍
(1)　書誌

イギリスと同様に，著名な裁判官，学者による著書および学術書の出版数が多い。日米法学会の機関誌である『アメリカ法』では，最新の論文，判例とともに毎年著書紹介が発表される。毎年 12 月号で「学会回顧」が特集される『法律時報』および毎年 6 号で前年に出版された書籍について回顧する Michigan Law Review は必見のものである。

アメリカ法の書誌としては，毎年刊行される *Legal Information Buyer's Guide and Reference Manual*（Rhode Island Law Press）が最も網羅的なものであるが，この書籍は Lexis でも閲覧できる。主要な教科書，ケースブックは，Morris L. Cohen and Kent C. Olson, *Legal Research in a Nushell* 297-311 (West, 11th ed. 2013)，Harvard Law School Library のサイト〈http://libguides.law.harvard.edu/legaltreatises〉，Georgetown Law Library〈http://www.law.georgetown.edu/library/research/treatise-finders/index.cfm〉，The Law Bookstore〈http://www.thelawbookstore.com/〉などで知ることができる。

(2) ケースブック，教科書，ホーンブックおよび体系書

ロースクールの授業のために，豊富なコメント，代表的な論文および判例などを収載したケースブックが数多く出版されている。ケースブックは高価であるが，例えば，M.A. Eisenberg & J.D. Cox, *Business, Organization: Cases and Materials* (Foundation Press, 7th ed. 2014) などが会社法研究としても活用されるべきものがある。

つぎに教科書およびホーンブックは主として学生のために書かれたものであるが，理論的状況を把握するためにも有用である。例えば，Foundation 出版の *Concepts and Insights* のシリーズ，West 社の *Nutshell* シリーズ（会社法などが木鐸社から翻訳されている），*Black Letter* および *Hornbook* のシリーズ，Wolter Kluwer 社の *Essentials*, *Aspen Student Treatises* シリーズおよび Lexis 社の *the Understanding* シリーズ（会社法，倒産法，著作権法，捜査法などがレクシスネクシス・ジャパンから翻訳されている），*Q&A* シリーズなどがある。

最近，概説書が急増している。この概説書は図式を利用した要所をまとめたもので，初心者にとって理解しやすいように工夫されている。West 社の *Gilbert Law Summaries*, Wolters Kluwer 社の *Emanuel Law Outline* および *Glannon Guides* のシリーズなどがあり，特に *Emanuel* は無名の学生のノートから始まったものとして有名である。

日本の樋口範雄＝柿嶋美子＝浅香吉幹＝岩田太編『アメリカ法判例百選』（有斐閣，2014 年）のように，アメリカの基本判例についての事実，争点，判決などを簡単に知ることができるものとして West 社の *High Court Case Summaries* および Aspen 社の *Casenote Legal Briefs* が便利である。なお，記念碑的な判例を解説した Foundation 出版の *Law Stories* シリーズも必読文献である。

(3) 体系書

体系書は裁判官，弁護士および法学者のために書かれたものであり，数巻よりなる大部のものがある。例えば，*Chisum on Patents* (Mathew Bender, 1978-), *Corbin on Contracts* (Mathew Bender, Rev. ed. 1951-), *Farnsworth on Contracts*（Aspen, 3rd ed. 2004-），Cox&Hazen, *Treatise on the Law of Corporations*（Thomson West, 3rd ed. 2010-），Deborah DeMott, *Shareholder Derivative Actions: Law and Practice*（Thomson Reuters, 2014），*Folk on the Delaware General Corporation Law: A Commentary and Analysis*（Aspen Law & Business, 26th ed. 2013-），*Fletcher Cyclopedia of the Law of Corporations*（Thomson Reuters, Rev. ed. 2000-），*McCarthy on Trademarks and Unfair Competition*（Thomson Reuters, 4th ed. 1992-），*Nimmer on Copyright*（LexisNexis, 1963-），*Powell on Real Property*（Mathew Bender, 1973-），*Scott and Ascher on Trusts*（Wolters Kluwer Law & Business, 5th ed. 2006-）*Wigmore on Evidence*（Wolters Kluwer Law & Business, 4th ed. 2015）Wright & Miller, *Federal Practice & Procedure*（Thomson Reuters, 1980-）などがある。体系書は理論的問題を網羅的に扱うものであり，研究の水準を知る上で欠かせない。大学教授は大学紀要に投稿することにエネルギーを注ぐので，体系書の出版数は少ない。数多くの体系書，実務書がルーズリーフ形式で出版され，高価であるが補遺は最新の法令，判決，行政文書を入手できる点がメリットといえる。

　体系書の目次および索引は IndexMaster〈http://www.indexmaster.com/〉で閲覧できるが，Westlaw は上記の *Cox&Hazen*, *DeMott&Cavers*, *Fletcher*, *McCarthy*, *Wright & Miller* など，そして Lexis は *Michie Banks and Banking* など高価な体系書の全文を入手できる。この場合における最大のメリットは Westlaw に収載されている法律，判例，論文などをも併せて閲覧できることである。West 社のホーンブックは Westlaw とともに活用すると，最新の判例に到達できるメリットがある。

　場合によっては James Kent の *Commentaries on American Law* のような古典的な著書が必要となるかもしれない。このような場合に，HeinOnline の Legal Classics が有用である。

4.3　アメリカ法判例集

　アメリカ法判例集（American Law Reports, A.L.R.）は注および判例の

議論からなる集成である。それは，1996年にWestグループの一部となったLawyer's Cooperative Publishingが出版し，今日ではThomson Routersグループの West 社が出版している。注は重要な法的論点および判例に焦点をあて，その出版社のスタッフの弁護士またはその出版社によって雇用されている弁護士が執筆したものである。

アメリカ法判例集は1919年に最初に出版され，1969年以来そのシリーズは2つに分かれた。すなわち，A.L.R.Fed. および A.L.R.Fed.2d は連邦法を集録するのに対して，A.L.R.3d から始まったシリーズ（現在は A.L.R.6th）は州法の問題のみを扱うことになった。A.L.R. の注は第1次的資料を探すのに極めて有用であるが，権威を欠くものなので通常は引用されるべきではない。

ちなみに，A.L.R. の注は Westlaw および Lexis でも入手でき，Westlaw は A.L.R.1st から A.L.R.6th までおよび A.L.R.Fed. ならびに A.L.R.Fed.2d を収録している。

4.4 法律百科事典

法律百科事典（Legal Encyclopedias）として，11巻からなる *Gale Encyclopedia of American Law*（Gale, 3rd ed. 2011）が指導的判例，主要な法律，法律用語，重要な文書などを平易な表現で説明するもので，死刑，ドメスティック・バイオレンスなど話題となっているトピックスをも扱っている。この事典の補遺として *American Law Yearbook* が1998年以降毎年出版されているが，特に *Yearbook* はトピックス別で最近の法律・判例の動向を知るのに便利である。

アメリカで一般的にいわれている全米の法律百科事典は *Corpus Juris Secundum*（C.J.S.）および *American Jurisprudence 2d*（Am.Jur.2d）である。これらの事典は以前に競争関係にあったが，今では West 社によって出版されている。これらの事典は Westlaw を通じてアクセスできるが，Am.Jur.2d は Lexis および CD-ROM を通じても入手できる。全米の法律百科事典以外に，少なくても15州の法律百科事典がある〈http://guides.library.harvard.edu/content.php?pid=103327&sid=1036366〉。ミネソタ州，イリノイ州などの事典は West および Lexis で閲覧できる。

これらの法律百科事典は、トピックスについての法的知識がまったくない者にとって有用である。しかし、そこでの法的分析は著名な学術書に比べて信頼性が低いので、法律百科事典を引用すべきでない。

4.5 ダイジェスト

ダイジェスト（Digests）は、第1次的法源、主として判例法を探すのに極めて有用なツールである。ダイジェストは判例の要旨を網羅的にまとめたものであるが、ほとんど分析がない。

最も包括的なダイジェストは、連邦と州の判例集に登載された全事件のダイジェストを掲載する *American Digest System* である。このシステムは、*Decennial Digest* と *General Digest* とに分かれる。*Decennial Digest* は1897年以降10年毎に判例要旨を公刊したものであったが、現在60巻の *General Digest* が出版される毎に *Decennial Digest* が出版され、2008年から2010年までの事件を掲載するものとして第12版の *Decennial Digest* が直近のものである。

さらに、West 社は、このような膨大なダイジェストを合衆国最高裁判所のダイジェスト（U.S. Supreme Court Digest）、連邦裁判実務のダイジェスト（Federal Practice Digest）、州別のダイジェスト（State Digests）などに分類して出版している。West 社はデラウェア州、ネバダ州およびユタ州を除く46州およびコロンビア特別区の州別のダイジェストを出版しているが、州別のダイジェストは *Decennial* シリーズよりも利用しやすい。

4.6 辞典

日本で出版された辞典（Dictionaries）である、田中英夫編集代表『英米法辞典』（東京大学出版会、1991年）および小山貞夫編著『英米法律語辞典』（研究社、2011年）を参照すべきであろう。そして、ビジネス法については、鴻常夫＝北沢正啓編集『英米商事法辞典』（商事法務研究会、新版、1998年）などの辞典がある。生命保険用語　英和・和英辞典〈http://www.jili.or.jp/research/dictionary/index.php〉というサイトが生命保険だけでなくビジネス法関係の用語を閲覧できるので便利である。

もちろん，アメリカの代表的な辞典は Bryan A. Garner が編集した *Black's Law Dictionary*（West, 10th ed. 2014）である。これは，知的財産を含む5万以上の用語に定義をし，学者による著作からほぼ 3000 の引用をしている。*Black's* には，ビジネス法（1999 年），刑法（2000 年），家族法（2001 年）などの分野別版，基本用語（1999 年），簡易版（9 版，2010 年），およびポケット版（4 版，2011 年）がある。なお，*Black's* は，Westlaw で BLACKS のデータベースとして検索することができる。

Black の辞典以外にも，*Oran's Dictionary of the Law*（Delmar Cengage Learning, 4th ed. 2007）および *The Wolters Kluwer Bouvier Law Dictionary: Compact Edition*（Wolters Kluwer, 2011）が良書である。*Ballentine's Law Dictionary: Legal Assistant Edition*（Cengage Learning, 1993）および *The Modern Dictionary for the Legal Profession*（William S. Hein & Co., 2001）は Lexis で利用できる。印刷物として入手でき，しかも無料のインターネットの資料としても入手できる辞典として，*The People's Law Dictionary*（2002）〈http://dictionary.law.com〉，*Nolo's Plain-English Law Dictionary*（2009）〈http://www.nolo.com/dictionary〉，および *Merriam-Webster's Dictionary of Law*（2011）〈http://www.merriam-webster.com/〉がある。The Free Dictionary〈http://legal-dictionary.thefreedictionary.com/〉というサイトも見逃すことができない。

判例，論文などを調査するにあたり，法律調査に習熟した者にとっても難解な引用記号および省略記号が必ず存在する。法律省略事典として，*Prince's Bieber Dictionary of Legal Abbreviations*（William S. Hein & Co., 6th ed. 2009）が完璧な書籍であるが，Cardiff Index to Legal Abbreviations〈http://www.legalabbrevs.cardiff.ac.uk/〉というイギリスのサイトが意外と利用しやすい。

さらに論文を執筆し正確な用語を選択するときもしくは索引またはオンラインで検索するときに用語を選択する際に，類義語を参照することがある。*Merriam-Webster's Dictionary of Law*（2011）〈http://www.merriam-webster.com/〉のサイトを利用すれば，類義語を容易に知ることができる。なによりも，法律類義語辞典としては William C. Burton, *Burton's Legal*

Thesaurus（McGraw-Hill Education, 5th ed. 2013）が権威的なもので，参照されるべきものである。Lexis, Westlawにも法令，判例，雑誌論文を検索する際に類義語の機能があるが，検索前に検索文を入力することが必要である。

なお，アメリカで出版された辞典の一覧を知るためには，Elizabeth W. Matthews, *The Law Library Reference Shelf: Annotated Subject Guide*（William & Hein & Co., 4th ed. 2003）を参照すべきである。

4.7 法律雑誌

法律雑誌（Legal Reviews）には2つのタイプがある。第1のタイプの法律雑誌はロースクールの名を冠したもので，Harvard Law Review, Stanford Law Review, Yale Law Journal などの法学紀要である。この紀要はロースクールの学生によって編集され，教授および弁護士による長い論説（articles）および短編の論文（essays）のみならず，学生による論評（comments）およびノート（notes）などを掲載している。編集担当の学生はロースクールのクラスで上位10位以内のものである。オバマ大統領がHarvard Law Review の編集長であったことは有名な話しである。Florida Tax Review およびSupreme Court Review のような少数の紀要はロースクールの名を冠していないが，ロースクールの構成員編集のものがある。

第2のタイプの法律雑誌は特定分野に関する雑誌である。例えば，Ecology Law Quarterly, Journal of Corporation Law などがある。この雑誌は特殊なテーマを探求することに関心があった学生によって開始されたということが多い。さらに，アメリカ法曹協会（American Bar Association）が出版している，American Bar Journal, Business Lawyer など数多くの雑誌も見逃すことができない。特に，American Bar Journal はオンラインで数多くのエッセイを閲覧でき〈http://www.abajournal.com/〉，アメリカ法の現在を知ることができる。

これらの法律雑誌の論文を検索するためには，H.W. Wilson 社が刊行しているIndex to Legal Periodicals Law and Books が重要である。これは，発行年が1908年まで遡る，法律雑誌のなかで最も古い索引である。1993年に

なってはじめてこのタイトルに「and Books」が付け加えられ，2011 年 11 月より EBSCOhost〈http://www.ebscohost.com/〉からも利用できるようになった。The Gale グループ（Cengage Learning 社の一部でもある）は Current Law Index という法律雑誌および法律書の索引を刊行している。その索引は 1980 年に始まったということもあり，その掲載の範囲は限定されている。

現在では，Westlaw および Lexis が何百種類もの法律雑誌の論文を完全なテキストで入手できる。その収載範囲は 1940 年代まで収載しているものがあるが，多くの雑誌は 1980 年代から収載が開始するものである。「Journals and Law Reviews」という法律雑誌を結合させたデータベースで検索することが最も便利な方法である。Westlaw および Lexis は論文の最後にすべての注を集合させているので，論文と注とを同時に閲覧するのが困難である。

HeinOnline は印刷体の雑誌論文と同じイメージで見ることができ，各ページの下に注に配置されることになるので，便利なものである。さらに，HeinOnline の収載範囲は雑誌の創刊号にまで遡ることができることが最大のメリットがあるが，最新号の論文を閲覧できないことがあるということがデメリットである。最新号の論文は，Westlaw および Lexis で閲覧すればよい。

Westlaw, Lexis, HeinOnline 以外に，Google Scholar〈http://scholar.google.com/〉が検索した法律論文の概要を知ることができるが，その論文の全文検索をするためには，Google Scholar とリンクしている JSTOR〈http://www.jstor.org/〉または HeinOnline を利用しなければならない。これらの有料サービスに加入していない場合に，無料サービスの NELLCO Legal Scholarship Repository〈http://lsr.nellco.org/〉でも完璧でないが数多くのロースクールの法律論文の全文を入手できるので，是非閲覧されたい。

なお，未公刊の論文は，Social Science Research Network〈http://www.ssrn.com/en/〉で入手できる。このサイトで入手した論文が公刊されているか否かは Westlaw, Lexis などで確認すればよいであろう。

4.8 公文書

立法に関する公文書（Official Documents）として，法案（Bills），委員会

配布資料（Committee Prints），委員会報告書（Committee Reports），上院・下院での議論（Debates），公聴会記録（Hearings）などがある。法案の本文は法案が係属中か否かに関心のある者にとって必要とされるが，成立した法律を解釈するときにも有用である。法案の本文は連邦議会図書館のサイトである THOMAS〈http://thomas.loc.gov/〉で 1989 年以降，そしてアメリカ政府印刷局のサイトである GPO Access〈http://www.gpoaccess.gov/〉で 1993 年以降閲覧することができ，Westlaw および Lexis でも閲覧することができる。

裁判所が法律の解釈指針として立法者意思を明確にするために，両院の委員会報告書および両院の合同委員会の報告書が立法資料として最も重要であると考えられている。この報告書は政府印刷局によって発行され，公式に編集されたシリーズ・セット（Serial Set）と呼ばれるものに収録されている。GPO Access および THOMAS は 1995 年からの報告書を閲覧できる。

上院・下院の議論は，委員会報告書ほどには影響力がない。議論に関する文献は連邦議会議事録（Congressional Records）である。GPO Access は 1995 年以降の議事録，そして THOMAS は 1989 年以降の議事録を閲覧でき，Westlaw および Lexis でも議事録を閲覧できる。

公聴会の資料は，委員会報告書および法案の本文よりも評価が低い。その資料は GPO Access, Westlaw および Lexis で閲覧することができ，そのリストは *Monthly Catalog of U.S. Government Publications* などで見ることができる〈http://catalog.gpo.gov/F〉。

これらの立法資料の最も重要なものの一部は *United States Code Congressional and Administrative News*（USCCAN）に見ることができる。もう 1 つの立法資料のツールとしては，日本のアメリカンセンターで利用できる議会情報サービス（Congressional Information Service, CIS）がある〈http://japanese.japan.usembassy.gov/j/irc/ircj-cis.html〉。このサービスは USCCAN よりも完全であり，1970 年以降（アメリカンセンターでは 1974 年以降）の公聴会記録，委員会配布資料，委員会報告書などの立法資料のリストを含むものである。CIS の立法資料およびその目次は Lexis で入手できるものがあるが，マイクロフィッシュでの利用こそが完全な資料を入手できるもの

である。ただ，USCCAN が通常の立法を調査するには十分なものであり，Westlaw のデレクトリを通じてのみ入手できる。

なお，Lexis および Westlaw では，2007年の世界金融危機を契機として成立したドッド＝フランク・ウォール街改革・消費者保護法（Dodd-Frank Wall Street Reform and Consumer Protection Act）のように現行法と立法資料を画面で同時に表示され，網羅的に入手できる法令がある。

【参考文献】

浅香吉幹「アメリカ法」北村一郎編『アクセスガイド外国法』（東京大学出版会，2004年）。
E・アラン・ファーンズワース（著）スティーブ・シェパード（編）笠井修＝高山佳奈子（訳）『アメリカ法への招待』（勁草書房，2014年）。
伊藤正巳＝木下毅『アメリカ法入門』（日本評論社，第5版，2012年）。
田中英夫「英米法」田中英夫＝野田良之＝村上淳一＝藤田勇＝浅井敦『外国法の調べ方―法令集・判例集を中心に―』（東京大学出版会，1974年）。
田中英夫『英米法総論（上）（下）』（東京大学出版会，1980年）。
田中規久雄「2.アメリカ（公法系）」，木下泰「3.アメリカ法（私法系）」指宿信編著『インターネットで外国法』（日本評論社，1998年）。
中網栄美子「研究・実務に役立つ！リーガル・リサーチ入門 第14回 英米法情報」情報管理56巻8号（2013年）536-544頁。
樋口範雄『はじめてのアメリカ法』（有斐閣，補訂版，2013年）。
丸山英二『入門アメリカ法』（弘文堂，第3版，2013年）。
樫博行『アメリカ民事法入門』（勁草書房，2013年）。

Armstrong, J.D.S. and Christopher A. Knott, *Where the Law Is: An Introduction to Advanced Legal Research* (West, 4th ed. 2013).
Berring, Robert C. and Elizabeth A. Edinger, *Finding the Law* (West, 12th ed. 2008).
Bouchoux, Deborah E., *Legal Research Explained* (Aspen, 3rd ed. 2013).
Cohen, Morris L. and Kent C. Olson, *Legal Research in a Nushell* (West, 11th ed. 2013).
Elias, Stephen and the Editors of Nolo, *Legal Research: How to Find & Understand the Law* (NOLO, 16th ed. 2013).
Hames, J.B. and Ekern, Y. *Legal Research, Analysis, and Writing* (Prentice Hall, 5th ed. 2014).
Nedzel, Nadia E., *Legal Reasoning, Research, and Writing for International Graduate Students* (Aspen, 3rd ed. 2013).
Olson, Kent C., *Principles of Legal Research* (West, 10th ed. 2009).
Sloan, Amy E., *Basic Legal Research: Tools and Strategies* (Aspen, 5th ed. 2012).

第10章

カナダ法

はじめに

　コモンウェルス（英連邦）の一国としてイギリス女王を自国の女王に戴く立憲君主国カナダは，10州（province）と3準州（territory）から構成される連邦国家である。地理的・政治的には北米大陸の中間国（ミドルパワー）として，経済的には北米自由貿易協定（NAFTA）加盟国として，その隣国の超大国アメリカと深いつながりをもっている。このため，アメリカと同じような国と思われがちだが，英仏両系の2大建国民族のそれぞれと先住民族，移民の融和を目指すカナダには，アメリカと対照的なところが少なくない。法学においては，英仏両系の言語権や多文化主義，先住民族の権利といったカナダに特徴的な憲法の規定だけでなく，連邦法として同性婚を認める婚姻法なども知られており，少数派の融和の観点から，各分野で関心を集めている。

1. インターネットを使った判例・法情報等の検索の主な仕方

1.1　有料オンラインサービス
(1)　Westlaw（ウエストロー）
　ウエストローは，アメリカだけでなくカナダとも深い縁のある情報サービス企業トムソン・ロイターの一部門である。カナダの法学系大手出版社Carswellやケベック州に特化した法学系出版社Les Edition Yvon Blaisもトムソン・ロイターの一部門であり，ウエストローは，アメリカを中心に多く

の国々の法情報を扱うだけでなく，カナダの判例・法情報等のオンラインサービスもきわめて充実させている。

　検索の仕方を次に簡単に説明する。まず，画面上部の Directory からデータベース（検索対象）を指定し，次に，それぞれのデータベースの中から検索を行う。また，サイテーション（引用番号）による素早い検索も可能である。なお，Natural Language 検索を使えば，簡単な英単語ないし英文から関連する文書を選び出すことができる。

　日本法人であるウエストロー・ジャパンは，新日本法規出版とトムソン・ロイターの合弁会社であり，日本語によるサービスの提供窓口となっている。

(2) LexisNexis（レクシスネクシス）

　レクシスネクシスは，オランダとイギリスの企業が合併してできた情報サービス企業リード・エルゼビアの傘下にある。アメリカを中心に，イギリスやコモンウェルス諸国，EU・ドイツ・フランスといった大陸法系の国々などの判例・法情報等を充実させており，コモンウェルスの1国であるカナダももちろん扱っている。

　検索の仕方を次に簡単に説明する。まず，画面上部でソース（検索媒体）を指定し，次に，それぞれのソースの中から検索を行う。また，サイテーション（引用番号）による素早い検索も可能である。

　日本法人であるレクシスネクシス・ジャパンは，日本語によるサービスの提供窓口となっている。また日本語インターフェースが用意されており，そこでは，トップ画面のタブに次のようなシンプルな検索フォームが用意されている。複数の検索対象カテゴリーから横断検索をかける「一般検索」，判例・法情報等に関する簡易検索として「判例検索」「法令・規則検索」「ロー・レビュー検索」。また，「ニュース検索」や「ビジネス情報検索」もある。

(3) HeinOnline（ハインオンライン）

　ハインオンラインは，アメリカの学術出版社 William S. Hein & Co., Inc. のオンラインサービスである。収録されている定期刊行物等の多くにつき創刊時からフルテキストでオリジナルの印刷版と同様に PDF ファイルで閲覧可能

なところに特徴がある。個々の国々の判例・法情報に関する定期刊行物等のほか，国際条約等に関するものも多く収録されており，アメリカやイギリスだけでなく，オーストラリア，そしてカナダについても充実している。

　検索の仕方を次に簡単に説明する。まず，Library を選び（例えば，Law Journal Library），目的のものをタイトルのアルファベット順の一覧から探したり，タイトル検索（Catalog Search）で探したりする仕方や，ライブラリ内でキーワード検索（Search）するという仕方がある。

　日本の総代理店は丸善であり，日本語によるサービスの提供窓口となっている。なお，オプションで Canada Supreme Court Reports と Revised Statutes of Canada 等といったデータベースを加えることができる。

1.2　無料オンラインサービス

　カナダ最高裁判決は，カナダ最高裁判所のホームページにあるリンク先〈http://scc-csc.lexum.com/scc-csc/scc-csc/en/nav_date.do〉から容易に検索することができる。また CanLII〈https://www.canlii.org/〉は，最高裁のほか，各州裁判所の判決などに加え，そのほかの法情報を網羅的に扱っている。なお，ケベック州に関しては，SOQUIJ〈http://citoyens.soquij.qc.ca/〉でも検索できる。

2.　カナダ法概観

　カナダは，コモンウェルスに属しイギリス法（コモンロー）を受け継いでいるだけでなく，1982 年に憲法典中に詳細な権利章典が組み込まれて以降，特にアメリカ法の影響が強まっているといわれている。またケベック州は，フランス法を受け継いでもいる（大陸法系の民法典をもつ）。つまり，カナダでは判例法主義と制定法主義が同居しているのである。カナダ法を理解するためには，州によって異なる系統に属す法を受け継いでいることにまず留意しなければならない。

2.1 憲法
(1) 憲法の法源

カナダ憲法の法源には，憲法という名前をもった制定法，すなわち憲法法律 (Constitution Act) や，憲法としての重要性をもつとされるその他の制定法・判例法などがある。憲法法律という訳語には，憲法と法律という異なる法形式が混在しているようで，分かりにくさが否めない。しかし，カナダ憲法を語る上では欠かせない。というのもカナダでは，1982 年に憲法改正権の「移管 (Patriation)」が行われるまで，憲法の重要な部分はイギリス議会制定法で構成され，法形式としては法律であるものが多数あったからである。1982 年，イギリス議会が「1982 年カナダ法」を制定することで，憲法改正権が実質的にも形式的にも完全にカナダに「移管」された後，それまでカナダ憲法の中核となっていた憲法法律はカナダ憲法として改めて整理された（1982 年憲法法律 52 条 2 項）。このため，1982 年以降，憲法改正を行おうとするときは，憲法上，厳格な手続によることになった（1982 年憲法法律第 5 編）。「1867 年憲法」や「1982 年憲法」といった訳語もこうした意味で正しく，「憲法法律」と「憲法」の訳語の違いは内容には関係しないといえよう（本章では，こうしたカナダ的特徴をよく捉えている「憲法法律」という訳語をあてる）。

(2) 1867 年から 1982 年憲法法律

カナダは，アメリカとは異なり，「憲法」という名前をもった単一の成文憲法をもたず，成文憲法としては主たる憲法を構成する複数の憲法法律をもっている（主たる憲法が不文であるイギリスとも異なる）。まず挙げられるのは，カナダの連邦制などの統治機構について規定する 1867 年憲法法律（旧「英領北アメリカ法」）である。幾度かの修正を経た同法によって，カナダ連邦が構成されている。例えば，1999 年憲法法律によって 1867 年憲法法律の修正が行われ，ヌナブト準州（4.1 連邦制に後述）が創設されている。次に挙げられるのは，1982 年憲法法律である。1982 年憲法法律は，カナダ憲法に「カナダの権利および自由の憲章」という権利章典を付け加えるという大きな変化をもたらした。これらのほかにも憲法法律はあり，1867 年憲法法律から 1975 年

（第2）憲法法律と1982年憲法法律は，併せて「1867年から1982年憲法法律」として引用することができる（1982年憲法法律60条）。

(3) 「カナダの権利および自由の憲章」

最高法規（1982年憲法法律52条1項）の権利章典である「カナダの権利および自由の憲章」（1982年憲法法律第1章）には，「良心および信教の自由」（1982年憲法法律2条(a)）や「思想，信念，意見および表現の自由（これにはプレスおよび他のコミュニケーションメディアの自由を含む）」（同条(b)）といった古典的な人権とされるもののほか，主に英仏両系の言語権（16～22条）や少数派言語教育権（23条），先住民族の権利（25条），多文化主義的遺産（27条）といったカナダに特徴的なものが含まれている。1982年以前からも連邦法や各州法のレベルで権利章典が存在していたが，憲法典中にこのような権利章典が組み込まれたのには，人権保障を客観的かつ明確にし，かつ厳格な手続によってしか変えられないとすることで，より強固なものにするためなどの理由があったとされる。

(4) 「明示の宣言がある場合の例外」

カナダに特徴的な憲法上の仕組みとして，「明示の宣言がある場合の例外」条項（1982年憲法法律33条）の存在が挙げられる。この条項により，連邦議会や州議会は，1982年憲法法律2条（精神的自由権）・7条から14条（生命，自由および身体の被疑者・被告人の手続上の権利等）・15条（平等）の規定に拘わらず，その連邦法や州法，またはそのなかの1つの条項が適用されると宣言することができ，実際にそれらの「カナダの権利および自由の憲章」の条文の適用を受けないようにすることができる。例えば，ケベック州では，州法によってフランス語以外の屋外広告が規制されている。同法は，1982年憲法法律33条による例外である旨の明示の宣言がなければ，2条(b)や15条に違反するであろうが，ケベック州議会は33条に基づいて明示の宣言を行い，例外として維持している。

2.2 その他の法

(1) 民法
民法については各州に委ねられており，イギリス法系の州（ケベック州を除くすべての州・準州）ではコモンローが，フランス法系の州（ケベック州）ではフランス民法典（ナポレオン法典）に由来する民法典が規律する。

(2) 刑法
刑法については，カナダ全体を規律する連邦法としての刑法典が存在する（1867年憲法法律91条1項27号）。また裁判上，刑法典の適用に際しては，コモンローが参照される。

(3) 行政法
カナダは，イギリスやアメリカと同様に行政裁判所をもたない。行政行為に対する疑義は，通常の裁判所に提訴される。また判例上，行政裁量には市民的自由を尊重する観点から司法的統制が及ぶとされている。なお，連邦や州には行政審査会（Boards）や行政審判所（Tribunals）など，さまざまな名称の紛争解決機関があり，大きな役割を担っている。

(4) 家族法
婚姻や家族に関する事柄については，州法に委ねられているもの（婚姻の方式等）と連邦法に委ねられているもの（婚姻および離婚等）とがあり，その多くが制定法によって規律されている。

2005年に制定された連邦法である婚姻法（Civil Marriage Act）は，1982年憲法法律15条に規定された平等の観点から，同性間の婚姻を認めている。同法については，婚姻概念を異性間のものにとどめつつ同性間の事実婚関係に婚姻と似た保護を与える制度とは異なり，伝統的な婚姻概念自体を同性間に拡大するものと評価する向きもある。

(5) 会社法

会社法は，コモンローと制定法の結合から成る。また連邦議会だけでなく10州の各州議会がそれぞれに会社設立に関する立法権限を有している。このため，カナダにおける会社設立の一般的な制定法は11存することになる。どの制定法に依拠するかで細かくは異なってくるが，カナダの会社法全体としてはアメリカの影響が強く，今後もその傾向は続くといわれている。また，倒産法は連邦法であり，ケベック州においてもその適用においてコモンローが参照されるほか，各州法により登記された会社にも適用される。

3. 裁判所

3.1 裁判所の組織
(1) 州の裁判所
　州はその排他的権限として，「民事および刑事の管轄権を持つ州の裁判所の設置，維持および組織を含む州内における司法の運用」を行う（1867年憲法法律92条14号）。なお，刑法および刑事手続については連邦法で定められているところ，被告人の起訴や裁判は州の裁判所で行われることになっている。州の裁判所の審級としては，まず州裁判所（Provincial Courts）があり，その次に州の上級裁判所，さらにその上に州の控訴裁判所（Appeal Courts）がある。ところで，州の上級裁判所の名称はさまざまであり，注意が必要である。例えば，オンタリオ州の場合，州の上級裁判所はSuperior Court of Justiceであるが，州の控訴裁判所はCourt of Appeal for Ontarioである。この場合，州の最上級裁判所はCourt of AppealであってSuperior Courtではない。

(2) 連邦の裁判所
　連邦の裁判所には，連邦裁判所（Federal Court）と連邦控訴裁判所（Federal Court of Appeal）がある。連邦裁判所は著作権や商標，特許関係など，連邦議会の権限事項に関する民事事件を扱う。連邦控訴裁判所は連邦裁判所の判決からの控訴事件だけでなく，連邦の行政審判所の決定に対する控訴

事件も扱う。

(3) カナダ最高裁判所

カナダ最高裁判所（Supreme Court of Canada）は，1867年憲法法律101条に基づき連邦法として制定された最高裁判所法によって設置された。カナダ全体における最終審の裁判所であり，連邦法に関して連邦の下級裁判所からの上訴を受け付けるのみならず，純粋な州法上の問題などに判断を示さないアメリカ連邦最高裁判所とは異なり，州法等に関しても各州の控訴裁判所からの上訴を受け付ける。なお，カナダ最高裁が1875年に設立されてから1949年まで，カナダ最高裁の判決に不服があるときはイギリスの枢密院に上告することが可能であったため，名実ともに最高裁となるのは枢密院への上告が廃止された1949年以降である。

最高裁判所判事は9名で，最高裁判所法の規定により，うち3人はケベック州から，慣行により，うち3人はオンタリオ州から，うち2人は西部諸州から，うち1人が大西洋側諸州から内閣によって選出されることになっている。

3.2 勧告意見

カナダの裁判所に特徴的な役割の1つに，「勧告意見」を出すというものがある。最高裁判所法は，憲法解釈や連邦法・州法の合憲性等の重要な問題について，連邦政府（内閣）がカナダ最高裁に意見を求めること（「照会」，reference）ができると定めている。これは通常の争訟事件と同様に審理され，詳細な理由が示されることから，カナダ最高裁の勧告意見は通常の最高裁判決と同様のものと理解されており，最高裁判例集にも搭載され，先例としての拘束性も事実上有するとされている。

最高裁判所法に規定があるのは連邦政府による照会のみであるが，州法によって，州政府が州の裁判所に勧告意見を求め照会することが可能である。また，州の最上級裁判所の勧告意見からカナダ最高裁に上告することが認められている。そのため，実質的には州政府にもカナダ最高裁の勧告意見を求める権限があるといえる。

こうした勧告意見を求める照会制度は，具体的事件や争訟に対し法律等を適

用するものではなく，司法権の概念にはそぐわない。しかし，カナダではこうした制度が定着している。

4. 統治システム

4.1　連邦制

カナダは，アメリカと同じく移民国家であり，また連邦国家であるが，その在り様は，かなり異なる。後発の連邦国家としてカナダは，アメリカとは異なり，中央集権化を目指し，一般的統治権を連邦政府に配分した（1867年憲法法律91条）。そして州政府の権限のおよぶ事項を限定的に列挙した（同92条等）。それにも拘わらず，カナダでは，判例等の蓄積によって，実質的には州政府の権限が強まっていった（アメリカでは逆に連邦政府の権限が強まっていった）。

アメリカの連邦制との主な違いは，カナダ全体では少数派であるフランス語話者が州内では多数派となるケベック州が，他州からの圧力に負けない勢いを維持しうる仕組みをとっているところにある（1982年憲法法律33条等）。さらに1999年，カナダ全体では少数派の先住民族であるイヌイットが準州内では8割を超える多数派となるヌナブト準州が創設された。こうしたことから，カナダは連邦全体からみれば少数派である人々を受け容れるために連邦制を駆使しており，基本的にはすべての州において連邦全体からみれば多数派である人々が実権を握っているアメリカとは一線を画しているといえよう。

4.2　連邦議会と内閣

カナダの議会制度は，一般に，イギリス型であるとされる。すなわち議会主権，議院内閣制（責任政府の原理），下院（庶民院）の優越などの特徴を有する。

(1)　立法権

カナダ連邦議会は，「女王，Senateと呼ばれる上院（Upper House）およ

び庶民院によって構成される」(1867年憲法法律17条)。また女王の権限は，女王によって任命された総督に委ねられている(10条・12条)。なお，これまでの総督には，ウクライナ系やアジア系，ハイチ系といったさまざまな出自をもつ男性や女性が就任しており，カナダの多文化主義的な特徴をよくあらわしている。

上院は，基本的に州・準州代表から構成されており，102名が10州に，3名が3準州に割り当てられている。こうした議席数の配分は，州の人口比や力関係，カナダ連邦との関係の緊密さなどの観点が反映され，不均衡なものとなっている。形式上，上院は庶民院と同じ権限を有しており，「冷静な再考」の機会を提供する機能を有するとされる。上院議員はすべて任命制であり，首相の助言に基づき総督が女王の名において任命する。このため，庶民院よりも大きな役割を演じることのないよう習律(慣行)が形成され，実質的な権限は縮小されている。

庶民院は，基本的に人口比例原則の下で設定された選挙区で行われる選挙で選出された308名の議員によって構成される。

これら二院からなる連邦議会の権限は，4.1　連邦制で前述したように一般的統治権といえるものであり，1867年憲法法律91条1項は，連邦議会は「本法律によってもっぱら州議会に付与された事項の諸類型に該当しないすべての事項について，カナダの平和，秩序および良き統治のために法律を制定する」ことができると定めている。

(2) 執行権

カナダでは立法権と執行権が分離されていない。1867年憲法法律9条は，女王(総督)に執行権限を委ねており，実質的には，枢密院(1867年憲法法律11条)のなかの委員会である内閣が執行権を行使している。枢密院自体は名誉職的な組織である。実質的に執行権を行使する内閣は，慣行により，枢密院の一部から構成されることになっている(内閣について1867年憲法法律に規定はなく，内閣は習律によって形成されているといえる)。したがって枢密院令とは，実質的には内閣の命令にあたる。また「枢密院における総督」(Governor in Council)は，実質的には内閣を指していることもある。首相

には，庶民院で議席数を一番多く獲得した政党の党首が総督によって任命されることになる。そして内閣は，首相が総督に助言することによって選び出した大臣たちによって構成される。

4.3 州議会と執行参事会
州の統治システムは，連邦の統治システムと基本的には同様とされる。

(1) 立法権
州の副総督は，「枢密院における総督によって任命される」（1867年憲法法律58条）。州議会は一般に，一院制を採用しており，1867年憲法法律92条に列挙された権限と93条に別置された「教育に関する立法」権限を排他的に有する。

(2) 執行権
州議会で過半数を占める議席を確保した政党の党首が州の首相として副総督によって任命され，この首相の推薦に基づき副総督が任命した閣僚からなる執行参事会が州の内閣として機能することになる。

5. 書籍・雑誌等

法源に関する資料である第1次資料については，本章の1．インターネットを使った判例・法情報等の検索の主な仕方を活用してほしい。第2次資料について，以下に紹介する。

5.1 教科書
すでに述べたように，Carswellはカナダの法学系大手出版社である。憲法では，Peter W. Hogg, *Constitutional Law of Canada*, 2014 student ed., (Toronto: Carswell, 2014) が基本書である。学生用と銘打たれてはいるが，ペーパーバックで簡素なだけで，本格的な大著である。ほかにルーズリーフ版

もある。また，入門用として各法分野につき，Nutshell シリーズが刊行されている。同シリーズは，ペーパーバックで手に取りやすい大きさに収まっており，読みやすい。

5.2 雑誌

法律雑誌としては，各大学・法科大学院紀要のほか，カナダ法律家協会の Canadian Bar Review，バンクーバー法律家協会の The Advocate 等がある。また，著名な研究者らからなる編集委員会の手になる National Journal of Constitutional Law も見逃せない。

5.3 事典・辞典

リーガル・エンサイクロペディアとしては，次の 2 つを挙げておく。*The Canadian Encyclopedic Digest Ontario*, 4th ed. (Toronto: Carswell, 2010) は，オンタリオ州の州法を扱っている。また *The Canadian Encyclopedic Digest Western*, 4th ed. (Toronto: Carswell, 2010) は，西部 4 州（アルバータ州，ブリティッシュ・コロンビア州，マニトバ州，サスカチュワン州）の州法を扱っている。ともにルーズリーフによる加除式。

カナダ法は，すでに述べた通りコモンローを受け継いでおり，アメリカ法の影響も大きい。このため，Bryan A. Garner が編集代表を務める英米法辞典として定評ある *Black's Law Dictionary*, 10th ed. (Eagan: West, 2014) が有用である。カナダ法辞典としては，John A. Yogis らによる *Canadian Law Dictionary*, 7th ed. (New York: Barron's, 2013) が手に取りやすい小著であるが役に立つ。同書の末尾には引用方法についても触れられている。

6. 法律文献の引用方法

判例については，事件名，判決刊行年，判例集の巻数，判例集の名前，掲載頁（この後に裁判所名等が続くこともある）の順で引用する。最高裁判例集としては Supreme Court Reports があり，S.C.R. と略称される。また著名な

判例集として Dominion Law Reports があり，D.L.R. と略称される。なお，事件名で両当事者の間にある v. は versus の略であるが，カナダの民事事件では and と読む。また，刑事事件では女王の名において起訴されるので，一方当事者は Regina の略である R. となる。例えば，*R. v. Oakes*, [1986] 1 S.C.R. 103 といった要領である。また勧告意見が求められた事件では，*Reference re Quebec Sales Tax*, [1994] 2 S.C.R. 217 のようになる（斜体の部分に注意）。

制定法については，制定法名，法律集名，刊行年，章，条文（必要があれば）の順で引用する。例えば，ニューブランズウィック州の 2011 年修正法 (Revised Statutes of New Brunswick 2011) 第 188 章にある婚姻法は，Marriage Act, R.S.N.B. 2011, c. 188 といった要領である。

著書等については，著者名，書名，版，（ ）のなかに所在地と出版社名，刊行年，掲載頁の順で引用する。なお，書名のみ斜体とする。例については 5.1 教科書を参照のこと。

雑誌等については，著者名，" "で囲んだ論文等のタイトル，（ ）のなかに刊行年，巻数，雑誌等の名前，最初の掲載頁（この後に，引用・参照箇所を明示するための頁数を付す）。例えば，Mahmud Jamal, "Freedom of Religion in the Supreme Court: Some Lessons from Multani" (2006) 21 N.J.C.L. 291 at 305 といった要領である。なお，判例集・雑誌等の略称は http://www.legalabbrevs.cardiff.ac.uk/ で検索できる。

こうした引用方法については，クイーンズ大学図書館ホームページ〈http://library.queensu.ca/law/lederman/legalcitation〉に詳しい。

【参考文献】
神吉康二「カナダ倒産法制の概要」NBL1004 号（2013 年）44 頁以下。
齋藤憲司「基本情報シリーズ⑩　各国憲法集⑷カナダ憲法」（国立国会図書館調査および立法考査局，2012 年）。http://dl.ndl.go.jp/view/download/digidepo_3487777_po_201101d.pdf?contentNo=1（確認日 2015 年 2 月）
酒巻俊雄「カナダ会社法の基本的構造と特色」早稲田法学第 54 巻第 1・2 号（1978 年）187 頁以下。
佐々木雅寿『現代における違憲審査権の性格』（有斐閣，1995 年）。
初宿正典＝辻村みよ子編『新解説世界憲法集　第 3 版』（三省堂，2014 年），93-124 頁［松

井茂記]。

ジョン・セイウェル(吉田善明監修・吉田健正訳)『カナダの政治と憲法 改訂版』(三省堂,1994年)。

新潟大学法学部日加比較法政研究会編『カナダの現代法』(御茶の水書房,1991年)。

日本カナダ学会編『新版 資料が語るカナダ―1535-2007―』(有斐閣,2008年)。

日本カナダ学会編『はじめて出会うカナダ』(有斐閣,2009年)。

松井茂記『カナダの憲法 多文化主義の国のかたち』(岩波書店,2012年)。

森島昭夫=ケネス・M・リシック編『カナダ法概説』(有斐閣,1984年)。

なお,本章中の訳語は基本的に上記の『カナダの憲法 多文化主義の国のかたち』と『新解説世界憲法集 第3版』93-124頁[松井茂記]とに依った。

第11章

メキシコ法

はじめに

　現在のメキシコの領土を含む地域にはほぼ2万年も前から人類が住んでいたと言われる。当時のメキシコ中央部は，現在と異なり豊かな緑に囲まれて多くの動物が住んでいたと考えられている。蒙古斑をもった人々は，シベリア経由でこの地に定住し，やがて新石器時代に属するさまざまな文明が，現在ではメキシコと中米諸国の領土となっている地域に出現した。紀元前数百年にわたり最盛を極めたオルメカ文化や，その文化を承継し3世紀から9世紀にかけて繁栄したテオティワカンやマヤ文化，10世紀に繁栄したトルテカ文化，その後のアステカ文化などである。これらの文化の下で社会の掟としての「法」も存在していたと考えられるが，これらを知る資料はあまり残されていない。

　16世紀初頭にスペイン人エルナン・コルテスがメキシコに到来し，コルテスと征服者達はアステカ帝国を滅ぼしてヌエバ・エスパーニャ（「新スペイン」という意味。スペイン植民地時代のメキシコを中心とした地域の呼称）の副王領を創設した。その後，スペインによる支配は約300年続いたが，ヌエバ・エスパーニャは典型的な植民地ではなく，カスティーリャと同一の王をいただく1つの王領であった。ヌエバ・エスパーニャにおいてはインディアヌス法と呼ばれる，スペインの海外領土において効力をもつ法が重要な役割を演じていた。このインディアヌス法はスペインによって公布された法であるが，カスティーリャ王権の利益に反しない原住民の法規とされ，私的法律関係についてはカスティーリャ法により補完されていた。しかし18世紀に至り，アメリカ独立戦争やフランス革命などに影響され，独立の気運が高まった。1821年に

メキシコは独立し，スペインはアメリカ大陸のほとんどの領地を失うことになった。

1824年のメキシコ憲法は，アメリカ憲法と1812年のスペインのカディス憲法の影響を強く受けているといわれる。しかし，その後アントニオ・ロペス・デ・サンタ・アナは1834年の「クエルナヴァカ綱領」に基づき「宗教と特権」を旗印に反乱を起こした。彼は，自由主義改革の廃止を呼びかけ，同年に議会を解散し権力を一元化して政権を軍による独裁にもどした。そして新しいカトリック，中央集権，保守政府を組織して，1824年憲法を廃止し，シエテ・レイェス（siete leyes：スペイン語で七法典という意味）による統治を行った。

1855年に至り，サンタ・アナが追放され臨時政府が樹立されると，臨時政府は自由主義に基づいた「レフォルマ」（reforma：スペイン語で改革を意味する）を断行したので，保守勢力の後ろ盾であったカトリック教会と国家の政教分離や司法制度の近代化が図られた。また1857年には自由主義的な憲法が制定され，その下で自由主義者が政治の主導権を握ることになった。

しかし，1876年にはフランス干渉戦争の際の英雄とされるポルフィリオ・ディアス将軍が反乱を起こしメキシコ大統領に就任した。ディアスは議会や地方のカウディージョと呼ばれる政治・軍事指導者達に特権を与えて軍事独裁体制を樹立し長期安定を実現した。そして積極的に外国資本を導入し，工業化や銀，銅，石油の開発を軸に鉱山の開発や鉄道の敷設などが進められ経済は発展した。その一方で，農村部は大きく疲弊し，労働者は困窮を極め，その多くは賃金労働者としての厳しい生活を強いられることになった。例えば，1892年の鉱山法の下で地下資源の国家所有の原則が見直されると外国資本が鉱山開発に集中し，やがて国内の鉱山の大部分が外国資本の所有となるなど，経済の体質が外資従属的に変容し，脆弱なものになるにつれて，労働争議が続発するなど革命の機運は高まっていった。そしてメキシコ革命を通じて1917年憲法が成立することになるが，以下に同憲法を基礎として構築された現在のメキシコ法の概要を解説する。

1. メキシコ憲法（Constitución Política de los Estados Unidos Mexicanos）

1.1　1917年憲法と2013年改正

　1910年にフランシスコ・マデラがメキシコのポルフィリオ・ディアス政権打倒のために武装蜂起しメキシコ革命の火蓋が切られた。1915年10月にアメリカ合衆国から事実上の政府承認を得たヴェヌスティアーノ・カランサが勝利を得た。カランサは，メキシコの新しい社会像を国民に示す必要性から憲法制定を急ぎ，1916年に制憲議会を召集し1917年に新憲法が公布された。1917年憲法は，同国の1857年憲法を基礎とし，フランス革命の人権宣言にならった人権保障は1917年憲法も継承した。土地所有は根源的に国家に属しメキシコ人とメキシコ法人に限られるとして，外国人等による所有を禁止し，鉱物をはじめとする資源の開発において，外国投資家が自国の保護を求めない場合にメキシコ人と同じ権利を認めるというCalvo Doctrine（カルボ原則）を採用した。また，1917年憲法において，労働基本権や義務教育，社会保障について詳細な規定がおかれた。この制憲議会の議員には軍人，医師，法律家，教師，技術者，鉱夫など多様な階層の若い人々が加わっており，憲法の内容はカランサが想定したものよりも急進的なものであったと言われている。同憲法は今日までに数次の改正を重ねているが，現在でも1917年憲法の基本原則は引き継がれている。

　1980年以降推進されてきた経済開放政策の下での変化の一例を紹介すると，2013年にメキシコ議会は石油開発に外国企業の参入を認める憲法改正案を承認した。メキシコは1938年に石油資産を国有化しており，連邦憲法で地下資源の支配権は国にあると定めていた。同国は世界10位の産油国であるが，従来は国営石油会社（PEMEX）が75年間独占してきたところ，同改正によって減少傾向にある石油生産に歯止めをかける狙いがあったといわれている。改正後は，外国企業がメキシコ政府やPEMEXと契約を結び，石油や天然ガスの探査や採掘に参加し，そこから生じる利益を分け合うことができるようになった。

1.2 政治体制

メキシコの政治体制は，連邦憲法 49 条によって，立法・行政・司法の三権分立原則が確立されている。

(1) 立法（連邦議会）

連邦の立法権を担う連邦議会（Congreso de la Unión）に関する憲法の規定は 50 条～79 条である。議会は上院（Cámara de Senadores）と下院（Cámara de Diputados）の二院で構成される（憲法 50 条）。上院は任期 6 年・全数改選の 128 議席から構成される。31 州および 1 連邦特別区での相対多数得票政党に 2 議席ずつ与えられる 64 議席，次点得票政党に 1 議席ずつ割り当てられる 32 議席，さらに，比例代表制度で選出される 32 議席が設けられている（憲法 56 条）。また，下院は任期 3 年・全数改選の 500 議席から構成され，小選挙区（連邦選挙区）制で選出される 300 議席，比例代表制度で選抜される 200 議席が設けられている（憲法 52 条）。上院の専管権限としては，条約の承認や海外派兵の承認等がある。一方，下院は予算承認権を有しており，国債発行・課税・徴兵に関する法案の先議権を有する。

立法過程は，憲法 72 条に定められている。両院議員が法案の提出権を持っており，提出された法案は，① 両院いずれかにおける提出・審議・議決，② 第二院での審議・議決，③ 行政府の同意を経て成立する。第二院で部分的否決が行われた場合は，修正案が第一院で再議決されれば，行政府の同意を持って成立となる。第二院で全部否決が行われた場合には，改めて両院での再議決を要する。議会の議決に対して行政府の同意が得られなかった場合には，両院において 3 分の 2 以上の賛成を得ることで成立が認められる。

(2) 行政（大統領制）

行政の最高権限は大統領が担っている。同国の国家元首は大統領であり，その任期は 6 年となっている（再選不可）。大統領は国民の直接選挙で選出される。同国の大統領は，他国と比較して権限が強く，全閣僚の任命権と罷免権，メキシコ連邦区知事の任命権，州知事の罷免権などを有する。

大統領は，あらゆる法律について施行の指揮監督を行う。大統領権限を規定する憲法89条には，国家公務員の任免権，陸海空軍の統帥権，条約締結権，恩赦権，連邦最高裁判事の人事提案権等が列挙されている。また，立法権を定めた憲法72条は，法案成立の条件として行政府の同意を定めており，これは大統領の法案拒否権を意味している。

大統領は，直接選挙によって選出され（憲法81条），任期6年を務める（憲法83条）こととなっている。大統領選挙の被選挙権は，憲法82条に定められている。大統領職を未経験であることに加え，35歳以上でかつ国内在住期間が20年以上であること，本人および親一名が国内生誕による市民権を有すること，選挙前の半年間に閣僚職，州知事または現役軍務に就いていないことが条件である。

また，内閣については，大統領が閣僚任免権を持っている。連邦行政組織法 (Ley Orgánica de la Administración Pública Federal) 26条によって，閣僚・中央省庁の構成が規定されている。同条文に定められた19閣僚と連邦検察庁長官が内閣を構成する。

(3) 司法（連邦司法制度）

連邦レベルの司法権は，憲法94条によって定められており，最高裁判所 (Suprema Corte de Justicia de la Nación；SCJN)，巡回合議裁判所 (Tribunales Colegiados de Circuito)，巡回裁判所 (Tribunales Unitarios de Circuito)，地区裁判所 (Juzgados de Distrito)，選挙裁判所 (Tribunal Electoral) が司法を担っている。最高裁判所および選挙裁判所を除いた各裁判所は，連邦司法会議 (Consejo de la Judicatura Federal) の監督下で司法権を行使する。

最高裁判所は，司法権の最高権威であり，憲法裁判所としての機能も有している。裁判官は計11人・任期15年と定められており，大統領の提案した候補者名簿に対して上院が同意することで任命される。11人の中から，任期4年の最高裁判所長官が選出される。

連邦司法会議は，最高裁判所および選挙裁判所を除いた各裁判所を監督し，裁判官人事を管理する機関である。最高裁判所長官が連邦司法会議議長を兼任

し，連邦司法権の自律性・公平性・独立性を維持している。

2. メキシコ法制度の概要

メキシコ法の法源は，憲法，法律（連邦法・州法），判例，学説，慣習，国際条約，法の一般原則 (principios generals del derecho)，規則 (regulamentos)，エクイティー (equidad) などである。この内，法律は規制法 (leyes regulamentarias) および一般法 (leyes ordinárias) に分類され，前者は憲法規定を実施するための法律であり，後者はその他の一般法令を指すものであり，前者は後者に優先する。また，連邦法と州法が存在するので，それぞれの法に規制法と一般法の分類が適用される。メキシコ憲法の下で立法権限は，連邦議会と州議会に権限が分散されているが，全般的に広範な立法権限が連邦議会に与えられている。表 11-1 は，連邦議会と州議会との立法権限の配分を示した表である。

裁判所も上述のとおり，連邦裁判所，連邦特別区裁判所および州裁判所が存在する。連邦裁判所の管轄権については，メキシコ憲法 103～107 条が規定し，

表 11-1 メキシコ法の下での立法権限の配分

権限の分類	対象項目の例	憲法の根拠規定
連邦議会の専属的立法権限	商事，労働，鉱業，金融サービスなど	73 条 10 号等
州議会の専属的立法権限	専門職に関するライセンス付与など	5 条 2 項等
連邦議会と州議会が立法権限を分割して行使する項目 (Facultades coexistentes)	例えば州際高速道路に関する立法権限は連邦議会が，その他の州内道路に関する立法権限は州議会が権限を有する。	73 条 17 号，124 条等
連邦議会と州議会が共同して立法権限を行使する項目 (Facultades coincidentes)	例えば保健，教育，住宅，環境関連の項目。	73 条 16 号等

表11-2 メキシコ法の下での裁判管轄

専属的管轄・共同管轄の別	項目	憲法の根拠規定
連邦裁判所の専属的管轄	①連邦政府が当事者となる訴訟，②外交使節に関する訴訟，③連邦犯罪事件，④連邦行政裁判所の控訴審，⑤連邦と州または州間の紛争，⑥憲法訴訟	104-Ⅱ条
連邦裁判所，特別区裁判所，州裁判所の共同管轄（concurrent jurisdiction）	私人間の民事紛争および私人の刑事事件で連邦法または国際条約が適用される事件。	104-I(A)条

　人身保護請求（amparo）事件以外にも表11-2に示すような管轄権を有するが，アメリカ法の下における州籍の相違に基づく連邦裁判所の管轄権（diversity jurisdiction）は存在しない。

　連邦議会が商事法の専属的立法権限を有している（憲法73条10号：したがって州の商法は存在せず連邦商法典が存在する）ことから，商事紛争については，連邦裁判所と州（または連邦特別区）裁判所との共同管轄となる。したがって商事事件の原告は，当該事件について連邦裁判所に提訴するか州裁判所とするかについて選択することが可能であるが，実際には，連邦裁判所は一般的にその管轄を行使せず州（または連邦特別区）裁判所に事件を移送することが多いと言われている。また，州裁判所で商事事件を審理する際の手続法であるが，州裁判所は連邦商法典に規定されている手続規定を遵守する他，連邦民事訴訟法の規定に従って審理しなければならないものとされている。また実体法について連邦商法典は，商事契約に関する規定を有するが，これを連邦民法典の契約法（obligaciones contractuales）が補充するものとされている。

> コラム①　連邦特別区
> 　連邦特別区であるメキシコシティーは1996年の憲法改正以前は，連邦政府が直接統治していたが，改正後は住民による選挙によって連邦区政府首長（Jefe de Gobierno del Distrito Federal）が選任されるようになった。ただし連邦議会は，憲法改正後も，特別区議会に明確に権限が委譲された限られた項目を除いて，連邦特別区に関する法律の立法権限を有している。いうまでもなく連邦特別区はメキシコの政治・経済の中心地でもある。

3. メキシコの主要法令の紹介

3.1 民商法および手続法

　各州（連邦特別区を含む）は，それぞれの民法典（Código Civil），民事訴訟法典（Código de procedimientos civiles），刑法典（Código Penal）および刑事訴訟法典（Código de procesamientos penales）などの法典を有しているが，連邦民法典（Código Civil Federal），連邦民事訴訟法典（Código de procesamientos civiles），連邦刑法典（Cógido Penal），連邦刑事訴訟法典（Cógido de procesamientos penales）も存在する。しかし，例えば各州の民法典は連邦特別区の民法典にならって編纂されている例から分かるように，各州法典は連邦法典に依拠して編纂された内容になっている。連邦特別区にはメキシコ全体の人口の約10%が暮らし，また有力な法学者や弁護士が集中している事実が上記の連邦法典の優位性の背景と考えることができる。なお，家族法，契約法，不法行為法，相続法，財産法や刑法も各州法によって規律される（ただし連邦に対する犯罪は連邦刑法による）。

　メキシコ憲法に基づき商事法および労働法は連邦議会が専属的制定権限を有する（73条10号，123条）。一方で各州（連邦特別区-Distrito Federal-を含む）は，民法について制定権限を有していることから商事紛争についての適用法の決定は複雑である。さらに商事紛争について，原告は連邦裁判所に訴えを提起するか，州裁判所に提起するか選択が可能である（商事紛争は連邦裁判所と州裁判所の競合管轄となっている）。もし原告が州裁判所に訴えを提起した場合でも，州裁判所は商法典および連邦民事訴訟法典に基づいて裁判手続きを進めなければならない。また，契約法の分野に関連して商法典はいくつかの規定を有しているが，これらは連邦民法典の契約に関する規定により補充されることになっている。

> コラム②　メキシコ法典
>
> 　メキシコにおける最初の商法典は 1854 年に議会で採択されたが，1870 年には連邦民法典が採択され，同法典は 1884 年に改正され，それが 1932 年まで効力を有していた。しかし，その後 1917 年憲法の制定に伴い民法改正の必要が生じた。急進的な内容を含む 1917 年憲法の下で制定された 1932 年法典（1928 年採択）は，その立法趣意書において "Código Privado Social"（社会私法典）と称され，社会的利益を重視した内容であった。その後の社会の変化にも拘わらず 2000 年に至るまで数次の改正を経たのみで存続したが，同年に連邦特別区に適用される民法典（Código Civil de Distrito Federal）が成立した。これと時を同じくして連邦議会は 1932 年民法典とほぼ同一といえる連邦民法典も採択している。商事に適用される法は連邦商法典（1993 年に改正された）であるが，商法典に規定されない項目については連邦民法典が補充的に適用される。なお，家族法についてはその居住地における州民法典が適用されるが，メキシコに居住する外国人の法的地位は連邦民法典によって規律される。

3.2　刑法

　メキシコの最初の刑法典はヴェラクルス州で 1835 年に制定されたが，その後フランスの介入を経て，1868 年から連邦刑法典（Código Penal Federal）の編纂作業が開始され 1871 年に議会が連邦刑法典を採択した。1871 年刑法典はスペインの 1870 年刑法典に類似していたといわれている。その後，1917 年憲法が成立して刑法典を改正する必要が生じたために改正作業が開始され，1931 年に改正連邦刑法典が成立した。メキシコでは各州に刑法および刑事訴訟法が存在するが，これらは連邦刑法典および連邦刑事訴訟法典をモデルとして編纂されていることから，内容的にはこれらとほぼ同一であると考えられる。

　憲法 73 条 11 号に基づき，連邦政府に対する犯罪およびそれらの違反に対する刑罰については連邦議会が立法権限を有している。また連邦憲法 124 条に基づき各州議会は連邦議会が「連邦犯罪」と定めなかったその他の犯罪について，憲法の諸規定に違反しない範囲で各州の刑法を立法する権限を付与している。

　メキシコにおけるビジネスに関連して重要と考えられるのが贈賄に関する刑

法の規定である。贈賄はメキシコの連邦刑法で罰せられる他，州刑法も適用され得る。個人が，公務に従事する者に公正・不公正を問わず，その職務に関連する行為をさせ，または行為をさせないことを目的として，自発的に金銭またはその他贈答品を公務員または第三者に供与し，または申し込むことは犯罪となる（連邦刑法222条）。これを犯した者は，3月以上14年以下の拘禁の他罰金が科され，これに加えて3月以上14年以下の期間について公務に従事する資格を剥奪される。

公共契約についての連邦汚職行為禁止法上，連邦政府との公共契約において汚職行為に関与したメキシコ人および外国人（法人を含む）は，外国の公共セクターとの国際的商業契約取引またはそれに付与される許可および免許に関して汚職行為に関与したメキシコ人（法人を含む）と同様に，責任が問われ刑罰が科される。ただし，罰金軽減制度があり，刑罰についての行政手続の開始前に当該行為が任意に開示され，または自白された場合には，罰金が50％から70％の範囲で減じられ，開始後であれば当該行為が開示または自白された場合には，50％が減じられる。

メキシコ刑事法の下では，法人処罰規定が無い限り，自然人のみが犯罪の刑事罰の対象となり得る。したがって，法人が公務に従事する者に贈賄をしたと告発された場合は，経営者または役員個人が，当該犯罪に対する認識や関与の程度により刑事責任を負うこととなる。

外国公務員等への贈賄については，連邦刑法222条の2が禁止している。国際的商業取引の展開または実行に際し自らまたは第三者のために不正な利益を取得するまたは保持することを目的として，外国公務員等に自らまたは第三者を介して，財物または役務のいずれかの形を問わず金銭またはその他贈答品を申込み，約束しまたは供与した場合には，その他の公務員に対する贈賄罪と同様の刑罰を科される可能性がある。

なお，メキシコは米州腐敗防止条約（OAS Inter-American Convention against Corruption）を1997年に批准，国際商取引における外国公務員に対する賄賂の防止に関する条約（OECD Convention on Combating Bribery of Foreign Public Officials in International Business Transactions）を2005年に批准，さらに国際連合腐敗防止条約（United Nations Convention

Against Corruption）も同年に批准している。

3.3　外資法

　メキシコにとって外資の導入は歴史的にも重要であったが，他方で外資による政治への介入などの問題を引き起こす原因ともなっていた。1917年憲法の下では外資に土地の所有を制限するなどの制約を課していたが，1973年に内資による投資促進と外資の規制に関する法律（Ley de Promoción de la Inverción Nacional y Control de la Inversión Extranjera）が成立し外資の規制を強めていた。しかし1980年代の対外債務問題に端を発した経済危機は，極端な外資規制に終止符を打つ契機となった。1993年に現在の連邦法である外国投資法（Ley de Inversión Extranjera）が成立して，一定の規制業種を除いて外資の参入が原則的に自由化された。現在では，ほとんどの事業分野において，メキシコ政府は，外資の参入を禁止または制限していない。メキシコ政府に留保されている事業分野は，石油，基礎石油化学，電力，原子力エネルギー，郵便，港湾・空港管制等に限定されている。また，外資による投資が認められていない事業分野としては，ラジオ放送，テレビ放送，国内陸上輸送，ガソリン小売業，開発銀行等であり，さらに外資による投資が10％から49％まで段階的に制限されている事業分野は，国内航空輸送，エアタクシー輸送，特別航空輸送，保険会社，両替商，倉庫会社，港湾管理，電話通信に関するコンセッション会社等である。そして，49％を超える株式の保有に政府の許可が必要とされている分野は，船舶への港湾サービス，携帯電話，石油および天然ガス採掘，石油パイプライン建設，鉄道建設および鉄道事業，空港管理会社，法務サービス，保険代理店，信用情報サービスの分野である。

　なお，メキシコに参入する外資企業は，外資法並びに同施行規則の定めるところに従い経済省外資局に外資登録をしなければならない。

3.4　会社法

　メキシコにおける会社法は米国における会社法と異なりすべて連邦法により規定される（連邦憲法73条10号）。また証券法および資本市場法もすべて連邦法となっている。メキシコにおける会社は，非営利活動を目的とする民事会

社（sociedades civiles）および営利活動に従事する商事会社（sociedades mercantiles）に分類される。前者は，設立される州（または連邦特別区）の州法によって規律されるが，これはさらに民事会社（asociciones civiles: AC）と組合（sociedade civil: SC）に分類され，前者は特に非政府組織（NGO）によって活用が図られている。SCについては，経済活動も認められており，法律事務所，医療機関や会計事務所が活用している。

　事業活動を行う会社形態は，連邦法である会社法（Ley General de Sociedades Mercantiles）が定める商事会社（sociedades mercantiles）である。最初の商事会社法は1934年に制定されたが，その後改正が繰り返されている。現在メキシコで活用が図られている組織形態としては，株式会社（sociedad anónima: SA）および有限会社（sociedad de responsabilidad limitada: s.de RL）である。同国では定款を変更せずに増資が認められる可変資本制（本制度を採用する場合に会社は資本金増減登録簿を備えおく必要がある）が認められており，これを採用する会社の呼称にはCV（capital variable）が付される（例えばS.A. de C.V.とは可変資本制を採用した株式会社の呼称である）。株式会社の場合は，株主総会が最高の意思決定機関となり，取締役会が経営意思決定機関，そして社長が業務執行機関となると共に，監査役が取締役会，社長その他の執行役の業務執行を監視する統治機構を構築しなければならない。他方，有限会社は制度上，株式会社より出資者の権利義務等の扱いに柔軟性を持たせやすいことから，出資者間の関係がより閉鎖的且つ比較的小規模な事業に向く形態であるといえる。

　株式会社および有限会社以外の組織形態としては，合名会社（sociedad en nombre colectivo），合資会社（sociedad en comandita simple），株式合資会社（sociedad en comandita por acciones）および協同組合（sociedad cooperative）が存在する。

3.5　競争法

　メキシコは経済開放政策への転換を契機に，経済競争に関する連邦法（Ley Federal de Competencia Económica：連邦競争法）を制定し1993年から施行した。連邦競争法は，憲法28条に基づき，経済効率を促進し競争の自由

と競争的過程を保護することを目的として制定された。また，2014年7月からは改正連邦経済競争法が施行されている。

メキシコの競争法執行機関は，1993年に設立された貿易・産業省に所属する連邦競争委員会（Comisión Federal de Competencia Económica: COFECE）であり，反競争的行為等の調査権を有しているが，2014年競争法の下で，その判断過程における独立性が一層強化された。また，連邦電子通信協会（Instituto Federal de Telecomunicaciones: IFETEL）は放送および電気通信業界における競争法上の問題について担当している。

(1) 企業結合規制

企業結合規制（合併等の企業結合に関する届出制度）については，1992年法の下では，事前届出とされながらも，待機期間中に特に中止命令が出されない限りは，当事者は事実上の結合を実施することが可能であったが，2014年法の下では当局から許可を得た後でなければ合併や株式取得等を実施できないことになった。その他，当局の審査期間については，1992年法の下では35営業日であったが，60営業日と延長されたほか，届出基準についても変更されている。

(2) カルテル

1992年法の下では価格操作の目的における競争者間の情報交換が違法とされていたところ，2014年法の下ではこれに加えて，製品の製造・販売の制限，マーケットの分割または不正入札の目的をもって，競争者間において情報交換することも違法とされた。

(3) 優越的地位の濫用

2014年法の下では，1992年法の下で違法とされる行為形態に加えて，① 不可欠な施設・材料の取引の拒否または制限ならびに ② マージンの搾取が追加され，その適用範囲が拡大された。

(4) 刑事罰

競争者間における情報交換について刑事罰が適用されることになったほか、禁錮刑の刑期は、3～10年から5～10年に改正された。

3.6 腐敗行為禁止法制

メキシコ連邦刑法典（Código Penal Federal）は国内の公務員に対する受動的または能動的贈賄の禁止規定を有しているが、2012年6月からは公共契約における連邦腐敗防止法（Ley Federal Anticorrupción en Contrataciones Públicas）が施行された。同法は、メキシコの法人などの団体や個人が、メキシコ内外において、公共契約の発注、許認可に関し、公務員に対して不正な支払をなすことを禁じている。本法違反にかかる行政罰としては、個人および法人に対する制裁金が課されるほか、違反企業は最大10年間にわたり連邦公共契約の入札への参加が禁止される可能性がある。なお、上記の制裁金については減免制度（リニエンシー）が認められており、行政手続の開始前に自発的に不正を申告した場合は最大で70％、また当局による手続開始後に不正を申告した場合は最大で50％について制裁金が減額される可能性がある。本法の執行機関として国家反腐敗行為局が設置されている。

さらに、マネーロンダリングに関しては、2012年10月に反マネーロンダリング連邦法（Ley Federal para la Prevención e Identificación de Operaciones con Recursos de Procedencia Ilícita）が成立した。しかし、現在、実際にマネーロンダリング対策を実施している州は半分以下（さらにマネーロンダリングを取り締まる機関であるUIPE（a Unidad de Inteligencia Patrimonial y Económica）を作ったのは数州にとどまっている）という状況である。メキシコにおける組織犯罪の根は深く、その根絶に向けて一層の法整備と執行の強化が必要とされている。

なお、NGOのTransparency Internationalの2014年度の調査（各国の公務員と政治家がどの程度腐敗していると認識されるか、その度合を国際比較した腐敗認識指数（Corruption Perceptions Index）で示したもの）によると、メキシコは、全体で175か国を清廉（つまり腐敗度が低い）と認識される順番に並べた場合に103位となっていて、ラテンアメリカ諸国の中でも特に腐敗度

が高いと認識されている状況を示している。

3.7　労働法

　メキシコでは1910年に最初の州レベルの労働法が制定された。その後，1917年憲法は詳細な労働者保護の規定をおいたことから，労働法の改正作業が進められ，1931年に連邦労働法（Ley Federal de Trabajo）が成立したが1970年に改正されている。その後，約40年を経て，2012年に改正連邦労働法が公布された。同法は，メキシコの国際的競争力を向上させるために，「労働契約の柔軟化」を図り労働組合の民主化を促進することを主目的としている。例えば，1970年労働法の下では原則として雇用期間は無制限であり，また試用期間の設定が認められなかったが，改正法の下では一時的な雇用が可能となり180日を超える雇用契約の場合は，30日間以内の試用期間が認められることになった。また，「人材派遣スキームにおける労働」という概念が導入され，労働法が定める要件を充足するスキームの場合は，派遣先企業は雇用主としての責任を負担しないが，これに該当しない場合は，派遣先企業が雇用主として社会保障上の義務をはじめとする労働法上の責任主体となることなどが明記された。

　なお，連邦憲法123条には，労働関連法令の法的枠組が定められているが，連邦労働法は，この憲法規定を実施するための制定法と位置付けられ，個人および団体としての雇用関係を定義し，また労働者の組織化，団体交渉およびストライキに関する規定を定めている。さらに，公正な労使関係を管理し，和解・仲裁・調停の斡旋を行う，第三者審議会の設立と機能に係る統制も規定している。連邦労働法は，最低賃金，労働時間および所定外労働時間，休暇，未成年者労働，女性労働者の保護，労働衛生安全管理，利益分配，職業訓練などを規定している。

　さらに，連邦憲法は，労働争議解決のための連邦および州の調停委員会制度を設置している。この制度は，労働調停・仲裁委員会（Juntas de Conciliación y Arbitraje）により運営される。同委員会は労働者と雇用者の雇用関係から発生する労働紛争を解決するため，労働法の解釈および執行を行い，連邦レベル委員会（Juntas Federales）および州レベル委員会（Juntas Locales）が

労働争議の調停を支援している。ちなみに，連邦憲法の下では，いかなる個人も，人種，宗教，あるいは性に基づく差別により被害をこうむることは許されない。法の下での平等と平等な処遇の原則は，基本的権利として連邦憲法1条に規定されている。

メキシコは，国際労働機関（ILO）の「結社の自由および団結権の保護に関する条約」，国連の「自由権規約」（市民的および政治的権利に関する国際規約），米州人権条約，および国連の「社会規約」（社会的および文化的権利に関する国際規約）の締約国である。

3.8 知的財産権の保護

メキシコにおける知的財産権制度の歴史は古く，同分野で最初の立法である特定産業分野における発明者または完成者の所有権に関する法律（Ley sobre Derechos de Propiedad de los Inventores o Perfeccionadores en algun ramo de la industria）は1832年に制定された。そして，工業所有権の振興と保護に関する法律（Ley de Fomento y Protección de la Propiedad Industrial）が1991年に公布されたが，1991年には現行の知的財産権保護法が公布された。同法は1994年に改正され，名称も工業所有権法（Ley de la Propiedad Industrial）に改められた。その後，数次にわたる改正を経て，現行法は特許，実用新案，工業意匠，商標，商号，広告標語，原産地名称，集積回路配置，営業秘密の保護などについて規律している。その他，著作権法や植物新品種に関する連邦法（Ley Federal de Variedades Vegetales：1996年公布）などが制定された。

メキシコは，パリ条約や世界知的所有権機関（WIPO）設立条約，特許協力条約（PCT），世界貿易機関（WTO）設立協定をはじめ，知的財産に関する数多くの条約や協定に加盟している他，二国間協定などを積極的に締結し，12件の自由貿易協定（FTA），6件の経済連携協定（EPA）および27件の投資協定などの協定類においても，知的財産権に関する規定が多くみられる。

なお，メキシコ産業財産庁（Instituto Mexicano de la Propiedad Industrial: IMPI）は，1993年の政令によって独立行政機関として創立され，1994年の産業財産権法改正によって，メキシコの産業財産関連制度を所掌

する権能を有する機関となった。産業財産権法の下でIMPIは具体的な権限の中でも特に，産業財産権を振興し保護する権限を有している。

3.9　環境法

メキシコにおけるエコロジーと環境保護に関する法的枠組みは，1988年のエコロジーの均衡と環境保護に関する包括法（Ley General del Equilibrio Ecológico y la Protección al Ambiente: 環境保護法）に定められている。環境の分野は，連邦と州（連邦特別区を含む）の共同管轄事項（concurrent jurisdiction）であるが，1996年の環境保護法改正によって，連邦，州および市町村の権限の配分が明確化された。

2013年には連邦政府は，環境責任に関する連邦法（Ley Federal de Responsabilidad Ambiental）を連邦官報にて公布するとともに，環境調和と環境保護のための一般法，野生動物一般法，廃棄物の防止および包括管理に関する一般法，持続可能な森林開発のための法律，廃棄物法，連邦刑法，海上交通および貿易法，並びに，国有資産に関する一般法に含まれる関連条項の変更・修正を公布した。

メキシコ環境保護法の下で，企業は環境に関する損害に対して前所有者などとも連帯して厳格責任を負担する。同国で不動産を取得する前には十分な調査を行うことが必要であろう。

> **コラム③　メキシコ法の調べ方**
>
> 　メキシコ法は，あまり日本には紹介されていないため，スペイン語を使用しなければ検索が困難である。たとえばメキシコ下院のLEYES FEDERALES VIGENTES（現行法令集：http://www.diputados.gob.mx/LeyesBiblio/index.htm）およびメキシコ国会図書館のウェブサイトにおけるメキシコ法令検索（http://www.loc.gov/law/help/guide/nations/mexico.php）は何れもスペイン語による資料である（何れのサイトも2015年10月に最終確認）。英語を使用する場合は，下記の参考文献を手がかりに調査することになろう。

【参考文献】
ギリェルモ・F・マルガダン著（中川和彦訳）『メキシコ法発展論』（アジア経済研究所，1993年）。

Vargas, Jorge A., *Mexican Law for the American Lawyer* (Durham: Carolina Academic Press, 2009).

Zamora, Stephen, José Ramón Cossío, Leonel Pereznieto, José Roldán-Xopa & David Lopez, *Mexican Law* (Oxford University Press, 2004).

第12章

ブラジル法

はじめに

　文書記録に残るブラジルの歴史は，ペドロ・アルヴァレス・カブラルがブラジルを「発見」した1500年に始まる。それ以降，1822年に独立するまでの約300年間は，ブラジルの統治はポルトガル法の下で行われた。「ブラジル法」が歴史に登場するのは，初代皇帝ドン・ペドロ1世による1824年憲法の発布以降である。ペドロ1世はブラジル法制の基礎を構築すべく法曹を支える人材の育成が急務であると考え，1827年にオリンダとサンパウロに法律学校（現在のペルナンブコ大学とサンパウロ大学法学部の母体）を創設した。また，法典の編纂が進められ，刑法典や商法典がそれぞれ1830年および1850年に制定されたが，民法典は独立から約1世紀を経て1916年に漸く制定された。因みに民事訴訟法の制定は1939年であった。そして，1930年に大統領の座についたジェトゥリオ・ドルネレス・ヴァルガス大統領は社会主義的な労働政策を推進したが，同政権の下でそれまでに存在した労働規範を統合する形で統一労働法典が1943年に成立し，現在にいたるまで効力を有している。

　ブラジル史において軍事政権は幾度か登場し一定の役割を果たしてきた。1964年の軍事クーデターによって成立したカステロ・ブランコ政権に始まる軍事独裁政権は1985年まで続いた。軍事政権は親米・外資導入政策を推進し，その間，銀行法（1964年），資本市場法（1965年）や株式会社法（1976年）など経済法の基盤が構築された。軍政下の外国資本導入を柱にした工業化政策が効を奏して「ブラジルの奇跡」と呼ばれた高度経済成長が実現したが，その後のオイルショックを契機に経済は失速した。その後，多額の対外債務を抱え

たブラジル経済は行き詰まり，数次にわたり実施された対外債務再編交渉と価格安定化政策は失敗を重ねた。

現在のブラジル法制は民政移管後の 1988 年に公布された民主憲法を頂点として構築されている。同憲法は消費者保護と自由競争を基軸とする経済秩序を保障したが，これに先立って公共民事訴訟法が 1985 年に制定されている。その後，消費者保護法（1990 年）や 1991 年競争法が制定されたが，これらは何れも企業による経済力の濫用を抑止し，消費者に代表される大衆の権利保護を図ることがその目的であった。1994 年の大統領選挙では，フェルナンド・エンリケ・カルドーゾが勝利しネオリベラル的な民営化政策の下で国営企業の民営化を推進し，従来の輸入代替政策から市場開放政策への転換を図ったが，この経済政策が奏功しインフレは鎮静化したばかりか，外債問題も徐々に解消されて，高度な経済成長が実現され新興経済国の一翼を担うに至った。

1990 年代以降の立法については，国際水準を意識した法制の調和傾向を特徴としてあげることができる。例えば，国連商取引法委員会（UNCITRAL）仲裁モデル法に準拠した仲裁法（1996 年制定），経済協力開発機構（OECD）の勧告をもとに全面改正が図られた競争保護法（2011 年制定），資金洗浄に関する金融活動作業部会（FATF）の勧告をもとに改正されたマネー・ロンダリング規制法（2012 年制定），そして OECD 外国公務員贈賄禁止条約に準拠した腐敗行為防止法（2013 年制定）などは国際水準との調和が図られている。また 1980 年に成立した UNCITRAL の国際連合（UNCITRAL）のウィーン物品売買条約は，2014 年からブラジルについて発効している。

さらに国際経済との関わりにおいては，ブラジルは 1995 年から WTO に加盟しているところ，同年にはブラジル，アルゼンチン，ウルグアイおよびパラグアイの 4 カ国によって南米共同市場（Mercado Común del Sul: MERCOSUL）が誕生した事実が注目される。さらに，ブラジルは国際投資の促進のために 1990 年代にチリ・ベネズエラ・韓国その他欧州諸国と幾つかの 2 国間投資条約（BIT）を締結しているが，議会の承認を得ることができないために何れの BIT も発効に至っていない（2015 年 2 月現在）。

ブラジル法は，独立からほぼ 2 世紀を経て，ローマ法の伝統を承継するヨーロッパ諸国やアメリカそしてアルゼンチンをはじめとする近隣諸国の法制の影

響を受けながら固有の法制度へと発展してきた。以下にブラジル法の概要とその基本的な検索方法について解説する。

1. 1988年憲法とブラジルの政治体制

　ブラジルは、連邦制を採用する国家であるが、同制度がブラジルで最初に導入されたのはアメリカ憲法の影響を強く受けた1891年憲法の下であった。同憲法によって連邦制と大統領制が採用され、行政、立法、司法の三権分立の原則が確立された。
　その後約1世紀を経て、軍政から民政への移管後に制定された1988年憲法はブラジルで7番目の憲法であり、1891年憲法が確立した政治体制や三権分立の伝統を承継している。また、ブラジルでは1993年に実施された国民投票によって、政体としての共和制および政治制度としての大統領制を継続することが再確認された。ブラジルには現在26の州と連邦直轄区（ブラジリア）があるが、各州はそれぞれの憲法、議会および裁判所を有する（州憲法と区別する意味で連邦憲法（Constituição Federal）を以下"CF"と記す）。州議会は法令の制定権限を有する（例えばLei Antifumo do Estado de São Paulo - Lei 13541/09 -Lei nº 13.541, de 7 de maio de 2009はサンパウロ州内において公共の場での喫煙を禁止する法令）。さらにわが国の市町村に該当するムニシピオ（município）も議会を有し法令の制定権限を有しているが、その権限は地域的利益に関する事項に限定される（例えばLei Orgânica do Município de São Pauloは、サンパウロ市の立法・行政組織等に関する法令）。このように、ブラジルの法規範は連邦法、州法およびムニシピオの法令という3層の構造を有する（図12-1参照）。

1.1　立法府
　連邦の立法機関である連邦議会は上院（Senado Federal）と下院（Câmara dos Deputados）により構成される。下院議員は各州および連邦直轄区より選出され、任期は4年。上院議員は各州および連邦区から選出され、任期は8

図 12-1　連邦・州・ムニシパルの法律

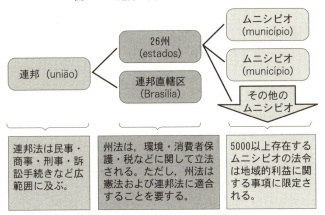

注：連邦議会は，民事，商事，刑事，訴訟手続きなど広範な立法権限を有する（CF 22 条）。他方で環境，消費者保護，教育，税務など一定の事項は，連邦および州・特別区が競合的立法権限を有する（CF 24 条）。
出所：筆者作成。

年で，4 年毎に定員の 3 分の 1 または 3 分の 2 が改選される。

1.2　行政府

　大統領（任期 4 年で 1 回のみ再選可能）は，元首として国家を代表すだけではなく行政府の長であり，閣僚の任免権，ブラジル軍の指揮権を有している。大統領が欠員となった場合には副大統領が残りの任期を代行し，副大統領がその職務を遂行出来ない場合には連邦下院議長，連邦上院議長，連邦最高裁判所長がその任にあたる。

　行政府は各省，各特別行政庁および軍から成る。各省は各々の活動領域における公共政策を策定・実施する役割を担い，農務省，大統領官房，都市省，科学技術省，通信省，文化省，防衛（陸空海軍司令部を含む），農業開発省，経済開発工業通商省，社会発展飢餓対策省，教育省，スポーツ省，財務省，国家統合省，法務省，環境省，鉱山エネルギー省，企画省，予算管理省，社会保障省，厚生省，労働雇用省，運輸省，観光省から成る。また，省の格を有する庁は大統領府の補助機関であり，大統領府総務庁，社会報道庁，水産漁業特別

庁，人権特別庁，人種平等推進政策特別庁，女性権利特別庁，行政機関調整庁が存在する。

大統領は法律を裁可する権限を有するが，その法律の全部または一部について拒否権を発動する権限を有する。

1.3　裁判制度

裁判所は連邦裁判所と州裁判所で組織されるが，ムニシピオは独自の裁判所をもたない。裁判所判事は終身職であり，行政上の決定によって罷免されることはない。以下に列挙する各種の機関が司法権を構成する（図12-2）。

(1)　連邦最高裁判所（Supremo Tribunal Federal: STF）

憲法の適用と解釈について判断する裁判所である。11名の判事（Ministros）は，大統領が指名し，連邦上院の絶対多数による同意を得て任命する。

(2)　連邦高等裁判所（Superior Tribunal de Justiça: STJ）

連邦法に関する事案の上告審であり，州裁判所のあつかう案件についても連邦法に関する事案はSTJが上告審となる（その他の州レベルの案件は州高等裁判所が最終審となる）。大統領が指名し，連邦上院の同意を得て任命する最低33名の判事（Ministros）からなる。

(3)　連邦地方裁判所

全土を5つの管区に区分し，各管区に所在する連邦地方裁判所（Tribunal Regional Federal : TRF）および連邦判事（Juízes Federais）から成る。例えば第3管区連邦地方裁判所はサンパウロ市に所在しサンパウロ州および南部マトグロッソ州を管轄する。連邦裁判所は，連邦，独立行政機関または連邦公社が原告，被告，補佐人または抗告人として関与する訴訟，外国または国際機関とムニシパルまたはブラジル居住者との間の訴訟，連邦と外国または国際機関との条約または契約にもとづく訴訟などCF 109条に定める事項について連邦裁判所は管轄する。

(4) 州裁判所

州高等裁判所（Tribunal de Justiça: TJ）および州司法判事（Juízes de Direito）から成る。国家もしくは連邦レベルの公職を務めるものを巻き込まない刑事，民事，商事に関する州および市町村の法律・条令等の違憲性に関する訴訟を判断する裁判所である。TJ は各州に 1 つずつ存在し，さらに州内は幾つかのムニシパルを括る形で司法区（comarcas）に区分されている。各司法区は 1 つ以上の第一審裁判所（vara）を有する。第一審裁判所の判決に不服な当事者は，TJ に控訴が可能であり，TJ は原則として州裁判所の最終審となる。

(5) 労働裁判所

労働関係の案件を解決する責任を負う。高等労働裁判所（Tribunal Superior do Trabalho: TST 27 人の判事がつとめる），各地方労働裁判所（Tribunal Regional do Trabalho: TRT 国内に 24 の TRT が存在する），労働裁判所判事（第一審裁判所で国内に約 1300 の裁判所が存在する），および和解裁定委員会から成る。なお，2000 年の法律 9957 号によって最低賃金の 40 倍までの金額に関する簡易労働訴訟手続（Procedimento Sumaríssimo）が認められた。

(6) 選挙裁判所

高等選挙裁判所（Tribunal Superior Eleitoral: TSE），各地方選挙裁判所（Tribunal Regional Eleitoral: TRE），選挙裁判官，選挙委員会から成る。選挙の実施，管理，監視ならびに政党の結成および登録に関する責任を負う。

(7) 軍事裁判所

軍事上の犯罪を訴追し裁く手続上の責任を担う。高等軍事裁判所（Superior Tribunal Militar: STM），軍事司法判事，各軍事裁判所，軍事司法審議会から成る。

コラム①：判例拘束性の原則について

　ブラジル法の下では，大陸法の伝統に従い法制度上はいわゆる判例拘束性の原理を採用していないが，次の2つの例外に留意しなければならない。まず2004年の第45憲法修正に基づくSTFの拘束性判決要旨（súmulas vinculantes）であるが，STFが繰り返し判断した重要性の高い拘束性判例要約については，他の裁判所のみならず政府機関も拘束され，これと異なる判断は許容されない。もう1つの留意点は2006年の法律11276号および11277号によって定められた重要判決要旨（súmulas imperativas de recurso：上告が認められない重要判決要旨の意味）であり，STJの重要判例の要旨に準拠して下級審が判断した事案については，当事者は下級審の判決に不服であっても，この争点についてさらにSTJの判断を求めることは認められない。

コラム②：判例検索の方法

　STFのHP〈http://www.stf.jus.br/portal/principal/principal.asp〉は，ポルトガル語の他にスペイン語でも検索・閲覧が可能である（重要判例については英訳も掲載されている〈http://www.stf.jus.br/portal/jurisprudenciaTraduzida/jurisprudenciaTraduzida.asp〉。判例の検索は，STF〈http://www.stf.jus.br/portal/principal/principal.asp〉→Jurisprudência（判例）→Pesquisa（調査）と進み，調査項目にキーワードを挿入する必要がある。また，STJ〈http://www.stj.jus.br/portal/site/STJ〉およびTRF〈http://www.tst.jus.br/〉もそのHPを活用して判例検索が必要であるが，2015年2月現在ではポルトガル語による検索のみが可能である。さらに，コラム④で紹介する"Portal da Legislação"（法情報ポータルサイト）においても判例検索が可能である。さらに，各州裁判所もそれぞれのHPを有している。例えばサンパウロ州高等裁判所Tribunal de Justiça-São PauloのHPのURLは〈http://www.tjsp.jus.br/Default.aspx〉であり，ここから同裁判所の判例検索が可能である。＊上記のURLの確認日はすべて2015年2月。

コラム③：ブラジルは訴訟社会か？

　「ブラジルは訴訟社会か？」との質問に対してブラジルの弁護士の多くは"sim (yes)"と回答するであろう。ブラジルの法曹人口は，アメリカとインドに次いで世界第3位であり，ブラジルの弁護士の数は約80万人ともいわれている。これは日本の弁護士の数（約3万人）と比較しても相当な数である。また，ブラジルの訴訟案件数は下記のとおりであり，増大する濫訴が訴訟手続きの慢性的遅延を引き起こしており，債務の履行を免れるためにあえて訴訟戦術を選択する企業もみられるので，商事紛争の解決については仲裁の活用も選択肢の1つとなろう。

(表) 2012年度の訴訟件数

	新規訴訟件数	継続訴訟件数	処理件数
州裁判所	20,949,939	52,018,720	72,058,759
連邦裁判所	3,114,670	8,122,273	11,236,943
労働裁判所	3,859,621	3,253,098	7,112,719
その他の裁判所を含む合計件数	28,215,812	64,018,470	92,234,282

＊ブラジル司法審議会（Conselho Nacional de Justiça: CNJ）が公表しているJustiça em Números（2012）に基づく。本資料は次のURLで入手可能（確認2014年9月）。
〈http://www.cnj.jus.br/programas-de-a-a-z/eficiencia-modernizacao-e-transparencia/pj-justica-em-numeros〉
なおCNJは，2004年に創設され，司法全体の運営および財務について管理し，かつ各判事の職務遂行状況の管理・監督を行う独立行政機関である。

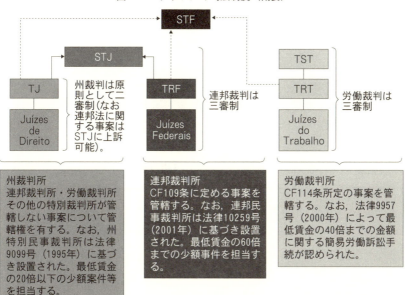

図12-2　ブラジルの司法制度（概要）

注：STFは憲法の適用と解釈について判断する。破線矢印は憲法解釈が含まれる事案についてのSTFに対する特別上訴（recurso extraordinario）を示す。STFはまた一定の事案（CF102条）についてSTJやTSTなど高等裁判所の上訴審となる。なお図中の実線矢印は連邦法の解釈・適用に関する最終的判断権限を有する高等裁判所への上訴を示す。
出所：筆者作成。

2. 法規範の種類について

ブラジル連邦憲法の下では図 12-3 に示すとおり 5 層の法規範が存在する (CF 59 条)。

図 12-3　連邦法の階層

(1) 連邦憲法・憲法修正
(2) 憲法補足法
(3) 通常法・委任法・暫定措置法・立法府命令・決定
(4) 命令
(5) 行政規則

出所：筆者作成。

2.1　憲法 (Constituição Federal) および憲法修正 (Emendas；CF 60 条)

憲法はブラジルの最高法規である。ブラジルの下院・上院において 3 分の 1 以上の議員の同意が得られた場合に憲法修正が発議され（その他，大統領および連邦構成単位の立法議会にも発議権がある），両院でそれぞれ 2 回にわたり 5 分の 3 以上の同意が得られたときに修正が承認される。承認された修正憲法は憲法規範としての効力を有する。ブラジルでは 1988 年から 2013 年までに 74 回の憲法修正がなされた。

2.2　憲法補足法 (Leis Complementares；CF 69 条)

憲法が特に補足法に委ねる旨を明示的に規定する場合（例えば CF 153 条は連邦の租税徴収権に関する規定であるが同条 VII 号は大規模資産税については

補足法が定める旨を規定する），補足法は議院の絶対多数（出席議員の過半数）で採択される。1988年から2013年までに86件の憲法補足法が承認された。

2.3 通常法・暫定措置法他
(1) 通常法（Leis Ordinárias; CF 47条）
一般に法律と称される規範が通常法である。連邦政府，州政府およびムニシピオによって毎日80件以上の法律が制定され，年間では3万件以上，そして1988年から2013年までに60万件以上の通常法が制定されているといわれる（Antonio Fernando Pires, *Direito Constitucional* (Rio de Janeiro: Campus Jurídicos, 2014) at 17）。

(2) 委任法（Leis Delegados; CF 68条）
委任法は共和国大統領によって編纂され，大統領は国会に対し委任を要請しなければならない。ただし，司法府・検察の組織や構成員の身分保障，公民権，個人の権利，参政権，選挙権などCF 68条が規定する一定の事項については委任が認められない。

(3) 暫定措置法（Medidas Provisórias; CF 62条）
重大で緊急を要する場合に大統領が発議される。暫定措置法は法律としての効力を有するが，有効期間は60日間で，さらに60日間延長できる。公布された後に，法律への転換を審議するために国会に上程されなければならない。国会で承認が得られない場合は効力を喪失する。

(4) 立法府命令（Decretos Legislativos; CF 49条）
CF 49条および62条に規定する事項を実施するために国会に専属的に認められた議決行為である。なお，ブラジルが批准する条約は，立法府命令によって国内で実施される（例えばブラジルは1998年12月にOECD外国公務員贈賄禁止条約に署名したが，その後2000年11月20日付立法府命令（Decreto）3678号を制定しこれによって本条約を国内実施した）。民事，税，商事，労働等に関する条約は，国内で実施された場合，当該条約が優先して適用される。

立法府命令の制定に関する詳細手続きは，上院・下院の内規（Regimentos Internos）に規定されている。

(5) 決定（Resoluções; CF 51, 52条）

国会の政治的・訴訟立法的・事務的事項につき定めるもので，例えば共和国大統領，副大統領または大臣の弾劾手続きの開始は議員数の3分の2以上により認可される。

2.4 命令（Decretos Regulamentares；CF 84条IV号）

行政府により発せられる規範命令（Decretos Regulamentares）は，行政府の専権事項に関して発せられるもので，法律の実施に関する細則を定めるものである。ただし，法律の内容を修正・変更することは認められない。

2.5 行政規則（Atos administrativos inferiores）

Instruções Normativas, Portarias, Regimentos Internos, Provimentos などさまざまな呼称で各行政機関が発する規則をいう。これらは原則としてこれを公示した政府機関内で適用されるものであるが，企業活動に大きな影響を与える行政規則も存在する（例えば中央銀行が発する行政規則は外国への送金や為替に関連する内容を含む）。また，複数の省庁により公示される規則は Portaria Interministral と称される。

コラム④：ブラジル法制の検索

ブラジルの法令は国会で承認されると，ブラジル大統領が裁可（大統領が拒否権を行使した条文は承認された法案から削除される）し，その内容が連邦官報（Diário Official da União: DOU）に掲載されるので，通常法の公式な内容は DOU で確認すべきであろう。大統領府官房庁（Presidência da República, Casa Civil）の公報を掲載するウェブサイト〈http://portal.in.gov.br/〉を通じてDOUの検索が可能である。

　また，ブラジルは法典主義を採用する国であることから現地で出版されている法令集から法令を検索することも可能である。VADE-MECUM はわが国の六法全書に該当するもので，各種の VADE-MECUM が Editora Saraiva などから毎年出版されている。

その他，ブラジルにおける法令は，大統領府官房長が運営するウェブサイト「法情報ポータルサイト」（portal da Legislação：http://www4.planalto.gov.br/legislacao）で検索が可能である。同ウェブサイトでは，条約や重要判例要旨，州法などの検索も可能である。ちなみにわが国の特許庁のウェブサイト（新興国等知財情報データバンク：http://www.globalipdb.jpo.go.jp）は"Portal da Legislação"の使用方法を解説しているので参考になろう。さらに，ブラジル国会のウェブサイト〈http://www2.camara.leg.br/〉においても法令番号（例えばブラジル競争保護法は"lei 12529"）を入力して法令を検索することが可能であり，法情報・法令データ（Legislação Informatizada - Dados da Norma）には法案の内容や，審議の状況，そして大統領による拒否権行使の状況などが掲載されている。

3. ブラジルの主要法令の紹介

3.1 民法典

ブラジルにおいて最初の民法典は1916年に制定されたが，その後の工業化の進展など社会的変化を反映した改正が必要であると認識されるに至り，1930年代から債権法改正の作業が行われた。しかし，一部改正にとどまらず全面改正が必要であると判断され，民法典改正・原案作成委員会が作成した原案が1972年に提出された。これを修正したものが1975年に国会に提出され，2002年に至り漸く民法典（法律10406号）として成立した。本法は，商法と民法の統合を図った統一法典であり，商法は一部を残して廃止された。

民法の966条から1033条は，「企業の法」（DO DIREITO DE EMPRESA）と題され，企業者および会社に関する一般規定を定めている。なお，新民法は，イタリアの1942年民法を参照したとされる。新民法の下で，法人格を有する会社は，株式会社，有限会社，単純会社，合名会社，合資会社および協同組合であり，また法人格を有しない会社（社団）は，共有社団および匿名組合である。また，2011年の法律12441号によって個人有限責任企業の設立も認められることになった。

株式会社について民法1089条は「株式会社は，特別法により規制し，特別

法に規定のない場合は，本法の規定が適用される」と規定する。また，民法 50 条は法人格否認に関する規定である。同条は，「会社の目的外行為や会社資産の混同など，法人格の濫用があった場合は，裁判官は当事者の申立て，または検察庁が訴訟に介入した場合はその申立てに基づき，一定の特定された責任が管理役員または法人株主に遡及することを決定することができる」と定める。従来，ブラジルの裁判所は法人格否認法理の適用に慎重であったが，消費者保護法（1990 年法律 8078 号），競争法（1994 年法律 8884 号），環境基本法（1998 年法律 9605 号）などで法人格否認理論が導入されつつあった。

民法は，423 条において，所謂契約約款をはじめとする相手方書式による契約について，曖昧な条項や矛盾する条項は契約作成者にとって不利に解釈される原則を規定し，1916 年民法の下では形式主義的に解されてきた契約自由原則は，新民法の下で契約の社会性を重視した解釈原則に変容しつつある。

3.2 会社法について

ブラジルでは「駐在員事務所」という概念が法律上なく，「支店」の設立には連邦政府による事前承認を必要とし特別なケースを除き採用されていない。結果としてブラジルで事業活動を行うには現地法人の設立が必要となる。会社形態のうち多く利用されているのは，有限会社（Sociedade Limitada: Limitada）と株式会社（Sociedade Anônima: S.A.）であるが，日本企業がブラジルに進出する場合の大部分が有限会社組織を選択している。有限会社（Limitada）には主として民法（Código Civil Brasileiro）の規定が適用されるが，定款で別途定めない限り株式会社法（Lei das Sociedades Anônimas）の規定も適用される。有限会社は最低 2 名の社員を必要とする。外国籍の社員は，ブラジルの居住者を代理人として選定しなければならない。有限会社は S.A. と比較すると設立手続が簡便で運営コストも安く，計算書類の開示も原則として要求されない。ただし，有限会社は株式や社債を発行することはできず，証券市場を通じての資金調達はできない。2007 年の株式会社法改正によって，有限会社であってもその企業集団の総資産が 2.4 億レアルを超える場合，または総売上高が 3 億レアルを超える場合には株式会社法に準拠した財務書類の計算義務や外部監査人の起用義務が課されることになった。

なお，株式会社（S.A.）は一般に大規模な事業を営む場合に選択される会社形態であり，会社法および民法の一般規定が適用される。株式会社には最低2名の株主が必要である。一定の小規模の非公開会社を除き，計算書類の作成および公表が義務付けられている。株式会社はその発行する有価証券が市場で取引されているか否かにより，公開会社と非公開会社に分類される。

株式会社の機関として，まず株主総会が挙げられる。株主総会は会社の最高意思決定機関であり，定款変更，取締役および監査役の選任および解任，計算書類の承認等の権限を有する。定時株主総会は毎年1回，会計年度終了日から4カ月以内に開催しなければならない。次に経営審議会（conselho de administração）および取締役会（diretoria）をあげることができる。公開会社（銀行を含む）については経営審議会の設置が義務的であるが，非公開会社については任意である。経営審議会は，株主総会の決議を経て選出される最低3人の審議会メンバー（自然人）で構成される。その任期は3年を超えることはできないが，再選が可能である。審議会メンバーは，ブラジルの居住者である必要はないが，非居住者が審議会メンバーとなる場合は，ブラジル国内の代理人の選任が必要とされる。経営審議会は執行機関である取締役会（diretoria）と共に会社の運営を担当する。経営審議会が設置されていない会社では，その運営は取締役会が担当する。取締役会は，最低2名の取締役（diretor）により構成される。その任期は3年を超えることができないが再選は可能である。取締役は，ブラジルに居住する自然人でなければならないが，株主である必要はない。なお，経営審議会が設置される場合，審議会メンバーの3分の1を上限に，審議会メンバーが取締役を兼任することができる。

3.3 労働法について

1988年憲法は，労働者の権利保護を基本原則の1つとして宣言しており，労働者の権利は，統一労働法典（Consolidação das Leis do Trabalho：CLT）およびその他の労働規範（図12-4）により保護されている。本章の冒頭で述べた制定の経緯により，CLTは現在に至るまで極めて労働者保護の色彩が強く，企業の業績悪化や本人の能力不足を理由とする人員整理や減給は制約を受ける。また賃金は毎年産業別労働組合が決めた上昇率を前年の賃金に適

図 12-4　労働関係に適用される規範

出所：筆者作成。

用して決定される。さらにブラジルでは労働訴訟が頻発しており，例えば統一労働法典に基づく解雇であっても，その理由の当否を争って労働者が訴訟に訴えるケースが多い。

　CLT 352 条はブラジル人を総労働者数の 3 分の 2 以上雇用すべき義務を規定している。また，「疑わしきは労働者の利益」に解釈すべき原則や，「雇用関係の継続性」の推定，法のヒエラルキーにかかわらず「労働者に最も有利なルールを適用すべき原則」，不利益変更の禁止，労働者の既得権の尊重など労働者を保護するためのさまざまな法原則が確立されている。

　そして労働者と使用者との間の紛争を解決するために労働裁判所が設けられており，労働債権等に関わる訴訟は一般の民事訴訟とは別に労働裁判所で審理されるが，コラム③の資料で示したとおり，膨大な訴訟件数に裁判所の処理

が間に合わない状況が継続しており，労働訴訟が生じた場合は長期化や対応に要する訴訟コストが懸念される。

3.4 競争法

ブラジル競争法は，1994年競争法（1991年競争法が改正されたもの）を全面改正して2011年に法律12529号として成立し2012年5月から施行された。主な改正点は次の4点である。

① 旧法（1994年競争法）の下で3つの機関に分散されていた競争法執行機関が経済防衛行政審議会（CADE）に一本化され，業務の効率化・迅速化が図られることになった。

② 企業結合規制について，事後届出制度から事前届出制度に変更となった。合併や株式取得などの対象取引について，いずれかの当事者の国内売上高および他の当事者のいずれかの国内売上高が一定額以上であれば届出が必要である。また，当局の許可が下りるまで，企業結合を実施してはならない。

③ 旧法の下でリニエンシー（罰金減免制度）は主犯格の当事者には申請が認められていなかったが，これらの者にも認められるなど，リニエンシーの適用範囲が拡大された。

④ 旧法の下では行為者の手続き開始の前年の売上高の1～30％相当額が罰金額とされていたが，違反分野にかかる連結売上高の0.1～20％相当額へと変更になった。尚，罰金額は違法な収益の額を下回らないものとする点は，これまでと同様である。また，個人に対しては，会社に対して課せられた罰金額の1～20％相当額と定められている。

CADEは，2011年競争法の下で競争政策の執行に関する強大な権限が付与され，カルテルをはじめとする競争違反行為の摘発に注力しており，悪質な違反行為については厳罰をもって対処している。

3.5 贈収賄規制法

ブラジルの1830年刑法典は，すでに請託を受けての収賄を禁止する旨の規定をおいていたが，1940年に制定された現行の刑法典は，ブラジル国内の公務員

に関する贈収賄に関して刑事罰を規定している。また，2013年8月に制定され，2014年1月から施行された腐敗行為防止法（正式名称は「国内外の公的行政に対する行為による法人の行政上および民事上の責任について定め，その他の措置を規定する2013年8月1日付法律第12846号」）は，内外の公務員に対する贈賄等，行政を不法に害する行為に関連して，法人の民事責任についても厳格責任原則を採用した（実行者に対する刑罰は別の法律で定められている）。

同法が定める違法行為は，国内外の公的財産に対する侵害行為，公的行政の支配原則に反する行為，ブラジルが批准する国際協定に反する行為などであり，具体的には「公務員または公務員と関係のある第三者に対して直接的または間接的に，不当な利益を約束し，その供与を申し込み，または利益を供与する行為」などがこれらに該当する。

行為者がその所属する法人等の利益を図るために上記の違法行為をなした場合には，法人処罰規定が適用される可能性がある。法人に対する行政制裁は，行政手続開始前の直近の会計年度の総売上高から税金を除いた金額の0.1%から20%相当の制裁金であり，享受した利益の金額が推定可能な場合は，その金額を下回らない金額の制裁金が課される。さらに，法人に対しては同法の違反に関する特別公告を命じられる可能性がある。

3.6 仲裁法

ブラジルにおける仲裁法の歴史は古く，その起源はブラジルの最初の憲法である1824年憲法にまで遡るといわれているが，1867年の政令3900/1867号は，紛争が現実に生じる前に当事者間でなされた仲裁合意は，紛争発生後に再度当事者間で合意されない限り有効な仲裁合意とはいえないと規定するなど，仲裁合意について特有の法制がとられた。つまり，欧米先進国の契約当事者からいわば強制的に受諾させられる仲裁条項によってブラジルの当事者が裁判を受ける権利を放棄させられるべきではなく，具体的紛争が生じた時点で再度仲裁付託の合意がなされなければ，ブラジルの当事者に対して仲裁を強制することはできないとするCalvo Doctrineに基づく契約解釈である。1916年に制定された同国民法典の下でも，この伝統が承継されたため，本来裁判の代替となるべき紛争解決手段としての商事仲裁は，その機能を十分に発揮することが

できなかった。その転機となったのが，1996年の仲裁法の制定である。ブラジル仲裁法は，スペインの1988年仲裁法および1985年に国連UNCITRALが採択した国際商事仲裁モデル法を参考にして立法された。また，2002年には外国仲裁判断の承認および執行に関する条約（1958年）を批准したことによって他の先進国並みの国際商事仲裁手続きが機能する法的基盤が構築された。外国仲裁判断の承認および執行について，かつてはブラジル連邦最高裁判所（STF）が管轄を有していたが，2004年の憲法修正45号によって，この権限は連邦高等裁判所（STJ）に移管された。現在のところSTJによる外国仲裁判断の承認は，問題がなければ概ね1年未満で確認されているが，案件によっては長期を要する例も見られる。

【参考文献】

二宮正人＝矢谷通朗『ブラジル法要説—法令・判例へのアプローチ（経済協力シリーズ 法律)』（アジア経済研究所，1993年）。
ブラジル日本商工会議所（編）『現代ブラジル事典 』（新評社，2005年）（特に397-440頁の第9章「法制度」）。
矢谷通朗 編訳『ブラジル連邦共和国憲法：1988年』（アジア経済研究所，1991年）。
　＊その他，ブラジル日本商工会議所の出版案内は主たるブラジル法令の和訳の紹介がある〈http://jp.camaradojapao.org.br/camara-em-acao/publicacoes/ : 確認日2015年2月〉。
　また，同会議所のウェブにはブラジルの競争法および腐敗行為防止法について，本章の筆者による翻訳文が掲載されている。

Brazil, *Business Law Handbook*, 2010; Brazil, *Company Laws and Regulations Handbook*, 2013 (International Business Publications, USA).
Brazil, *Investment and Trade Laws and Regulations Handbook*, 2010 (International Business Publications, USA).
Fabiano Deffenti, Welber Oliveira Barral (Editors), *Introduction to Brazilian Law* (Kluwer Law International, 2011).
　＊その他，世界銀行グループのIFC (International Finance Corporation) が公表している "Doing Business in Brazil" の law library（法令情報）〈http://www.doingbusiness.org/law-library/brazil#Tab2〉からブラジル・ビジネス法（特に銀行法・商事法関連の法令）の検索が可能（幾つかの法令は英訳されているが，大部分はポルトガル語）。また，アメリカ国会の "Library of Congress"〈http://www.loc.gov/law/help/guide/nations/brazil.php〉からもブラジル法の資料を検索することが可能である。その他，スイス・ブラジル商工会議所 Doing Business in Brazil（英文資料）〈http://www.swisscam.com.br/assets/files/publicacoes/doing_business_en.pdf〉などが参考になる。上記のURL確認日は何れも2015年2月。

第III編 ヨーロッパ編

ヨーロッパ編　概要

　本書ではEU法とEUの加盟国のイギリス法，ドイツ法，フランス法を掲載している。なお，EU法と加盟各国の法令との関係についてはEU法の個所を参照していただきたい。
　EU加盟国といっても，イギリスとそれ以外の加盟国では法制度に大きな違いがあり，一般にイギリスの法制はコモン・ローまたは判例法，欧州大陸の諸国の法制はシヴィル・ローまたは成文法と呼ばれている。
　イギリスでは早くから国王による中央集権体制が成立し，法律問題について紛争が生じると，国王裁判所や地方の裁判所などで解決が図られた。こうした判例の蓄積からイングランド全土に共通するコモン・ローという法理が形成され，後にコモン・ローの厳格さを緩和する法理として衡平法の法理が発展した。書かれざる法律である慣習なども重要な役割を果たした。
　一方，大陸諸国では，各地方をその地方の領主が支配する体制が長く続いた。各領主はその地方でのみ権限を有する裁判所を設けて，紛争を解決していた。現在のような主権国家，国民国家が形成されるのは，早いところでも16世紀，遅いところでは19世紀である。従来，国家全体に及ぶ判例が存在しなかったので，成文法の形式で法理を明確にする必要があった。ナポレオン時代の1804年に定められたフランスの民法典はその典型である。わが国が明治維新のあとに，フランス法，ドイツ法などの大陸法を参考にして，民法，商法などを制定したことは周知のとおりである。
　イギリスでも現在は成文法が数多く制定されている。しかし依然として法律学では，裁判官が書いた判決文や裁判官の著作が権威のあるものとして参照されることが多い。これは上記の理由によるものである。イギリス法は救済の法，大陸法は権利の法とも呼ばれている。大陸諸国では成文法によることが多く，このため法律文献のほとんどは大学教授の手によるものである。ただし，大陸諸国でも，現在は判例が重視されており，個々の法律問題の理解のためには大陸諸国の法律であっても判例を欠かすことができないことはいうまでもない。

第 13 章

E U 法

はじめに

　法律とは，一般に主権国家がその国の憲法の定めた手続に従って制定し，公布する規則であって，その主権の及ぶ範囲内でのみ拘束力を有すると理解されている。一方，本章で取り上げる EU 法とは，欧州連合（EU）機関が定める規則のことをいう。EU には法人格はあるが，それ自体は国家ではない。国家間で拘束力のある規則を定めるには，通常「条約」の形式がとられ，各国は条約の批准・加入の際に，条約に拘束されることに個別に同意する（条約に関するウィーン条約を参照）。一方，EU 法について加盟国は個別に同意してはいない。では，EU 法の拘束力の根拠はどこにあるのだろうか[1.1]。

　また一般に主権国家は個々に金融・通貨政策，競争政策，通商政策などの政策を定め，実行している。一方，EU はそれ自体として金融政策を立て，通貨同盟（ユーロ）を構築し，カルテルや企業結合に関する競争規則を定めている。通商政策についても，国際的な通商ルールを定める世界貿易機関（WTO）に EU 加盟国は加盟しているが，EU 自体も加盟しており，実際には EU 委員会が WTO での交渉にあたっている。このように EU 法と加盟国の国内法は，競合している。では，EU 法と加盟国国内法の関係はどうなっているのだろうか[1.2]。

1. EU 法とはなにか

1.1　EU 法の拘束力の根拠

　現在の EU は，2007 年 12 月 13 日に調印されたリスボン条約（2009 年 12 月 1 日発効）で改正された欧州連合条約（以下，TEU）と欧州連合運営条約（以下，TFEU）の 2 つを基本条約としている（TEU 1 条 3 項，TFEU 1 条 2 項）。これら基本条約は加盟国が同意した条約であり，基本条約において加盟国は特定の事項について EU に権限を授権しているので（個別授権原則，principle of conferral），EU の権限は加盟国が同意した基本条約を根拠にしている。基本条約で EU に授権していない事項は，加盟国に権限がある（TEU 4 条，5 条）。

1.2　EU 法と加盟国国内法の関係

　上記の基本条約は，共通の外交・安全保障政策の他に，EU が排他的（独占的）に権限を有する事項（TFEU 2 条 1 項），EU と加盟国が権限を共有する事項（TFEU 2 条 2 項），加盟国が EU の定める枠内で政策協調すべき事項，EU が加盟国の行為を支援・協力・補充する事項の 4 種類を定めている。EU が規則などを定めれば，これは基本条約に基づいているから，国内法に優先することになる（TFEU 2 条各項）。

(1)　EU の排他的権限事項

　EU の排他的権限事項には，関税，競争政策，金融政策，共通通商政策，海洋生物資源保護の 5 項目がある（TFEU 3 条 1 項）。カルテル，支配的地位の濫用，企業結合など競争政策については加盟国にも国内法があるが，EU の基本条約に定める競争政策の適用範囲（TFEU 101 条，102 条）に該当すれば，EU の競争規則が加盟国の競争法に優先して適用され，EU の基本条約が定める競争政策の適用範囲には入らないが，国内の競争規則に反する場合には，国内法の競争規則が適用されることになる。

また，前記のとおりEUはWTOにおいてEU加盟国全体の利益を代表して交渉に当たっているが，これも排他的権限事項の中に共通通商政策が掲げられているからである。

(2) 権限共有事項

EUと加盟国が権限を共有する事項には，単一市場，消費者保護，環境保全，運輸，通信，エネルギー，自由・安全・司法の空間の構築などがある（TFEU 4条2項）。基本条約は個々の事項について，EUがとるべき措置を定めている。例えば，運輸の分野では，EUは国際鉄道に関する規則を定めるなどと規定している（TFEU 91条）。

権限共有事項については，EUが権限を行使した場合には，加盟国は権限を行使することはできず，EU法が加盟国国内法に優先する（TFEU 2条2項）。ただし権限共有事項についてのEUの権限行使については，補完性原則（principle of subsidiarity）と比例性原則（principle of proportionality）がある（TEU 5条3項）。補完性とは，加盟国が個々に権限を行使しても充分な成果が期待できない場合やEUが権限を行使したほうが加盟国による行使よりも適切である場合に，EUは権限を行使することをいう。比例性とはEUによる権限行使は基本条約の目的の達成に必要な限度を超えてはならないことをいう。

(3) 政策調整事項

加盟国は，EUが大枠を定める経済政策，雇用促進政策，労働政策について，その枠内で政策調整を求められる（TFEU 2条3項，5条1項・2項）。加盟国は経済政策の遂行にあたって，EUの目的に沿って行わなければならない（TFEU 120条）。

例えば，雇用促進政策について，基本条約は「加盟国とEUは協調して方針を立て，経済の変化に迅速に対応する労働市場に適応しうる高度の労働力の形成を促進する」と規定している（TFEU 145条）。従って，加盟国はこの方針に従って行動することを要し（TFEU 146条），一方でEUはこうした加盟国の行動を支援することになる（TFEU 147条）。最近の雇用政策として，欧州

閣僚理事会は「2020年欧州雇用戦略」(2010年10月21日決定2010/707号)と題する雇用促進政策ガイドラインを発表した。加盟国はこのガイドラインに沿った政策をとることになる(同ガイドライン2条)。また労働政策としては，EUは加盟各国の個別事情に配慮しつつ(TFEU 152条)，労働環境，解雇，男女雇用均等など労働条件に関する事項について，加盟国の行動を支援するとしている(TFEU 153条)。

(4) 支援・調整・補充事項

EUが加盟国の行為を支援・協力・補充すべき事項として，健康・疾病対策，産業政策，文化政策，観光政策，人災・天災からの保護などがあり(TFEU 6条)，これらの事項については加盟国に権限があり，EUはこれを支援・補充するだけで，加盟国の権限に代わることはできない(TFEU 2条5項)。

例えば，観光政策については，EUは観光分野での起業促進のための環境整備支援，加盟国間の情報交換支援を定めている(TFEU 195条)。最近では，EUはコンサルタントに海岸地域の観光業促進調査書を作成させ(2013年9月15日)，「海岸地区観光の成長と雇用」と題する方針(2014年2月20日通達COM(2014)86号)を発表し，加盟国にこの通達に従った行動を促している。テロなどからの市民の保護についてのEUの機能は，加盟各国国内の対策の支援・補完，機動的協力の促進，加盟各国の対策の連携強化である(TFEU 196条)。

EUが立法権限を行使する形式には，後記のとおり，規則(regulations)，指令(directives)，決定(decisions)などがある。基本条約にEU法のどの立法方式をとるか明示している場合もあるが(TFEU 50条1項は法人の設立自由については指令の形式によると明示)，労働者の域内の移動の自由については指令または規則によると規定している(TFEU 46条1項)。EUに権限がある場合に，どのような形式をとるかはまちまちであり，立法形式を定めていない事項もある。排他的権限事項であっても常に規則の形式がとられるわけではなく，効果的な形式をとるようである。

2. 具体例

EU法と加盟国の国内法の関係について，いくつかの具体例を挙げてみよう。ただしEU法は多方面にわたるので，ここで取り上げるのはあくまでもその一部にすぎない。

2.1　EUの排他的権限事項—競争政策

競争政策は，EUの排他的権限事項である（TFEU 3条1項）。競争政策に関しては，カルテルの禁止（TFEU 101条），市場支配的地位の濫用禁止（TFEU 102条），国家補助の監督（TFEU 107条）および企業結合手続（2004年1月20日規則139/2004号）がある。規制の形式については規則または指令によるとされている（TFEU 103条）。

一方，加盟国は国内法として競争法を有している。カルテルなど個々の事案に対してEU法と国内法のいずれを適用するかということについて，基本条約に一応の定めがある。カルテルの禁止，市場支配的地位の濫用禁止，国家補助の監督については，当該事案がEU加盟国間の通商に悪影響を及ぼす場合にはEUの競争政策法を適用し（TFEU 101条，102条，107条），企業結合については，関係当事者の売上高が一定水準を上回る場合，EUの競争政策法を適用する（規則139/2004号1条）。従って，国内競争法が適用されるのは，EU法の適用範囲に入らないが，国内競争法に抵触する事案である。

例えば，欧州委員会1999年12月8日決定2003/382号は，シームレス鋼管メーカーが顧客への販売オファーにさいして同業他社への事前協議を義務づけた事案であるが，メーカー中に日本企業も含まれていた。このカルテルは加盟国が形成する単一市場に反し，加盟国間の通商に悪影響を与えるとされ，日本企業も対象となった。

2.2　EUと加盟国の権限共有事項—食品の販売

消費者保護は，EUと加盟国の権限共有事項である（TFEU 4条）。従って

補完性原則と比例性原則の下，EU に立法権限があり，EU 法があればこれが優先し，それがない場合に加盟国の国内法が適用される。基本条約には，EU 機関が必要な措置をとるとのみ記載され，立法形式については規定がない（TFEU 169 条）。

例えば，EU は食品安全規則（2002 年 1 月 28 日規則 178/2002 号），食品衛生規則（2004 年 4 月 29 日規則 852/2004 号），食品衛生管理検査規則（2004 年 4 月 29 日規則 882/2004 号）などを定めている。さらにラベリングについて商品表示規則（2011 年 10 月 25 日規則 1169/2011 号），パッケージについて商品包装規則（2004 年 10 月 27 日規則 1935/2004 号）などを定めている。

具体例として，欧州連合司法裁判所 2013 年 4 月 11 日判決の事件がある。これは後記の「先決質問の付託」の事件であるが，上記の食品安全規則 178/2002 号の文言に関して，ミュンヘンの裁判所が欧州連合司法裁判所に質問を付託したものである。同規則 10 条は，食品に健康被害の危険性がある場合，加盟国の担当当局は対象食品を明示して，消費者に危険性について情報提供することを定めている。ドイツの食品検査当局がドイツのある食料品メーカーに立入検査したところ，健康被害の危険性があると判断されたため，同メーカーに善処を指示したが，これに応じなかった。そこで食品検査当局から通知された消費者保護担当当局が対象商品の回収を指示し，この旨を公表した事件である。同メーカーは，前記規則 10 条は現に健康被害が生じたことを情報提供するものであって，単に危険性がある程度では情報提供はできないとし，商品名が公表されたことによって，損害を蒙ったとして，担当当局に対する損害賠償請求訴訟を提起した。本件訴訟が係属したドイツの裁判所は，本事件の判断には前記規則 10 条の文言の趣旨を明らかにする必要があるとして，欧州連合司法裁判所に先決質問を付託したものである。欧州連合司法裁判所は，同規則 10 条の趣旨は消費者に危険性を知らせることにあるという回答を発し，担当当局の対応を妥当とした。

2.3　EU と加盟国の権限共有事項―特許

2015 年 6 月時点では EU には固有の特許制度はない。ただし EU 加盟国はすべて 1973 年 10 月 5 日欧州特許付与条約（ミュンヘン条約）の締約国なの

で，同条約が代替している。一方で，EU加盟国には国内法としてそれぞれ特許法がある。このため，EU加盟国では，欧州特許付与条約に基づく欧州特許と国内法に基づく特許が併存している。欧州特許は指定された条約締結国で特許の効力を有し，その効力は指定国の特許と同一である（特許付与条約2条2項）。

特許は新規の技術的開発に対して与えられる特権であり，EUが単一市場となって経済成長と技術開発を促進するために，特許権の保護は不可欠である。その一方，特許の効力は個々の国の特許法の規定によるとする「特許独立原則」（パリ条約2条2項）があり，「欧州特許」といいながら，特許権の効力は加盟国ごとに異なるので，域内で均衡のとれた特許制度を維持発展させるためには，一定の共通化・統一化が必要である。

基本条約も「単一市場の形成のために，EUは知的財産権の統一的な保護に向けた欧州知的財産権の創設に関する手段をとる」と規定している（TFEU 118条）。いよいよ2011年以降，加盟国によって効力が異なる特許ではなく，EU域内で統一された効力を有する特許制度を設ける構想が具体化してきた（欧州閣僚理事会2011年3月10日決定2011/167号）。これによれば域内で共通の効力を有する「欧州統一特許」（unitary patent）を設け，侵害訴訟などを管轄する「統一特許裁判所」（Unified Patent Court）が設けられる。

新しい欧州統一特許制度の下でも，既存の特許が統一特許の性格に変更されることはなく，EU加盟国においては，現在の国内法に基づく特許，欧州特許に加えて，さらに新たな欧州統一特許が加えられ，特許が3種類並存することになる。

2.4 EUと加盟国の権限共有事項—民刑事での司法協力

1997年のアムステルダム条約でEUは「自由・安全・司法の空間」を提供することを明らかにし，基本条約はその旨を規定している（TEU 3条2項）。自由・安全・司法の空間の構築・整備は，EUと加盟国の権限共有事項であり（TFEU 4条2項j号），補完性原則と比例性原則が適用される（TFEU 69条）。民事については，EUは単一市場の円滑な運営のために，判決の承認と執行，国際私法（抵触法）の共通化，証拠収集での協力などについて立法措置

をとることを定め（TFEU 81条2項），刑事についても一定の事項の立法をすることとしている（TFEU 82条）。

民事の裁判手続については，すでに欧州共同体の時代に1968年9月27日民商事における裁判管轄権と判決執行に関するブリュッセル条約があったが，1997年にアムステルダム条約が調印されてから，ブリュッセル条約の内容が規則に格上げされ（2000年12月22日規則44/2001号，Bruxelles I という），さらに婚姻と親権事件についても同様の規則が設けられた（2003年11月27日規則2201/2003号，Bruxelles II という）。

民事の抵触法についても，不法行為などに基づく法定債務の準拠法に関する規則（2007年7月11日規則864/2007号，Rome II という）を定め，また契約による債務の準拠法に関する規則を定めている（2008年6月17日規則593/2008号，Rome I という）。また経済のグローバル化により国際倒産が増加していることから，国際倒産処理に関する2000年5月29日規則1346/2000号を定めている。

3. EU法の法源

EU法の法源には，一次法（primary legislation）と二次法（secondary legislation）がある。一次法とは，欧州連合条約（TEU）と欧州連合運営条約（TFEU）の2つの基本条約のほか，2000年12月7日のEU基本権憲章，法の一般原則，国際法，国際条約などをいう。

二次法とは，一次法から派生するものをいい，規則（regulations），指令（directives），EU機関の決定（decisions），勧告（recommendations），見解（opinions）がある（TFEU 288条1項）。

3.1 一次法

EUの起源は，1950年5月9日のシューマン宣言に遡る。当時のフランス外相ロベール・シューマンが示した「拘束力のある決定権を持つ最高機関の創設」と「欧州連邦」の構想である。このアイデアは1951年4月18日の欧州石

炭鉄鋼共同体条約（パリ条約，2002年7月23日期限）で具体化され，1957年3月25日の欧州経済共同体条約（ローマ条約）と同日の欧州原子力共同体条約が加えられ，1965年4月8日合併条約（ブリュッセル条約）でこれら3共同体が欧州共同体（EC）に統合された。

1992年2月7日のマーストリヒト条約はユーロ導入を決定するとともに，EUという法主体を設け，従来の欧州共同体をEUの柱の1つとした。1997年10月2日アムステルダム条約は「自由と安全と司法の空間」を具体化することなどを決定，2001年2月26日ニース条約は将来のEUの東方への拡大に向けた構造改革を決めた。2002年7月23日に欧州石炭鉄鋼共同体条約が期限を迎え，その権限は欧州共同体に移管された。2004年10月29日に欧州憲法条約が調印され，同年6月18日に全会一致で採択されたが，一部加盟国の国民投票で否決され，発効しなかった。

この憲法条約に代えて2007年12月13日リスボン条約が成立し，従来の欧州連合の基本条約が改正され，従来の欧州共同体設立条約は，欧州連合運営条約（TFEU）と改称された。現在の欧州連合条約，欧州連合運営条約は同等の法的価値を有し，EUの基本条約である。

3.2 二次法

(1) 規則

規則は，加盟国全体に直接適用される法規則である。例えば，企業結合などの競争政策の監督権限は欧州委員会にある（TFEU 105条）。EUは企業結合に関する規則（2004年1月20日規則139/2004号）を定め，同規則の適用範囲（同規則1条）に当たる場合には，国内法に優先して，同規則が直接適用される。同規則の適用を受ける企業結合案件の関係事業者は事前に欧州委員会に案件を届け出なければならない（同規則4条）。欧州委員会は届出を受領した場合には，速やかに審査しなければならない（同規則6条1項）。この審査の後，欧州委員会は，当該案件の審査結果を出し，案件が同規則の要件に適合しないのであれば，欧州委員会は調査し（同規則11条〜13条），最終的に個々の企業結合案件の許可・不許可の決定をする（同規則8条）。仮に関係事業者が企業結合案件に対する不許可の決定に不服の場合には，取消訴訟という手段

がある（TFEU 263 条，264 条）。

(2) 指令

　指令は，対象となる加盟国に一定の法的対応を求める形式である。欧州議会の意見に従い，欧州閣僚理事会が決議する。EU が指令を発した場合，加盟国は国内における立法または行政上の対応を要するが，その方法は加盟国の事情による。例えば，EU は公衆衛生に関して，2011 年 3 月 9 日指令 2011/24 号（国外治療），2012 年 10 月 25 日指令 2012/26 号（薬事監視），2012 年 12 月 20 日指令 2012/52 号（他国処方箋の承認）を定めたが，フランスでは「EU 法への適用の規定に関する法律」として，新薬事・医療法を制定した（2014 年 2 月 24 日法律 2014-201 号，公衆衛生法典の改正）。これは上記の 3 つの指令の国内法対応である。

　加盟国は，一定期間内に EU の指令に対する国内での対応をとる義務を負い，欧州委員会は加盟各国が指令に対応したか否か報告を求めることができる（TFEU 260 条 3 項）。仮に加盟国が指令について国内対応をしていないと欧州委員会が判断した場合，欧州委員会は欧州連合司法裁判所に後記の「義務不履行訴訟」を提起する。

(3) 決定

　決定は特定の名宛人（特定の加盟国，自然人，法人）に対し一定の事項について拘束する形式である。決定には欧州閣僚理事会による決定（EU の戦略的利益に係る事項について）と欧州委員会による決定があり，特に競争政策では多くの欧州委員会の決定がある。例えば，スイスの化学メーカーとベルギーの化学メーカーの一部事業分野の統合（企業結合）について，欧州委員会は 2013 年 9 月 16 日に事案を通知され，本事案は EU 法の適用範囲であるとして，個別審査を始めている（事件 M/6905 号）。

(4) 勧告と見解

　勧告は，加盟国，法人または個人に一定の行為の実行を期待することを欧州委員会が表明する手段である。見解とは，特定事項について欧州委員会の意見

を表現する手段である。例えば，EU は 2011 年 10 月 18 日にナノ物質の定義に関する勧告 2011/696 号を発している。また例えば，EU の機関である欧州中央銀行は 2014 年 2 月 21 日にイタリアを名宛人として，イタリア中央銀行のガバナンスに関する見解 CON/2014/19 号を発している。いずれも法的拘束力はない。

(5) 基本条約に定めのない文書

EU は，規則や指令などの基本条約に定められた形式の他に，決議 (resolutions)，宣言 (declartions)，結論 (conclusions) などの形式を採用することがある。決議は，欧州議会，欧州閣僚理事会または欧州理事会（加盟各国の首脳らで構成）が発するもので，共有する意思を明示するものであって，法的拘束力はない。また宣言はその呼称どおり，EU 加盟国民などに対して EU としての意思表示をするものである。

そのほかに EU の発した文書に「ガイドライン」と表示するものがある。例えば，基本条約は雇用政策のガイドラインを定めるとしており（TFEU 5 条 2 項，148 条），現に 2010 年 10 月 21 日に定められた「2020 年欧州雇用戦略」と題するガイドラインは決定の形式をとっている。一方，例えば，2004 年 4 月 27 日通達 2004-C101-07 号は「EU 競争規制法における加盟国間の通商への影響概念のガイドライン」と題しているが，これは通達の形式であり，欧州連合司法裁判所の判例が明らかにした原則を掲げたもので，実際に「影響」という概念がどのように運用されているか指針を与えるものである。

3.3 わが国の裁判手続における EU 法の効力

EU 法は国家の「法律」ではないが，わが国の裁判所で EU 法が参照された事例として，東京高決平成 24 年 11 月 2 日がある。

これはイタリアとアメリカで並行して開始された倒産処理手続についてそれぞれわが国の外国倒産承認援助法（平成 12 年法律 129 号）に基づき承認請求された事件である。同援助法は，国際並行倒産事件については，「外国主手続」と「外国従手続」に分け，前者を「その主たる営業所がある国で申し立てられた外国倒産処理手続」であると定義している（2 条 1 項 2 号）。イタリアで開

始された手続とアメリカで開始された手続のいずれを「外国主手続」と判断すべきか，という点について，前記の2000年5月29日規則1346/2000号（国際倒産処理）の前文13項の主たる利益の中心という概念を挙げて，これを「債務者が自己の利益を通常管理し，そのために第三者から認識可能な場所」としていることを判断の1つの根拠にしている。

　一方，EU法を単に参照するのではなく，法規範として適用するとなると難しい問題がある。わが国の法の適用に関する通則法（平成18年法律78号）7条は，契約の準拠法について当事者自治原則を定めているが，この場合「当該法律行為の当時に選択した地の法」と規定し，これは「国家法」をいうと理解されるから，EU規則のように「非国家の法」が契約の準拠法に指定できるかという問題があるからである。EUの司法裁判所1986年2月26日判決152/84号は，先決質問の付託（後記参照）であるが，被用者（女性）を解雇したイギリスの行政機関に対して，男女雇用均等を義務づけるEUの指令76/207号に違反することを理由に，解雇された被用者が使用者に対する損害賠償請求の訴えを提起した。イギリス高等法院は前記指令の文言について質問を付託し，司法裁判所は「EUの指令は直接，私人・私企業に義務を課すものではなく，当局としての加盟国にのみ義務を課す」としている。EU規則は，タテの関係（垂直的関係）を規整し，契約のような対等の当事者間のヨコの関係（水平的関係）を規整するものではないので，EU法を私的法律関係の準拠法にすることはできないと思われる。

4. EUの裁判所と判例

　基本条約は，欧州連合司法裁判所（The Court of Justice of the European Union，裁判所）を規定し（TEU 19条），欧州連合司法裁判所には司法裁判所（Court of Justice），第一審裁判所（General Court）と専門裁判所（specialised courts）がある。専門裁判所は現在，公務員裁判所（European Union Civil Service Tribunal）がある。

　EUの司法権は，独立・自律しており（司法裁判所1969年2月13日判決

14/68号)，EU加盟国では国内の裁判所と欧州連合司法裁判所が併存する。

4.1 欧州連合司法裁判所の管轄

欧州連合司法裁判所の扱う事件は，基本条約に規定されている（TFEU 258条〜273条）。

(1) 義務不履行訴訟（Actions for failure to fulfil obligations）（TFEU 258〜260条）

加盟国が指令の国内対応を行わないなど，基本条約に基づく義務を履行しない場合，欧州委員会は司法裁判所に義務不履行訴訟を提起することができる（第一審裁判所には管轄権はない）。他の加盟国がこの訴えを提起することはできるが，この場合には，先ず欧州委員会に提起しなければならない。

この訴訟としては，例えば，司法裁判所2013年7月11日判決C-412/11号がある。EUでは，域内の鉄道運送整備のための1991年7月29日指令91/440号および2007年10月23日指令2007/58号を定め，鉄道インフラの整備を加盟各国に指示していたところ，ルクセンブルグによる対応が不充分であるとして，欧州委員会はたびたび同国に是正を要求したが，なお不十分であるとして義務不履行訴訟を提起した事件である。本事件では，被告ルクセンブルグの対応に問題はなかったとして，訴えが棄却された。

(2) 取消訴訟（Actions for Annulment）（TFEU263, 264条）

EU各機関が発する規則，指令，決定の取消しを請求する訴訟である。加盟国，他のEU機関と関係者が提起することができる。加盟国，EU機関が提起する場合には司法裁判所の管轄であり，法人・個人が提起する場合には，第一審裁判所が管轄し，その判決に不服であれば司法裁判所に上訴することができる。

例えば司法裁判所1998年3月31日判決C-68/94号は，フランスと同国の企業が欧州委員会の1993年12月14日の決定94/449号の取消しを求めた事件である。この決定は，ドイツの東西統合のときに旧東地区にあった化学工場を統合するという案件に関するもので，この企業結合はEU規則の適用対象で

はあるが，単一市場の形成には反しないとして欧州委員会は決定で，企業結合を認めた。フランスと同国企業は，この企業結合が市場支配的地位を強化するとして，企業結合を認めた決定の取消しを請求し，司法裁判所は決定を取り消す判決をした。

また第一審裁判所 2004 年 9 月 28 日判決 T-310/00 号は，アメリカの通信事業者 2 社の企業結合（合併）案件であり，そのうち 1 社はフランスとドイツの企業との合弁会社を有していた。欧州委員会はこの企業結合案件が単一市場と不適合であるとして，企業結合を認めなかった（欧州委員会決定 2003/790 号）。アメリカの企業がこの決定の取消しを求め，第一審裁判所は，原告の請求を認め，決定を取り消した。

(3) 不作為訴訟（Actions for failure to act）（TFEU 265 条）

EU の各機関に不作為があれば，加盟国，他の EU 機関，関係者は当該 EU 機関に対する不作為訴訟を提起することができる。例えば，第一審裁判所 1999 年 6 月 3 日判決 T-17/96 号は，フランス国営放送会社の運営が国庫補助に依存し，これが基本条約にいう国庫補助に反するとして，欧州委員会に申立てがあった事件である。欧州委員会はこの申立てを受けて，フランス以外の EU 加盟各国の国有放送会社の財政事情について調査したが，その間，申立人に対する回答を怠った。欧州委員会は申立てに対して適時に回答する義務があった。このため申立人が原告として第一審裁判所に不作為訴訟を提起し，その後，欧州委員会は国営放送に対する補助は不当な国庫補助にあたらないと決定したため，原告は取消訴訟を追加した。第一審裁判所は，不作為訴訟については理由があるとしたが，取消訴訟については棄却した。競争政策では多数の不作為訴訟の事例がある。

(4) 損害賠償請求訴訟（Application for Compensation）（TFEU 268 条）

例えば，競争政策で，特定の企業結合を欧州委員会が不適合であると決定したが，その後，この決定が取り消された場合，欧州委員会が関係者に対して損害賠償責任を負うことがある。例えば，第一審裁判所 1999 年 1 月 28 日判決 T-230/95 号は，基本条約が制限する国家補助に該当するかが争われた事件で

最終決定が遅延したために損害を蒙ったとしてフェリー運営会社が欧州委員会を相手に損害賠償を請求した事件である。第一審裁判所は、原告の損失と欧州委員会の決定遅延に因果関係がないとして請求を棄却した。

(5) 上訴（Appeal）

第一審裁判所の判決について、法律審の司法裁判所に上訴することができる（TFEU 256 条 1 項）。また公務員裁判所の判決については、法律審として第一審裁判所に上訴することができる（TFEU 257 条 3 項）。例えば、第一審裁判所 2013 年 10 月 8 日判決 T-167/12P 号は、EU 機関に努めていたベルギー人職員が 2010 年度に昇進を拒否され、欧州閣僚理事会に対して公務員裁判所に昇進拒絶決定に不服として訴えを提起し、昇進拒否が取消されたため、閣僚理事会が公務員裁判所の 2012 年 2 月 8 日判決 F-23/11 号に不服であるとして第一審裁判所に上訴した事件である。

(6) 先決質問の付託（References for preliminary rulings）（TFEU 267 条）

先決質問の付託は、上記の ①〜⑤ までの訴訟類型とはまったく異なるものである。

加盟国の国内裁判所に訴訟事件が係属し、その判断に EU の基本条約や規則、指令などの規定が適用される場合に、国内裁判所が司法裁判所にその文言の解釈に関して質問することを認める制度である（TEU 19 条）。これは EU 加盟国の国内裁判所が EU の基本条約などの文言について解釈権限があるとすると、加盟国間で解釈がまちまちになり、混乱をきたす可能性があり、これを防ぐことを目的にしている。

この先決質問の付託は、加盟国で具体的な事件が係属した裁判所に認められるもので、加盟国の国内裁判所における事件の当事者は、司法裁判所に付託することはできない。

(7) EU の裁判所の先例拘束性

EU の裁判所の判決にはその後の判決を拘束する効力はない。ただし先決問題については EU の裁判所手続規則 104 条 3 項で、過去の事件と同種の問題が

提起された場合には先例によるとしているので，例外として拘束性が認められる。しかし司法裁判所，第一審裁判所の判決は，過去の同種の事件があればこれを考慮しているので，実際には裁判所は判決の一貫性・整合性を尊重している。

5. 法律情報の調べ方

EU の基本条約，規則，指令，決定，EU 裁判所の判例などの情報源としては，EU が提供している http://eur-lex.europa.eu/ がもっとも利用しやすいものである。また，ジェトロ・ブリュッセル・センターが利用マニュアル（2006 年 3 月改訂版）を公表しているので参考にすることができる〈https://www.jetro.go.jp/jfile/report/05001142/05001142_001_BUP_0.pdf〉。

【参考文献】
庄司克宏『新 EU 法　基礎編』（岩波書店，2013 年）『新 EU 法　政策編』（同）。
中西優美子『EU 法』（新世社，2012 年）。
中村民雄＝須網隆夫編著『EU 法基本判例集（第 2 版）』（日本評論社，2010 年）。
デイヴィッド・エドワード＝ロバート・レイン（庄司克宏訳）『EU 法の手引き』（国際書院，1998 年）。
マティアス・ヘルデーゲン，（中村匡志訳）『EU 法』（ミネルヴァ書房，2013 年）。

EU 法はきわめて広範囲をカバーしているので，個々の分野についてはそれぞれ専門書によることもできる。
ルイ・ヴォージェル『欧州競争法』（信山社，2013 年）。
酒井国際特許事務所企画室編集『欧州特許出願実務ガイド』（現代産業選書—知的財産実務シリーズ）（経済産業調査会，2011 年）。
庄司克宏『EU 環境法』（慶應義塾大学出版会，2009 年）。

また医薬品，食料品などわが国からの輸出が想定される商品については，業界団体や政府機関のホームページで概略の説明をしている。

第14章

イギリス法

はじめに

　イギリス法は，アメリカのみならず，カナダ，オーストラリア，ニュージーランドなどのコモンウェルス（英連邦諸国）の母法である。18世紀から19世紀初頭にかけて徐々にイギリスで成立した議院内閣制がわが国で採用された（憲法67条1項）。明治時代に成立した民法典における能力外の法理（民法43条）および損害賠償責任における予見可能性（民法416条），大正時代に成立した信託法・賠審法，さらに平成18年に成立した金融商品取引法などの法制度もアメリカ法のみならずイギリス法に多大な影響を受けている。最近では，イギリスの自主規制に由来する日本版のコーポレートガバナンス・コードおよびスチュワードシップ・コードが注目されている。

　本章は，このようなイギリス法についての法律情報調査の方法について述べることにする。この際，イギリスにおける主な法源である，法律および判例法を理解するために必要とされるスキルを身につけることを目的とする。法律および判例以外に，書籍，雑誌および公文書の入手法を理解することが重要であるので，これらについても触れることにする。

1. インターネット上の主な法情報

1.1　有料オンライン・サービス

　イギリスで主要な有料オンライン上のものとしては，Lexis Library ⟨http://

www.lexisnexis.com/uk/legal〉，Westlaw UK 〈http://www.westlaw.co.uk〉およびLawtel〈http://www.lawtel.com〉などがあるが，日本の大学が契約しているのはアメリカ版のLexisまたはWestlawである。実際は，これらのデータベースにあるイギリス法から入ることになる。

(1) Lexis Libary

Lexis Library（以下，Lexis）のサービスは1980年代中頃にアメリカのLexisNexisグループの一部となったLexis-Nexis UK社のデータベースサービスとして開始した判例データベースを提供するもので，2007年から判例以外にButterworths社およびTolleys社によって提供された法律，雑誌論文データベースなどにもアクセスできるようになったものである。

Lexisの「Find Laws by Country or Region」の下にある「United Kingdom」をクリックすると，条約・国際協定等（Treaties & International Agreements），30万件以上を収載する判例法（Case Law），法令（Legislation & Regulations），50種類以上を収載するジャーナル（Journals）などの項目が表示される。

(2) Westlaw Next

Westlaw UK（以下，West）はアメリカ法をベースとするWestlaw Nextのサービスを利用し，1987年からThompson（現在，Thompson Reuters）の一部となったSweet & Maxwell社によって提供されたものである。その内容は，30万件以上を収載する判例（Cases），制定法・立法サービス（Legislation Current），85種類を収載する法学紀要，法曹ジャーナル・定期法律雑誌（Journals），および法律ニュース，ハイライト・現在の注目点（Awareness）などのデータベースにアクセスできるもので，イギリス法最大のデータベースということができる。

(3) Lawtel

LawtelもThompson Reutersが提供する法律専門職向けのダイジェストのサービスであり，1980年以降に制定された制定法の要旨，法令改正・廃止

に関する注釈，高等法院で係争中の事件の追跡，判例の要約，および約60の法律雑誌などの論文要約および全文を含むものである。Lawtel の特色の1つは Daily Update という区分があるということで，過去24時間以内にデータベースに追加された新しい文書をメールで知らせるという機能がある。

(4) その他

これら以外のデータベースとして，2000年にアメリカの出版社である William S.Hein & Co. が導入した HeinOnline〈http://www.heinonline.org.〉というデータベースがある。HeinOnline は収録データがアメリカ法中心であるが，主要なイギリスの法律雑誌，古い法令・判例集，数多くの古典書を閲覧できるので，イギリス法研究にとって欠かすことができないものとなっている。House of Commons Parliamentary Papers〈http://parlipapers.chadwyck.co.uk/marketing/index.jsp〉という有料データベースもイギリス立法史研究にとって有用である。

1.2 無料のインターネット・サービス

法情報を入手するためには，無料のインターネット・サービスを利用する方法も有用である。

代表的なサービスとしては，「イギリス・アイルランド法情報研究所 (British and Irish Legal Information Institute)」の略称である BAILII〈http://bailii.org/〉のウェブサイトがある。このサイトは2000年に立ち上げ，イギリス・アイルランドの判決文と法令とを統合させたサービスとして有用なサービスを提供してきた。このサイトはキーワードでも古い年代でも検索でき，特に最近の判例文を掲載し，カナダ，オーストラリア，ニュージーランドなどの法情報研究所のサイトに移動できることでも便利なものである。

BAILII 以外に，多くの大学の法学部および図書館のウェブサイトがイギリス法を検索するための出発点となっている。とりわけ，ケント大学のサイトが有名である〈http://www.kent.ac.uk/library/subjects/lawlinks/signposts/uk-resources.html〉。学生用のために憲法，契約法などの主題別にウェブサイトとリンクしている Lawbore〈http://lawbore.net/〉および判例，法律，論

文などのサイトとリンクしている JustCite〈http://www.justcite.com/kb/〉も必見のサイトである。

次に，法律調査のために，これらのインターネット上の法情報源に収録されている，憲法と法律，判例，書籍・雑誌・公文書などを中心に説明することにする。

2. 憲法と法律

イギリス連合王国（United States of Great Britain and Northern Ireland）はイングランド（England），スコットランド（Scotland），ウェールズ（Wales）および北アイルランド（Northern Ireland）からなる単一国家である。イギリスはスコットランドと北アイルランドとは別個の法制度であるが，イングランドが1535年ウェールズ法諸法（Laws of Wales Act 1535）によりウェールズの法を併合したため，イギリス法はイングランドおよびウェールズの法のみから構成されることになった。

主な法源は，法律（legislation），コモン・ロー（common law）および衡平法（equity）からなる判例法（case law）である。かつては判例法が最も重要な法源であったが，今日では殆どの法分野は法律による規制がなされている。EU法の影響から憲法が果たす役割が変容している。

そこで，議会制定法，委任立法など中心に法律を説明する前に，憲法を説明する。

2.1 憲法

イギリス憲法（constitution）は不文憲法（unwritten constitution）と説明され，誤解されることがある。不文憲法とは憲法準則（constitutional rules）のすべてが単一の文書で定められていないという意味である。先進国では不文憲法の国はイギリス以外にイスラエルおよびニュージーランドのみである。

憲法準則は，主に制定法（statute），判例法（case law），習律（convention) という 3 つの法源からなる。制定法は 1705 年合併法（Act of Union 1705）および 1972 年欧州共同体法（European Communities Act 1972）のような国家の構造に関するもの，1911 年議会法（Parliament Act 1911）のような国家機関を規制するもの，ならびに 1225 年版のマグナ・カルタ（Magna Carta）および 1998 年人権法（Human Rights Act 1998）のような基本権に関するものがある。

判例法は，「法の支配（rule of law）」のように，通常裁判所において判例および制定法を解釈して創造されるものである。

習律は重要であるが，制定法または判例法に抵触するものであってはならない。習律は実務によって確立されたものであるが，比較的最近のものとしては，1963 年になって初めて最終的に確立された，首相は庶民院（House of Commons）の議員でなければならないという習律がある。

憲法準則は通常の法律と同じ方法で議会が修正することができ，特別な手続がまったく必要でない。通常裁判所も先例の範囲において通常の法準則と同様に憲法準則を変更できる。習律は何らの手続なしに変更できるのである。

このように，イギリス憲法は手続きが厳格でないため，時代の変化に応じて柔軟に対応し，何世紀にもわたり発展してきた。

しかしながら，制定法には例外がある。1911 年および 1949 年議会法（Parliament Acts 1911 and 1949）に基づく立法手続は，議会の会期を 5 年以上延長するために利用できないというものである。これは確立された憲法上の原理のひとつであるからである。

2.2 議会

立法府はロンドンのウェストミンスター（Westminster）にある議会（Parliament）であり，庶民院と貴族院（House of Lords）からなる。

庶民院は 2014 年 11 月 1 日の時点において 650 名の定数からなり，その議員は最大 5 年毎に行われる選挙でイングランド・ウェールズ，スコットランドおよび北アイルランドの住民から選出され，ウェストミンスターの議会がこれらの全地域の法律を制定する。

2009 年から 2010 年にかけて，庶民議員の経費不正使用が問題となり，庶民

院の議長が任期途中で辞職するまでの事態になった。そこで，議会は将来の不正支出を防止するために2009年議会倫理基準法（Parliamentary Standards Act 2009）を制定し，独立議会倫理基準局（Independent Parliamentary Standards Authority）および議会調査コミッショナー（Commissioner for Parliamentary Investigations）などが設置された。

次に貴族院は庶民院で提案された法案を審査・修正することが主な任務である。その議員は選挙によって選出されず，2014年11月1日の時点において85名の世襲貴族（hereditary peers），677名の一代貴族（life peers），および26名の聖職貴族（lords spiritual）で構成され，庶民院と異なり政治中立的議員（cross-benchers）の数が多く，任期がないのが特色である。貴族院については，非公選制，聖職貴族の存在，および議員にイングランド南部出身者が多いことなどの批判があるが，その改革が進んでいない。

ところで，ウェストミンスターから地方へと権限を委譲する分権化が進展しているが，1998年地方分権法（devolution legislation）によりスコットランド議会（Scottish Parliament），北アイルランド議会（Northern Ireland Assembly）およびウェールズ国民会議（National Assembly for Wales）は教育，環境などの分野において限定的な立法権を与えられたにすぎない。

とりわけ，スコットランドでは2014年9月18日に実施された独立の是非を問う住民投票が否決されたが，今後分権化の進展が拡大されることが期待されている。

2.3　法律の種類

法律には，制定法（statute）という形式で議会によって制定される法律および委任立法（delegated legislation）という形式で議会に代わって制定される法律とがある。議会によって制定される法律は議会制定法（Acts of Parliament）という形式をとり，第一次的立法（primary legislation）と称される。議会制定法は議会の権限のもとで政府の閣僚または地方公共団体によって制定される委任立法と区別される。これは第二次的立法（secondary legislation）とも称され，主として命令（statutory instruments）という形式をとる。現在における多数の立法は第二次的立法である。

議会は議会制定法という形式で法案を可決する。平均して，議会は一会期につき約60件から70件までの制定法を成立させる。この数字は次第に減少しているが，制定法の頁数が増大する傾向があり，立法の質が低下していると批判されている。例えば，2006年会社法（Companies Act 2006）のように47編で構成され，1300条までの条文がある大部の制定法がある（この法律の翻訳については，イギリス会社法制研究会（代表者　川島いづみ）「イギリス2006年会社法（15）」比較法学46巻2号306-8頁に掲載巻号表があるので参照されたい。）。

議会制定法は，1998年人権法のように政府（実際は官庁など）によって国民の利益のために提出される一般法案（Public Bill），2006年レスター市協議会法（Leicester City Council Act 2006）のように個人，グループまたは法人の利益のために提出される個別法案（Private Bill），1987年英仏海峡法（Channel Tunnel Act 1987）のように一般法案と個別法案との両方の性格をもつ混合型法案（Hybrid Bill）または1967年堕胎法（Abortion Act 1967）のように政府の閣僚または貴族院議員によって提出される政府提出法案（Government Bill）として開始される法案がある。議院内閣制であるイギリスでは，日本と同様に，議員提出法案（Private's Member Bill）が成立する可能性は少ないのである。

なお，法令の掲載項目としては，①法令の短いタイトル（short title），②公式の引用（citation），③法令の長いタイトル（long title），④国王の裁可の年月日（date of royal assent），⑤制定の文言，⑥本則（main body），⑦頭注（headings），⑧施行期日（commencement），⑨附則（schedules）などがある。短いタイトルは引用という便宜のためにあるが，長いタイトルは当該法令の適用範囲を説明するものである。本則は，条文（sections），項（subsections），そして号（paragraphs）というように細分化されることもある。附則は殆どの議会制定法の末尾にある。

2.4　立法手続

先に法案を提出するのは，予算に関する法案である金銭法案（Money Bill）以外は庶民院または貴族院のいずれでもよいが，重要法案は先に庶民院に提出

されることが多い。

　その手続きは，議場参事（Clerk at the Table）が法案の略称のみを読み上げる庶民院の第1読会（first reading），法案の一般原則および目的を審議する第2読会（second reading），通常18名の議員からなる一般法案委員会（Public Law Committee）に送付された法案について逐条を検討する委員会段階（committee stage），再度本会議に戻され修正について議論し，表決にかけることができる委員会報告の段階（report stage），そして法案の字句のみを訂正することが認められるという限定があるが，法案の一般原則を再度討議する第3読会（third reading）の本会議を通過し，ほぼ庶民院と同様の手続きである貴族院の審議を経て通過し，さらに国（女）王の裁可（Royal Assent）を得なければならないというものである。

　法案によっては，国（女）王の裁可のために提案され，貴族院を通過しない場合でも庶民院が反対しなければ国王の裁可を得て成立するものがある。この手続は1911年および1949年の議会法（Parliament Act）による規制を受けるが，1949年以降では1991年戦争犯罪法（War Crimes Act 1991），1999年ヨーロッパ議会選挙法（European Parliamentary Elections Act 1999），2000年性犯罪（修正）法（Sexual Offences (Amendment) Act 2000），2005年狩猟法（Hunting Act 2005）などで例外的な利用があったに過ぎない。

2.5　委任立法

　委任立法は議会制定法によって与えられた権限のもとで制定されるもので，「従位立法（subordinate legislation）」とも称される。現在，委任立法は質的および量的に重要になっているため，立法過程では議会よりも内閣の役割が増大している。わが国やアメリカと異なり，議会制定法の有効性が裁判所で問題とされることはないが，内閣の閣僚が規則制定する際に議会制定法に基づき与えられた権限を超える場合に委任立法の有効性が問題となる。閣僚が自己の権限を超えた場合に，権限外（ultra vires）であると裁判所は判示し，その規則は無効となることになる。

　委任立法とは，以下の枢密院令（Orders in Council），命令（Statutory

Instruments），および自治法規（Byelaws）からなる。

(1) 枢密院令

国（女）王および枢密院は，法としての効力を有する枢密院令を制定する権限を有する。枢密院は首相および他の政府の主要構成員から構成される。

今日，枢密院令が利用されるのは主に EU 指令（EU Directives）に効力を与えるためである。また，緊急事態規則のような勅令を発することがある。アン王女の息子で現在王位継承順位第 11 位の Peter Phillips が Autumn Kelly と婚姻するのに 1772 年王室婚姻法（Royal Marriage Act 1772）のもとで枢密院令が出された。

(2) 命令

議会制定法は命令を制定する権限を行政機関に与えている。命令とは Regulations, Rules および Orders の総称で，これが制定されるのは，制定法自体に定めることができないほど，余りにも複雑な場合である。

制定法と比較した場合に命令の量は相当なもので，毎年 3000 件から 4000 件までの命令が出されている。2012 年には 3328 件の命令が出された。その命令の過半数以上は道路工事のための交通禁止または交通制限に関するものである。

(3) 自治法規

自治法規とは，主に地方公共団体により制定される法規で，特定の地域（県，市，町，地区）にのみ適用されるものである。この法規は 1972 年地方自治法（Local Government Act 1972）に基づき制定される。

しかし，当該の大臣が承認すれば，自治法規は効力を生じる。自治法規自体に施行期日が明記されていない場合には，自治法規は承認後 1 カ月で施行されることとなる。

自治法規としては，公企業により制定されるものがある。ロンドン地下鉄システムにおける禁煙などがその例である。

2.6　議会と裁判所

立法者としての議会と裁判所との間の関係が重要である。議会は最高の立法者で，議会によって制定される法と裁判所によって発展された法との間に抵触が生じる場合に，議会の法である制定法が優先される。換言すれば，議会は判例を通して裁判官によって発展された法を変更できるが，しかし裁判所は制定法を変更することができないということである。

2.7　ヨーロッパ法（EU 法）との関係

議会は最高であるが，その最高性は 2 つにおいて制限される。

第 1 に，1973 年 1 月 1 日以来のヨーロッパ連合（European Union）の加盟国として，ヨーロッパ法が連合王国に直接適用され，議会制定法の規定がヨーロッパ法と抵触した場合に，議会制定法を無効とするという趣旨の判決を貴族院が下した（*Van Gend en Loos v Nederlands*〔1963〕ECR1）。

第 2 に，1998 年人権法の成立により，議会は，部分的にヨーロッパ人権条約（European Convention on Human Rights）を国内法として編入した。結果として，第一次的立法および第二次的立法は「人権条約の権利」に抵触しないように解釈され，施行されることになった。国内法と人権条約の権利との抵触が認定されれば，上位裁判所は不適合の宣言ができる。これは国内法を無効とすることを意味しないが，議会がその法改正によって抵触を解決することが期待される。

2.8　法律の調べ方

議会制定法の出版は，出版された制定法のコピーを公表することを要求される政府刊行物出版所（Stationery Office）〈http://www.tso.co.uk/〉の責任である。このコピーは，*Public General Acts and Measures* の合冊版として毎年出版される。このような政府刊行物以外に，重要な出版物がある。これらの出版物の中で最も利用されているものは *Law Reports: Statutes*, *Halsbury's Statutes of England and Wales* および *Current Law Statutes Annotated* である。

特に 1986 年に刊行された第 4 版の *Halsbury's Statutes* は重要で，法令に改正があったか否かを確かめるために *Cumulative Supplement*，または *Note-Up Service* にあたる必要がある。*Note-Up Service* は *Cumulative Supplement* の公刊以降に生じた最近の修正点を記載するものである。その他に法令の変更を調査するには，*Halsbury's Statutes Citator, Is it in Force?* および *Current Law Legislation Citator* が重要な文献である。

1235 年以降の制定法の修正を点検する手段としては，*The Chronological Table of the Statutes* がある。*Chronological Table* は 2，3 年遅れて出版されるので，毎年出版される *Public General Acts and Measures* が最新の制定法とされる。1235 年から 1713 年までの制定法は Statutes of the Realm に，そして 1225 年版のマグナ・カルタから 1869 年までの制定法は Danby Pickering が照合した *Statutes at Large* に収録され，それらの制定法集成である *The Statutes at Large from the Magna Carta to the End of the Eleventh Parliament of Great Britain* がイギリス法制史研究にとって不可欠なものとなっている。

なお，契約法，不法行為，刑法，会社法などの主要な科目の法律を編集した学習教材として，Oxford 大学出版の *Blackstone's Statutes* シリーズ，Palgrave Macmillan 社の *Core Statutes* シリーズおよび Routledge 社の *Student Statutes* シリーズが信頼できるものである。

2.9 法律のウェブサイト

Westlaw および Lexis は議会制定法および命令を発見するのに有用な有料のサービスである。Westlaw は，1267 年以降の議会制定法および命令を網羅する UK Statutes, UK Statutory Instruments などのデータベースを収載している。Lexis は *Halsbury's Laws of England* のオンライン版にアクセスできることが最大のメリットであるが，立法のデータベースとして UK *Parliaments Acts, Statutory Instruments, Scottish Parliament Acts* などにもアクセスできる。HeinOnline を利用すれば *English Reports* に収載されている *Statutes of the Realm* が入手できるので，1235 年から 1713 年までの制定法が閲覧できることになった。

Westlawおよび Lexis 以外に，無料のウェブサイトが極めて充実している。公共センター情報局（Office of Public Sector Information）と制定法データベース（Statute Law Database）とのウェブサイトを統合したサイト〈http://www.legislation.gov.uk〉は公式のデータベースとして最も信頼が高いものである。このサイトはイギリス最古の現行法である 1267 年のマールブラ法（Statute of Marlborough）から最近の法まで収録し，北アイルランド，スコットランド，イングランドおよびウェールズの制定法および命令を網羅している。このサイトに収録されている第一次的立法の殆どが「改正」という形式をとることが特徴である。

そして，すでに説明した BAILII〈http://www.bailii.org/uk/legis/num_act/〉のサイトも 1215 年版マグナ・カルタ以降に制定された制定法および命令を完全に検索できる有益な無料サービスである。2001 年以降の会期で議会に提案された法案（Bills）およびまだ成立していない法案の進捗状況を把握するためには，議会のサイトが有用である〈http://www.parliament.uk〉。

なお，1215 年までの初期のイギリスの法典，勅令などを編集し，英語に翻訳した Early English Laws というサイトも法制史研究にとって必須のものである〈http://www.earlyenglishlaws.ac.uk/〉。

3．判例

3.1 コモン・ロー

コモン・ロー（common law）という言葉は歴史的にはイングランド全土に共通であった法に由来する。現在では，英米法という意味以外に，「コモン・ロー」は立法でない法，すなわち，裁判官によって下された判決に由来する法である判例法を意味するというのが一般的である。

判例法として，コモン・ロー以外に衡平法（equity）がある。衡平法はイングランドおよびウェールズの法の一部であるが，コモン・ローの一部ではない。1873 年および 1875 年最高法院法（Supreme Court of Judicature Act）が裁判組織としてコモン・ローと衡平法とを融合したが，法原理としてはコモ

ン・ローと衡平法とは区別されている。例えば，コモン・ローの救済は権利として与えられるが，衡平法の救済は裁判所の裁量に任されている。

コモン・ローである判例法を発展させたのは裁判官である。したがって，裁判官が法を創造してきた。この意味におけるコモン・ローは，大陸法制度と対比される。フランスまたはドイツなどに見られる，大陸法制度の主要な特徴は法典である。この制度のもとでは，裁判所の役割は法創造というよりも，法典を解釈することである。

裁判所がイギリス法の特徴である先例のシステムを発展させたのである。先例のシステムとは，以下で説明する最高法院または控訴院の判決の中の判決理由（ラテン語の ratio decidendi として知られる）がその他の事件の判決を拘束するという制度である。このような先例を拘束する原理である先例拘束性の原理（Doctrine of Judicial Precedent）は19世紀に確立し1996年の貴族院の声明（［1966］3 All E.R.77）以降厳格なものでなくなったが，イギリス法の特徴であるといわれる。これは，法の研究に判例研究が必要とされる部分が多いことを意味する。現在，制定法の量は極めて多くなっているが，判例法の重要性は現在でも変わらない。判例法を理解するためには，まず裁判所の構造を理解することが必要である。

3.2 裁判所

イギリスの裁判所は，貴族院（House of Lords）から独立した連合王国最高法院（Supreme Court of the United Kingdom），控訴院（(Court of Appeal），高等法院（High Court），刑事法院（Crown Court）というイングランド・ウェールズ上位法院（Senoir Courts of England and Wales）からなる。そして，上位法院のもとに州裁判所（County Court），治安判事裁判所（Magistrate's Court）がある。

これらの裁判所以外に，審判所（Tribunals）という行政裁判所に相当する機関が司法的解決にあたり重要な役割を果たしている。かつてのイギリスの植民地であったコモンウェルスからの上訴を審理する枢密院司法委員会（Judicial Committee of the Privy Council）という司法機関も存在する。

イギリス国内法がEU法との抵触が生じるとき，欧州司法裁判所

(European Court of Justice）に付託されることがあるが，ここではイギリスの裁判所に限定することにする。

(1) 最高法院

立法府としての議会と区別するために，2006年4月3日に施行された2005年憲法改革法（Constitutional Reform Act 2005）第3編により貴族院の上訴委員会（Appellate Committee of the House of Lords）が廃止され，イギリス連合王国最高法院〈https://supremecourt.uk/〉が設置された。2009年4月に開廷される予定であった最高法院がロンドンの旧ミドルセックス県庁舎（Middlesex Guildhall）を改装することでようやく2009年10月1日に開廷された。

最高法院は，1名の長官と副長官からなる12名の裁判官で構成されるイングランドおよびウェールズの最終審の裁判所で，刑事事件において控訴院（刑事部）からの上訴および例外的に高等法院（典型的には女王座部裁判所）からの上訴を審理し，民事事件において控訴院（民事部）および高等法院からの上訴を審理するのである。

次にスコットランドおよび北アイルランドであるが，最高法院はスコットランド控訴院内院（Inner House of the Court of Session）からの民事事件および北アイルランド控訴院（Court of Appeal in Northern Ireland）からの民事・刑事事件の上訴をも扱っているが，刑事事件についてはスコットランド刑事法院（High Court of Justiciary）が依然として最終審裁判所である。

(2) 枢密院司法委員会

枢密院，すなわち枢密院司法委員会〈https://jcpc.uk/〉は，コモンウェルス諸国（英連邦）の24カ国，海外の領土・属領（ジャージー島・ガーンジー島）に関する最終審裁判所で，国内の事件を直接には扱わないが，カンターベリ・アーチ裁判所（Arches Court of Canterbury）などの数多くの教会裁判所からの上訴を扱うことが極めて稀にある。

現在，コモンウェルスの諸国のなかで上訴できる国としては，アンティグ

ア，トリニーダド・トバコ，ジャマイカおよびモーリシャスのみである。殆どのコモンウェルス諸国は最終審裁判所を設置したので，枢密院への上訴が減少することになった。カリブ海の諸国でもその廃止が検討されたが，まだ実現をみていない。

枢密院の最低定員は3名で，5名の通常構成員は，最高法院の裁判官，過去において控訴院の裁判官としての経験があった者，現在および過去において控訴院の裁判官としての経験のある枢密院の構成員（Privy Councilor），および現在においてコモンウェルス諸国の上位裁判所の裁判官でもある枢密院の構成員からなる。

委員会で審理される上訴は殆どが民事事件に関するもので，刑事事件は稀である。

(3) 控訴院

控訴院は民事部（Civil Division）と刑事部（Criminal Division）とに分かれる。民事部は高等法院および県裁判所からの上訴を審理する。最低2名，通常は3名の控訴院裁判官（Lord Justice of Appeal）と呼ばれる裁判官が審理する。「先例拘束性の原理」に係わる事件のように重要な法律問題が審議されるときには，5名の控訴院裁判官が召集されることがある。

刑事部は刑事法院からの上訴を審理する。これ以外に控訴院に付託される場合として，刑事事件再審委員会（Criminal Cases Review Commission）が審査し，有罪判決が維持できないと判断した冤罪事件がある。

刑事事件は，少なくても2名または3名の裁判官によって審理されることになる。刑事部部長裁判官は首席裁判官である Lord Chief Justice が，2005年憲法改革法により首席裁判官が最高法院の裁判長になることとなった。民事部部長裁判長は記録長官（Master of Rolls）である。この奇妙な称号は歴史的偶然によるものである。

(4) 高等法院

高等法院は，ロンドンの王立裁判所（Royal Court of Justice）を本拠とするが，ロンドン以外のイングランド・ウェールズには原告が高等法院の手続

を開始できる100以上の地方登録所（district registry）が存在する。高等法院は合議法廷（Divisional Courts）と通常の高等法院とで区分されている。合議法廷の場合には，2，3名の裁判官が審理を担当する。1872年以来，合議法廷は，行政事件を扱う行政法廷（Administrative Court），商事法廷（Commercial Court）・海事法廷（Admiralty Court），商取引法廷（Mercantile Court），技術・建築法廷（Technology and Construction Court）を併設する女王座部（Queen's Bench Division），主に会社の倒産を扱う会社法廷（Companies Court），特許および登録意匠を扱う特許法廷（Patents Court）を併設する衡平法部（Chancery Division）および家事部（Family Division）という3つの部という区分がある。いずれの部も第一審において刑事管轄権を有しない。

　主として，女王座部は訴額1万ポンド以上の契約および不法行為，訴額5万ポンド以上の人身傷害，名誉毀損などの民事事件ならびに刑事事件を扱い，衡平法部は土地の売買，知的財産，会社，信託，破産，および専門職業人賠償責任などの事件を扱っている。家事部は，離婚，養子縁組，子の扶養，後見，同性愛の関係にあるシビル・パートナーシップ（civil partnership）などに関する国内的および国際的な家事事件を扱い，2013年犯罪および裁判所法（Crime and Courts Act 2013）31A条に基づき2014年に設置された家庭裁判所（Family Court）が高等法院家事部，州裁判所および治安判事裁判所の家事事件を担当している。

　高等法院の裁判官はこれらのいずれかの部に属し，女王座部長は首席裁判官である。名目的な衡平法部部長裁判官は大法官（Lord Chancellor）であり，事実上の衡平法部部長裁判官は副大法官（Vice-Chancellor）である。家事部部長裁判官が家事部首席裁判官（President of the Family Division）である。

(5) 刑事法院

　刑事法院は12名の素人からなる陪審員（jury）による正式起訴（indictment）に基づく審理を扱う裁判所であり，略式手続きに基づき有罪判決を下した治安判事裁判所からの上訴事件をも扱う。この場合には陪審員が存在しない，

　現在92の刑事法院が存在し，中部，北部，南東部，南西部，ロンドン・

ウェールズと地域区分されている。オールド・ベイリー（Old Bailey）として広く知られる中央刑事法院（Central Criminal Court）がロンドン市の刑事法院として有名であるが，典型的な刑事法院ではない。

刑事法院は通常1名の裁判官が審理を担当するが，その裁判官とは高等法院裁判官（High Court judge），巡回裁判官（circuit judge），巡回代理裁判官（deputy circuit judge），またはパート・タイム裁判官である記録裁判官（recorder）である。

(6) 治安判事裁判所

イングランドおよびウェールズには約330の治安判事裁判所があるが，その起源は1195年に遡ることができるほど古いものである。

治安判事裁判所は家事事件を含む広範囲な民事管轄権を有するが，訴訟事件の件数ということではイギリスで最も重要な刑事裁判所である。治安判事裁判所は陪審審理によらず略式起訴による事件を扱うが，被告人の同意があれば，略式起訴による審理または正式起訴による審理を選択できる。この審理は2，3名の素人の治安判事（magistrate）の裁判団または1名の有給の判事によって行われ，被告人のほぼ80％は有罪判決を下される。

治安判事裁判所は10歳から17歳までの少年被告人の事件を扱う少年裁判所（Youth Court）でもある。少年裁判所は非公開（in camera）が原則で，特別な訓練を受けた3名の治安判事または1名の地方裁判官（district judge）が少年事件を担当し，陪審は存在しない。当該事件の直接関係者のみが出席できる。

(7) 州裁判所

州裁判所は1846年州裁判所法（County Court Act 1846）によって設置され，約218の州裁判所が存在する。州裁判所に提訴される事件は約665名の巡回裁判官によって審理され，447名の裁判長は地方裁判官（district judge）と呼ばれ，重要性の低い事件を審理する。

州裁判所は，破産，支払不能，および家事事件を含む，広い管轄権を有する。高等法院と州裁判所との間では，訴訟金額，重大性，困難性，および迅速

性という基準によって事件が配分される。訴額1万5000ポンド未満の通常訴訟，5万ポンド未満の人身傷害訴訟は通常州裁判所で開始されなければならないが，他の事件については州裁判所と高等法院との間で選択される。

5万ポンド未満の特許訴訟事件は2013年10月1日に開廷された知的財産企業裁判所（Intellectual Enterprise Court）で〈http://www.justice.gov.uk/courts/rcj-rolls-building/intellectual-property-enterprise-court〉に提起しなければならない。この裁判所は高等法院の中の衡平法部にある特許法廷と異なり，全ての知的財産に関する訴訟を扱うものである。

なお，訴額5000ポンド以下の少額訴訟（small claims）では州裁判所には特別な手続がある。この訴訟は非公開の法廷で行われ，審理の60%は30分以内に終了する。

(8) 審判所

以上の裁判所と並んで2000以上の審判所があり，審判所は国家による設置と国家以外の団体による設置とに区分される。前者は行政審判所（Administrative Tribunals）と呼ばれることがあるが，裁判所制度の一部ではない。不当解雇などの使用者と被用者との紛争を扱い，日本の労働審判制度のモデルとされた雇用審判所（Employment Tribunals）が最も有名であるが，家主と借家人との紛争，移民に関する紛争，税に関する紛争，金融問題などを扱う審判所が70種類存在する。すべてが審判所と呼ばれるわけではなく，例えば，凶悪な犯罪に対する被害者補償請求を査定する犯罪被害補償局（Criminal Injuries Compensation Board）がある。

審判所は特定分野における専門家からなるので，通常の裁判所よりも迅速に判断を下すことができるメリットがある。しかし，審判所の仕事は多忙で，毎年何千もの事件を処理しているので，審判員の数を減らすことで費用を軽減しようとすることがあり，1人の審判員で審理されることが普通となっている。ただその判断も形式的になっているという傾向がある。

そこで，2007年審判所・裁判所施行法（Tribunals, Courts and Enforcement Act 2007）が制定され，審判所について新たに簡素化し，統一的な枠組みのシステムを定めるとともに，管理運営部門を各省から司法省に移

管した。特に，大法官が既存の審判所の管轄を7つの室からなる第一段階審判所（First-Tier Tribunal）および4つの室からなる上級審判所（Upper Tribunal）に移行する権限をもつことになった。ただし，雇用審判所はこのシステムに含まれていない。

3.3 判例の調べ方
(1) 判例集

代表的な判例集としては，*Law Reports*, *Weekly Law Reports*, *All England Law Reports* がある。*Law Reports* は，正式にはイングランドおよびウェールズの判例集協議会（Incorporated Council of Law Reporting for England and Wales）の *Law Reports* と呼ばれ，イングランドおよびウェールズの判例集の中で公式のものに近いものである。この判例集は1865年以降に下された重要な判例を登載している。*Law Reports* は，Appeal Cases (A.C.), Chancery Division (Ch.), Queen's Division (Q.B.), および Family Division (Fam.) からなる。*Law Reports* が最も権威のある判例集で，*Law Reports* と他の判例集に同じ判例が登載されている場合には，*Law Reports* に登載されている判例が優先される。

Weekly Law Reports は，1953年以来，判例集協議会が *Law Reports* よりも迅速に判例を登載する目的により公刊されてきたものである。このシリーズは毎年3巻で刊行される。そして *All England Law Reports* は Lexis-Nexis UK により刊行されている，最も重要な私的な判例集である。この判例集は出版される前に裁判官により訂正されるが，弁護士側の弁論は掲載されない。

これらの判例集以外に，特定の法分野の事件を扱う専門的な判例集がある。そのような判例集として，*Criminal Appeal Reports*, *Environmental Law Reports*, *Industrial Relations Law Reports*, *Lloyd's Reports*, *Road Trafic Reports*, *Tax Cases* などがある。特定分野の指導的判例が *Law Reports* または *All England Law Reports* のような判例集でなくて，これらの専門的な判例集に登載されていることが多くある。

最近の判例については，*The Times*, *Financial Times*, *Daily Telegraph*, *The Independent*, *The Guardian* などの主要な新聞が定期的に掲載してい

る。これらは主要な判例集よりも迅速に発表するものであるが、判決文の全文を見ることができない。

なお、古い判例集としては、1272年から1535年までの *Year Books* として知られる初期の判例集、*English Reports*, *Revised Reports* および *All England Law Reports Reprint* シリーズがある。特に、1220年から1865年までの *English Reports* が178巻からなる最も包括的なものである。

判例集に掲載されている判例の引用に関する正確な情報を得るためには、*Current Law Case Citator* が有益である。Citator は、1947年以降の判例を利用できるが、当該事件に関して書かれた論文および判例に影響を与えた論文をも知ることができるメリットがある。1年以内の最近の判例を知りたいのであれば、*Current Law Monthly Digest* を点検することが必要である。さらに、13世紀から現在までの判例集に登載された判例の要約を収載したものとして、*The Digest*（かつての名称は *English and Empire Digest*）がある。

(2) 判例集の調べ方

数多くの日本の大学は、イントラネットサービスまたはパスワード方式で、Lexis および Westlaw のようなサービスに加入している。一般的に Lexis, Westlaw は完全な判決文だけでなく、未登載の判決文をも閲覧できる。これらのデータベースは判例を発見するための最も効率的方法である。

Lexis は *All England Law Reports*, *Butterworths' Company Law Cases*, *Licensing Law Reports*, *Tax Cases* などにアクセスできる。Westlaw は Sweet&Maxwell 社のコンテンツということで、イングランドおよびウェールズの判例に関するデータベースとして最も網羅的であり、*British Company Cases*, *Law Reports*, *Environmental Law Reports*, *European Human Rights Reports*, *Weekly Law Reports* など数多くの重要な判例集が含まれる。1220年から1865年までの *English Law Reports* を閲覧することができる HeinOnline も欠かすことができないデータベースである。

Lexis, Westlaw 以外には、無料のサイトである BAILII が1996年以降の判例を貴族院、最高法院、枢密院、控訴院、高等法院などの裁判所別に分類しているのを参照すべきであろう〈http://www.bailii.org/form/search_

cases.html〉。特に 審判所で審理される事件の殆どは判例集に登載されないが，最近の判決が BAILII で閲覧できるのが最大のメリットかもしれない。

最高法院のサイトでは最近の判決〈http://www.supremecourt.uk/decided-cases/index.shtml〉および 1996 年から 2009 年 7 月 30 日に閉鎖されるまでの貴族院司法委員会の判決がインターネットで閲覧することができる。

なお，先に説明した *The Times*〈http://business.timesonline.co.uk/tol/business/law/reports/〉などの新聞および Law Society Gazette〈http://lawgazette.co.uk〉はウェブサイトに最新の判例を掲載しているので，定期的に閲覧すればよい。

(3) 判例の掲載項目

判例の掲載項目として，① 事件名（case name），② 裁判所（court），③ 中立的引用（neutral citation），④ 事件の引用，⑤ 裁判年月日，⑥ 裁判官，⑦ 主題，⑧ 判決要旨，⑨ 参照判例，⑩ 訴訟の詳細，⑪ バリスタ士の氏名，⑫ 判決，⑬ ソリスタおよび判例集の編集者がある。③ 中立的引用はオンラインでの公表を促進するため，最高法院は UKSC，貴族院 UKHI，枢密院 UKSCPC，控訴院（刑事部）EWCA Crim，控訴院は EWCA Civ などの省略語を利用するものである。

4. 書籍，雑誌および公文書などの調べ方

4.1 書籍
(1) 書誌

主題別にこれらの書籍を列挙する書誌としては，Raistrick, *Lawyer's Law Books*（Professional Books, 3rd ed. 1997）および Eaton, *Finding English Law: Key Titles for Non-UK Lawyers and Researchers*（Wildy, Simonds and Hill Publishing, 2011）がある。1995 年以降の年代別書籍のリストは，Current Law Year Book によっても知ることができ，最新の書籍は Wildy &

Sons Ltd 〈http://www.wildy.com/〉および Hammicks Legal Bookshops 〈http://www.hammickslegal.com/live/〉という有名な法律専門書店のサイトを閲覧すれば知ることができる。

(2) 教科書

　イギリスでは，コア科目として憲法・行政法，契約法，刑法，ヨーロッパ法，イギリス法システム，衡平法・信託，土地法，不法行為法などがあるが，選択科目として家族法，医事法，雇用法，知的財産法，および会社法などがある。

　これらの科目には数多くの優れた教科書があり，最新版の入手が重要である。例えば，Hodder Education 社の *Unlocking* のシリーズ，Oxford 大学出版の *Clarendon Law*, *Concentrate*, *Core Text*, *Directions*, *Law Questions & Answers*，および *Understanding* のシリーズ，Palgrave Macmillan 社の *Great Debates in Law*，および *Law Masters* のシリーズ，Routledge 社の *Beginning the Law*, *Optimize* および *Questions & Answers* のシリーズ，および Sweet & Maxwell 社の *Nutshell*, *Textbooks*，および *The Fundamentals* のシリーズは初心者向けの教科書として理解しやすく，出版社のサイトと連動して，用語，法令，判例および関係サイトを参照できる。最近では，アメリカのように，Oxford 大学出版の *Complete* シリーズのように判例，資料，条文などを掲載したケースブックも数多く出版されている。

　論文を執筆する際には，Smith & Hogan, *Criminal Law* (Oxford University Press, 13th ed. 2011), Peel & Jolowicz, *Winfield and Jolowicz on Tort* (Sweet & Maxwell Ltd, 19th ed. 2014), Megarry & Wade, *The Law of Real Property* (Sweet & Maxwell Ltd, 8th ed. 2012), Treitel, *The Law of Contract* (Sweet & Maxwell Ltd, 13th ed. 2011), Gower & Davies, *Principles of Modern Company Law* (Sweet & Maxwell Ltd, 9th ed. 2012) などの確立した教科書を参照すべきであろう。ただ，これらの教科書には法的権威があり裁判所で引用されるものがあるが，多くの教科書はそのような権威をもたない。

(3) 研究書

研究書は特定のテーマについて詳細に論じるものである。Cambridge 大学出版の *Law in Context* シリーズなどが有名である。学位論文が研究書として出版されることがある。

例えば，最近における会社法に関する注目すべきモノグラフィとしては，Reisberg, *Derivative Actions in Corporate Governance* (Oxford University Press, 2007), Siems, *Convergence in Shareholder Law* (Cambridge University Press, 2008), Keay, *Enlightened Shareholder Principle and Corporate Governance* (Routledge, 2011) などがある。最近では，Hart 出版，Cambridge 大学出版，Oxford 大学出版，Routledge などの主要な出版社で数多くの電子書籍が出版されている。

(4) 実務書

学生用に書かれた教科書とは異なり，実務家による実務家のために書かれたものとして実務書がある。実務書は参照するためのもので法律の百科事典ともいうべきで，数巻に及ぶものである。会社法，コーポレート・ガバナンス，銀行法，保険法，知的財産法などのビジネス法分野を扱う LexisNexis Butterworths の *Handbook* シリーズ，Sweet & Maxwell 社の *Benjamin's Sale of Goods* (9th ed. 2014), *Chitty on Contracts* (32th ed. 2015), *Palmer's Company Law* (1976-), *Woodfall's Landlord and Tenant* (1978-), *Emmet & Farrand on Title* (1986-), *Kemp & Kemp Personal Injury Law, Practice and Procedure* (2005-), Tooty, Moss & Segel, *Insolvency* (1986-) などがある。*Woodfall's Landlord and Tenant*, *Palmer's Company Law* および Tooty, Moss & Segel, *Insolvency* などの著書は Westlaw の Commentaries で閲覧できる。

なお，Sir Edward Coke によって書かれた *Institutes of the Laws of England* などの権威的典籍 (books of authority) は法源 (source of law) と認められる。これらの典籍を収載する HeinOnline は必須ツールといえる。

(5) 法律辞典

わが国を代表する辞典として，田中英夫編集代表『英米法辞典』（東京大学出版会，1991年）および小山貞夫編著『英米法律語辞典』（研究社，2011年）がある。そして，ビジネス法については，鴻常夫＝北沢正啓編集『英米商事法辞典』（商事法務研究会，新版，1998年）などの辞典がある。

英語で書かれた法律辞典として詳細なものとして，「アメリカ法」で説明した Black's Law Dictionary がイギリス法においても必読の辞典であることはいうまでもないが，2巻からなる *Jowitt's Dictionary of English Law* (Sweet & Maxwell Ltd, 4th ed. 2015) と *Stroud's Judicial Dictionary of Words and Phrases* (Sweet & Maxwell Ltd, 8th ed. 2012) とがある。学生用としては，E.A. Martin and J.A. Law, *Oxford Dictionary of Law* (Oxford University Press, 8th ed. 2015), S. Bone and M. Woodley, *Osborn's Concise Law Dictionary* (Sweet & Maxwell, 12th ed. 2013) は安価であるが，十分な内容を備えている。

裁判所で頻繁に引用される一般的な辞典は，20巻からなる *The Oxford English Dictionary* (Oxford University Press, 2009) である。Oxford English Dictionary はオンラインでも見ることができるので〈www.oed.com〉，是非参照されたい。

法律省略事典として Ronald Raistrick, *Index to Legal Citations and Abbreviations* (Sweet & Maxwell Ltd, 4th ed. 2013) が完璧であるが，Cardiff Index to Legal Abbreviations〈http://www.legalabbrevs.cardiff.ac.uk/〉というサイトが最も手近なものである。

なお，ラテン語の語句および格言の意味は殆どの法律辞典を参照すれば理解できるが，法格言を集成したものとして，1845年に出版されてから改訂を重ねている R.G. Chaturvedi, *Broom's Legal Maxims* (Universal Law Publishing Co., 11th ed. 2011) がある。

(6) 法律雑誌

法律雑誌は，一般雑誌，専門雑誌，および実務雑誌と区分される。

一般雑誌で有名なのは，Law Quarterly Review, Cambridge Law

Journal, Oxford Journal of Legal Studies および Modern Law Review である。その雑誌は年に4回または6回刊行されている。

専門雑誌は，刑事法，ビジネス法など特定の法領域に焦点をあてるもので，数多く出版されている。この雑誌としては，Public Law, Journal of Contract Law, Journal of Criminal Law, Criminal Law Review, Family Law, Civil Justice Quarterly, Company Lawyer, Journal of Business Law, Industrial Law Review などがある。

実務雑誌としては，The New Law Journal, Solicitor's Journal, Law Society Gazette, Counsel, Justice of the Peace などがある。

The Times, *Daily Telegraph*, *The Guardian* および *The Independent* という新聞もウィクリーでの法律記事を掲載しているのも見逃せない。

これらの法律雑誌の論文検索は簡単なことではない。現在では，数多くの索引が出版されている。以前には，アメリカで出版されている Index to Legal Periodicals & Books および Index to Foreign Legal Periodicals が重要な文献であった。イギリスの Sweet & Maxwell 社の The Legal Journals Index が1986年に発刊され，イギリス連合王国で出版された法律雑誌の論文を網羅し，主題および著者名に従って索引が作成されているもので，極めて有用な法情報源になっている。この索引は Westlaw，および Lexis で閲覧することができる。

Westlaw のデータベースは，キーワード，および著者名などを入力することで，Arbitration, Company Lawyer, Journal of Business Law, Criminal Law Review, Law Quarterly Review などの数多くの雑誌から論文を検索でき，しかも完全テキストで入手できるのである。

Lexis は Westlaw に収載されていない Estates Gazette, Journal of Criminal Law, The New Law Journal などの雑誌を閲覧できるので，Westlaw との収載範囲の相違を点検しておく必要がある。

さらに，HeinOnline というアメリカのデータベースがある。収録されている雑誌はアメリカ法が中心であるが，Cambridge Law Journal, Modern Law Review, Northern Ireland Law Quarterly など主要なイギリス法の雑誌が収載されているうえに，Durham Law Review, Edinburgh Law

Review, Journal of Corporate Law Studies, Nottingham Law Review など Westlaw, Lexis に収載されていない雑誌を閲覧できるという点および創刊号から印刷体で閲覧できる点がメリットである。

(7) 公文書

最後に公文書であるが，政府刊行物出版所〈http://www.tso.co.uk/〉で入手できる，女王陛下（実は内閣の閣僚）の命令により議会に提出される議会討議資料（Command Paper. 緑書および白書として提出されることがある。）および法案（Bill）が重要である。法案は，議会審議報告書（Parliamentary Debates）とともに読むと有益である。公式の議会審議報告書はその出版のアシスタントであったトーマス・ハンサード（Thomas Hansard）の名をとってハンサードと呼ばれ，立法研究には不可欠な資料で立法目的を理解する上で有益である。さらに，第2読会のスピーチが法令の概略を知る上で有益である。

議会討議資料を含む庶民院の資料は1801年から2004年まで House of Commons Parliamentary Papers という有料データベースで入手できる。とりわけ，両院のハンサードは1803年から2005年まで〈http://hansard.millbanksystems.com/〉，庶民院のハンサードは1802年から1988・1989年会期から〈http://www.parliament.uk/business/publications/hansard/commons/〉，そして貴族院のハンサード〈http://www.parliament.uk/business/publications/hansard/lords/〉は1994・95年会期からオンラインで見ることができるようになった。そして直近の庶民院および貴族院における議論はウェブサイトで見ることができる〈http://www.theyworkforyou.com/debates/〉。

法改正のために設置される王立委員会（Royal Commission）および法律委員会（Law Commission）〈http://www.lawcom.gov.uk/〉により提出される報告書も見逃すことができない。

【参考文献】
戒能通厚編『現代イギリス法事典』（新世社，2003年）。
田島裕『イギリス法入門』（信山社，第2版，2009年）。

田中英夫「英米法」田中英夫＝野田良之＝村上淳一＝藤田勇＝浅井敦『外国法の調べ方―法令集・判例集を中心に―』（東京大学出版会，1974年）。

田中英夫『英米法総論（上）（下）』（東京大学出版会，1980年）。

中網栄美子「研究・実務に役立つ！リーガル・リサーチ入門　第14回　英米法情報」情報管理56巻8号536-544頁（2013年）。

中村民雄「イギリス法」北村一郎編『アクセスガイド外国法』（東京大学出版会，2004年）。

フランク・ベネット「4．イギリス法」指宿信編著『インターネットで外国法』（日本評論社，1998年）。

Bradney, Anthony, Fiona Cownie, Judith Masson, Alan C. Neal and David Newell, *How to Study Law* (Sweet & Maxwell Ltd, 7th ed. 2014).

Cherkassky Lisa, Julia Cressey, Christopher Gale, et al., *Legal Skills* (Palgrave Macmillan, 2011).

Finch, Emily and Stefan Fafinski, *Legal Skills* (Oxford University Press, 5th ed. 2015).

Holborn, G., *Butterworths Legal Research Guide* (Oxford University Press, 2nd ed. 2006).

Holland J. J. and Webb J., *Learning Legal Rule*s (Oxford University Press, 8th ed. 2013).

Huxley-Binns, R., Riley L. and Turner C., *Unlocking Legal Learning* (Hodder Education, 3rd ed. 2012).

Knowles, J. and Thomas, P., *Effective Legal Research* (Sweet & Maxwell Ltd, 3rd ed. 2012).

McConville, M. and Chui Hong Wing (eds), *Research Methods for Law* (Edinburgh University Press, 2007).

Smith, A.T.H., *Glanville Williams: Learning the Law* (Sweet & Maxwell Ltd, 15th ed. 2013).

Stein, S., *Law on the Web: A Guide for Students and Practitioners* (Pearson Education, 2003).

Wilson, S. and Kenny P., *The Law Student's Handbook* (Oxford University Press, 2nd ed. 2010).

第15章 ドイツ法

はじめに

　ドイツ法は，わが日本の法制度・法理論の生い立ちと，密接な関係を持っている。

　よく知られたように，明治31（1898）年に施行されたわが国の現行民法（明治29年4月27日法律89号）は，当時起草中であったドイツ民法草案の影響を強く受けて作成されたといわれる。また，明治41（1908）年に施行されたわが国の刑法（明治40年4月24日法律45号）については，その学説における理論構築との関係で，ドイツ刑法理論の影響を否定することはできないであろう。

　また，この情報社会においてにわかに脚光を浴びる知的財産権法の領域との関係でも，ドイツ法の影響は否定することができない。例えば，いまや，インターネットの普及を背景に「1億総国民の法律」とも称される著作権法である。明治32年に制定され昭和45（1970）年まで妥当した旧著作権法（明治32年3月4日法律39号）にせよ，その後の昭和45年に制定された現行の著作権法（昭和45年5月6日法律48号）にせよ，学説における理論構築のみならず裁判官による判例理論の構築に際しても，ドイツ法の影響は，多くの面で認めることができる。

　このような，ドイツ法制度・法理論のわが国への影響力を知るとき，その要因を，ドイツ法それ自体が備える特殊性ないし優越性に求めるべきか，あるいは，それを受け入れたわが国における特殊性に求めるべきかの問題は，それ自体，興味深いテーマとなり得る。しかしこうした問題の解明を措くとしても，

いずれにせよ，わが国の法制度なり法理論を学習し理解を深めるうえで，ドイツ法は比較考察の主要な対象として，それを参照し学習する機会が，他の外国法と比較しても，相対的に多い外国法の1つといわなければならない。

そこで，本章では，これから法律学習それもドイツ法の学習を始めようとする初学者を想定しつつ，そうした初学者が，ドイツ法の学習をするうえで，参照すべき法情報とはどのようなものか，あるいは，特定の法情報を入手するにはどうしたらよいのかについて，法令，判例，法文献の各法情報との関係で，できるだけわかりやすく解説することにする。

意外なことに，従来のドイツには，英米法系諸国に見られるような，法情報の体系的な調査を扱ういわゆるリーガル・リサーチに関する議論は，比較的少なかった。それは，大陸法に位置するドイツ法制度が制定法主義に立脚することから，複雑を極める判例法に立脚する英米法の場合と比べ，その相対的に単純な法情報（制定法情報）を調べるために体系的な方法論を構築する必要が乏しかったからであろう。しかし，法律学習をすすめるうえで，たとえ制定法主義に立脚する国においても，制定法の情報のみならず，判例および学説の情報が重要性を有することはいうまでもない。そこで，近年はドイツにおいても，コンピュータ技術を用いて，判例情報，学説情報をふくめた法情報の調査を可能とするような方法が構築されている。以下にはそうした新しい形態の法情報調査の方法も紹介していこうと思う。

なお，ドイツは連邦制を採用する国家であって，ドイツ国内の制定法には，連邦レベルに妥当する連邦法（Bundesgesetz）のみならず州レベルに妥当する州法（Landesgesetz）とがある。しかし，わが国での学習の対象として主要な役割を果たすのは連邦法である。そこで以下に述べる内容は，特に断らないかぎり，連邦法に関する法情報を前提としている。

1. 法令

1.1 法令を見つける必要が生ずるのはどのような場合か

ドイツ法を学習しようとする者が，特定の法令を見つける必要は，どのよう

なときに生ずるであろうか。多くは，自分が関心を有する法律文献や裁判の判決文に，法律の条文らしき表記が記載されているのを目にしたときであろう。法解釈の習得を目的とする法律学の学習にとって，現に生きた法律条文を手元においで読み込むことは，決定的に重要なことである。しかし，法律文献や判決文には，関係する法律条文が，規定の体裁そのままに全文で引用されることは稀であろう。多くの場合は，「§」などの，明らかに条名を示すものと推測される記号を伴って，いわばレファレンスのための手がかりとして，関係条文の条項数の数字が示されるにすぎない。そこで，その関係する条文について，より具体的かつ詳細な規定内容を知るためには，その条文を規定する特定の法令を見つけ出す必要が生じるわけである。

具体例を示そう―。

① „Das allgemeine Persönlichkeitsrecht ist in der Rechtssprechung des BGH es seit dem Jahre 1954 als ein durch Art.1 und 2 GG verfassungsmäßig garantiertes Grundrecht und zugleich zivilrechtlich nach 823 Abs. 1 BGB geschütztes "sonstiges Recht" anerkannt." (BGH GRUR 2000,709,712－Marlene Dietrich)

（一般的人格権は，1954年以来，連邦通常裁判所の判例において，基本法1条および2条により憲法上保障される基本権として，また同時に，民法823条1項に基づき私法上保護される「その他の権利」として，承認されてきた。）

② „Das Recht am eigenen Bild ist das ausschließliche Recht des Menschen, über die Verbreitung und öffentliche Zurschaustellung seines Bildnisses zu entscheiden. Geregelt ist es in dem §§22ff. Kunsturhebergesetz (KUG), die nach §141 Nr.5 UrhG fortgelten." (Christian Schertz／Horst-Peter Götting, Christian Schertz, Walter Seitz, Handbuch des Persönlichkeitsrechts, §12, Rn.1, C.H.Beck 2008)

（自己の肖像に関する権利とは，人間に備わる排他的な権利であって，その肖像の頒布と公衆展示とについて決定するものである。それを規定する

のは，著作権法141条5号に基づいて引き続き効力を有する美術著作権法22条以下である。）

上記①の例は，肖像権の保護に関する1999年のドイツ最高裁判所（連邦通常裁判所）の判決文（BGH GRUR 2000,709,712－Marlene Dietrich）からの抜粋である。また上記②の例は，2008年に出版されたドイツ人格権法のハンドブック（Horst-Peter Götting, Christian Schertz, Walter Seitz, Handbuch des Persönlichkeitsrechts, C.H.Beck 2008）からの抜粋である。

上記①の場合は，原文2行目の"Art.1 und 2"と4行目の"§823"の表記が，そして上記②の場合は，原文3行目の"§§22ff."と4行目の"§141"の表記が，それぞれ特定の条文を示していることは推測できるが，それにとどまる。そこで，これらの判決文の意味するところ，すなわちその法解釈の意味を理解するには，そうした特定条文の具体的な規定の内容を，自ら調べなければならない。

1.2 ドイツ法に特有な省略記号

まずは，ドイツ法でしばしば用いられるアルファベットの省略記号のことを知ろう。

先に，法律文献や判決文に記載された「法律の条文らしき表記」と述べたが，上記①の例でいえば，文中のGGとBGBとが，そして上記②の例でいえば，文中のKUGとUrhGとが，それを指している。これらのアルファベット表記は，いずれも，特定の法律名称の省略記号である。すなわち，GGとはGrundgesetz für die Bundesrepublik Deutschland＝「ドイツ連邦共和国基本法（いわゆる憲法）」の，BGBとはBürgerliches Gesetzbuch＝「民法典」の，KUGとはGesetz betreffend das Urheberrecht an Werken der bildenden Künste und der Photographie＝「造形芸術および写真の著作物の著作権に関する法律」の，そして，UrhGとはGesetz über Urheberrecht und verwandte Schutzrechte (Urheberrechtsgesetz)の，それぞれ省略記号である。

ドイツでは，法律の表記は，そのフルタイトルによってではなく，その省略

記号によって行われるのが普通である。例えば，上の例のほかにも，刑法はStGB（Strafgesetzbuchの省略記号），商法はHGB（Handelsgesetzbuchの省略記号），民事訴訟法はZPO（Zivilprozeßordnungの省略記号），刑事訴訟法はStPO（Strafprozeßordnungの省略記号），特許法はPatG（Patentgesetzの省略記号），商標法はWZG（Warenzeichengesetzの省略記号），という具合である。

1.3 法律略語辞典の活用

　このように，ドイツ法の学習に際しては，文献に登場した省略記号がいったいどの法律を意味し，その学習を進めるうえで自分がどの法律を探せばよいのかを知るうえでも，法律名称の省略記号の意味，すなわち，省略前の本来の表記を知ることは，重要である。この点，ドイツ法の教科書や注釈書（いずれも後に解説）等の法文献では，その巻頭などに，本文中に使用される省略記号の本来の表記を，あらかじめ整理して一覧掲載することが多い。したがって，その文献を読むうえでは，そうした一覧表を参照すれば済むであろう。

　ところが，個別の雑誌論文や判決文においても，そうした省略記号が，あらかじめ本来の表記との関係を明示することなく，当然のごとく使用されている。

　このような，個別雑誌等に現れる省略記号の意味を確かめるうえでも便利な文献がある。Hildebert Kirchner/Cornelie Butz, Abkürzungaverzeichnis der Rechtssprache, 5.Auf., Gruyter 2003（『法律用語の省略記号［第5版］』）がそれである。この法律略語辞典は，ドイツ法文献で一般に使用される省略記号について，その本来の表記を，省略記号のアルファベット順に網羅的に整理して示している。同書を参照すれば，ドイツ法文献を読む中で突如遭遇する奇怪な（！　初学者にとってはそのような印象を覚えるであろう。かつての初学者であった筆者もそうであった。）省略記号の意味を知ることができ，法令探索をするうえでも心強い味方になってくれるであろう。

　しかし，この法律略語辞典が心強い理由はそればかりではない。ドイツ法文献の記述では，個別の法律名称のみならず，裁判所の名称や法律用語にはあたらない一般語句さえも，省略記号で表記される。同書を参照するならば，こうした省略記号も網羅的にその意味を確認することができるのである。

例えば，一般民事・刑事の事件を審理する裁判所の名称は，審級の低い順に，区裁判所（日本の簡易裁判所に該当）が AG（Amtsgericht の省略記号），地方裁判所が LG（Landgericht の省略記号），ベルリン以外の上級地方裁判所（日本の高等裁判所に該当）が OLG（Oberlandesgericht の省略記号），ベルリンの上級地方裁判所が KG（Kammergericht の省略記号），そして，連邦通常裁判所（日本の最高裁判所に該当）が BGH（Bundesgerichtshof の省略記号），第二次大戦のドイツ崩壊前の最高裁判所であるライヒ裁判所が RG（Reichsgericht の省略記号）とそれぞれ表記されるのが常であるが，これらの省略記号の意味も，法律略語辞典を参照することで即座に明らかになる。

また，法律文献を読むとしばしば一般語句の省略記号にも出くわす。例えば，参考文献の表記の際にしばしば用いられる a.a.O. は am angegebenen Ort の省略記号であって，「前掲書」の意味であるし，z.B. は zum Beispiel の省略記号であって「例えば」の意味をなす。そして，法改正の解説などの際に用いられる，n.F. は neue Fassung すなわち「新法」を a.F. は alte Fassung すなわち「旧法」を，それぞれ意味する省略記号である。また，学説の位置づけとの関係では，a.M. は andere Meinung すなわち「他の見解」を，m.E. は meines Erachtens すなわち「私の考えでは（自説によれば）」を，h.M. は herrschende Meinung すなわち「支配的見解」を，そして，h.L. は herrschende Lehre すなわち「支配的学説」を示している。

とりわけ，最後に示した学説の位置づけを示す省略記号などは，現に文献で接している見解を客観的に評価するうえでは，きわめて重要なものといえよう。こうしたもろもろの省略記号について，法律略語辞典は即座にその意味を教えてくれるのである。

1.4 実際に法令を見つけるには

さて本題に戻そう。ドイツの法律文献中で出会った「法律の条文らしき」省略記号の意味を特定して，さらなる学習の対象とすべき法律を特定することができたならば，つぎは，その法律情報への実際のアクセスである。その方法を大別すれば，紙媒体の文献によるものと，オンライン等を通じたデータベース

によるものとの2種類がある。

(1) 紙媒体

まずは，公的な刊行物である。

連邦法の公布媒体でわが国の「官報」に相当するのが，Bundesgesetzesblatt すなわち「連邦法律広報」である。それは第1部と第2部とから構成され，前者には主として国内の連邦法が，後者には主として条約が掲載される。省略記号は BGBl. である。連邦法は，基本法82条1項に基づき，1949年以来，この連邦法律広報によって公布されることになっている。したがって，その第1部を参照すれば，同年以降に公布された連邦法については，この連邦法律広報で見つけることができるはずである。

つぎに，民間出版者による刊行物である。ドイツにも，いわば六法全書として，広く普及する法令集がある。民事・刑事法および手続法に関するものとして，いずれも Schönfelder（シェーンフェルダー：編者）による *Deutsche Gesetze* および *Deutsche Gesetze Ergänzungsband*（C.H.Beck），それに，憲法および行政法に関するものとして，Sartorius（サルトリウス：編者）による *Verfassungs-und Verwaltungsgesetze der Bundesrepublik Deutschland*（C.H.Beck）がそれである。いずれも，ルーズリーフ形式（加除式）の出版物である。したがって，掲載法律の法改正の内容はその都度補充されることになる。

以上のほか，紙媒体の法律情報として便利なのが，各々の法律に関して著された注釈書すなわちコンメンタール（Kommentar）である。注釈書では，当該法律の全条文について，各条文ごとに逐条的な解説がなされる。そうした解説文の記述が始まる前にその各条文が条文形式のままに掲載されるのが普通である。

ここに掲載された条文は，法律の具体的規定内容を知るうえでは便宜であろう。しかし注意しなければならないことは，その注釈書の発行時期とその後の法改正の動きとの関係である。執筆研究者が学説・判例の状況を網羅的にフォローする注釈書の改版には，相応の時間を要することがある。したがって，現に手にする注釈書が，必ずしも法改正を経た現行法（最新法）の内容に対応し

た版であるとはかぎらない。最新の法改正の状況を知るうえでは，先に紹介した連邦法律広報や，よりアップ・トゥー・デートが容易なルーズリーフ版の六法全書にあたることが要されよう。

(2) 電子媒体

次は，オンライン等を通じた電子的データベースによる法律情報である。

インターネットでは多くの法律情報が入手可能な状況になっている。まず，ドイツの連邦司法省は，法情報データベースの提供会社ユリス（JURIS GmbH）との共同により，インターネット・プラットフォームを設け，連邦法律広報の第1部に掲載される連邦法を，無料で閲覧・使用に供している。そのウェブサイトのアドレスは，www.gesetze-im-internet.de である。ここでは使用者が各自の求める法律名称の検索によって，当該法律の全文を入手することができる。なお，ネットを通じて法律情報ないしその入手先情報を提供するデータベースとして，他に，http://dejure.org，www.jusline.de，www.kapitalmarktrecht-im-internet.de の各ウェブサイトも挙げることができる。

一方，上記のユリスは，独自に，法情報の有料オンライン・データベースを提供している。ユリスとは，その設立の1985年以来，連邦司法省の専門的な支援を受けて連邦法の法律情報をはじめとする各種の法情報を提供してきた法人である。ユーザーは，ID（Benutzername）とパスワード（Passwort）とを得て，そのデータベースにアクセスして法律情報を得ることになる。収録される法律は，連邦法のみならず相当数の州の州法にもおよぶ。ユリスのウェブサイトのアドレスは www.juris.de である。

また，先に紙媒体の法律情報として連邦法律広報を挙げたが，連邦司法省が編集するオンライン版のそれもある。一定額の定期購読料を支払うことにより，ウェブアドレス www.bgbl.de から，連邦法律広報の全部を閲覧・使用することができる。

1.5 法令の意図・目的を知るためには

ところで，法律の規定内容なり規定の意味を学習するうえで，その規定の目

的なり制定意図を知ることも重要なことである。その際，参照を必要とされるのが，当該法律の法律案を審議した連邦議会（Bundestag）と連邦参議院（Bundesrat）の議事録である。

この両者の議事録は，それぞれ，連邦議会議事録を Bundestags-Drucksachen（省略記号は BT-Drs.）と，連邦参議院議事録を Bundesrats-Drucksachen（省略記号は BR-Drs.）と表記する。これらの議事録は，連邦議会〈www.bundestag.de〉と連邦参議院〈www.bundesrat.de〉の両ウェブサイトからの検索によって閲覧・入手できる場合がある。

なお，法律案には，閣議の承認を得たのちの法律案で法案審議の対象となる政府草案（Regierungsentwurf）と，その前段階で，閣議の承認を得る前に関係省の担当官が作成した参事官草案（Referentenentwurf）とがある。前者の政府草案は，連邦議会や連邦参議院の議事録に示されるが，後者の参事官草案についてはそのようなことはない。参事官草案は，連邦司法省のような当該法律の作成に関与した政府機関のウェブサイト（連邦司法省は www.bundesjustizministerium.de）で閲覧・入手を試みることになる。

2. 判例

次の課題は，最高裁の判例や下級審裁判所の判例のような裁判例を入手する方法の検討である。しかし，その前に，ドイツにおける裁判制度ないし裁判所の体系を，ごく簡単にではあるが押さえておく必要があろう。

2.1 ドイツの裁判制度の概要

基本法 92 条は，ドイツにおいて裁判を行うのが，連邦憲法裁判所とその他の連邦裁判所，それに，州の裁判所であることを定めている。

ここで，連邦憲法裁判所（Bundesverfassungsgericht）とは，連邦憲法の遵守に関して審理を担当する国家機関で，審級制を有さない唯一の裁判所である。省略記号は，BVerfG と表記される。それ以外の連邦裁判所は，① 民・刑事，② 行政，③ 税務，④ 社会および ⑤ 労働の 5 系列に分かれ，各系列に

対応するそれぞれの最上級審すなわち最高裁判所を構成している。① 民・刑事の事件を管轄する連邦通常裁判所（Bundesgerichtshof），② 行政事件を管轄する連邦行政裁判所（Bundesverwaltungsgericht），③ 税務事件を管轄する連邦税務裁判所（Bundesfinanzhof），④ 社会保障等の事件を管轄する連邦社会裁判所（Bundessozialgericht）および ⑤ 労働事件を管轄する連邦労働裁判所（Bundesarbeitsgericht）が，それらにあたる。省略記号は，それぞれ，① BGH，② BVerwG，③ BFH，④ BSG および ⑤ BAG と表記される。すなわち，ドイツの連邦最高裁判所には，上記5系列の5つの裁判所が存在することになる。なお，第二次世界大戦前のドイツの最高裁判所は異なる名称を有していた。例えば，連邦通常裁判所の前身はライヒ裁判所（Reichsgericht：省略記号は RG）である。ライヒ裁判所の判決は，連邦通常裁判所の判決にとって先例としての意義をもつ。

また下級審裁判所が，上記5つの各系列ごとにそれぞれ存在する。例えば，連邦通常裁判所のもとに置かれる下級審裁判所には，審級の低い順に，区裁判所（Amtsgericht），地方裁判所（Landgericht）それに上級地方裁判所（Oberlandesgericht）がある。各々の省略記号は先に示した。もっとも，ベルリンの上級地方裁判所だけは，伝統的理由から，Oberlandesgericht ではなく Kammergericht（直訳は宮廷裁判所，省略記号は KG）と称される。これらの裁判所は，いずれも州の裁判所である。他方，連邦通常裁判所のもとには，特許権や商標権等に関する事件を管轄する下級審裁判所として，連邦特許裁判所（Bundespatentgericht）が置かれている。同裁判所は州ではなく連邦の裁判所である。その省略記号は BPatG とされる。

2.2 裁判例を見つける必要が生ずるのはどのような場合か

さて，以上のような構成を有するのがドイツの裁判所であるが，このような裁判所から日々生み出される裁判例について，それを見つけあるいは入手する必要は，ドイツ法を学習するうえでどのようなときに生ずるのであろうか。

1つは，自分が関心をもつ法文献を読んでいた際に，そこに特定の裁判例が参考事例として紹介され，その事案の内容，すなわち，どのような当事者がどのような状況のもとで紛争関係を持つに至り，その紛争に対する裁判所の判断

(裁判)がどのようなものであったかということなり、その判断で裁判所が示した具体的な表現なりいい回しを知る必要が生ずるときであろう。

2つめには、自分が関心をもつ法律上の論点について、最近ないし最新の裁判動向を知る必要が生ずるときであろう。すなわち、当該論点との関係で、自分がすでに把握している過去の裁判例のほかに、それ以降に生み出された裁判例で、先の判断を追認し、あるいは、場合によっては、それとは異なる判断によりそれを変更した最新の裁判例がないのかを知る必要が生ずるときであろう。とりわけ、最高裁の判断は、争いのある場合には下級審裁判所の判断よりも重要である。ドイツ法は制定法主義の国であるが、最高裁の判断が実質的に先例として下級審の判断を拘束することが考えられるからである。したがって、すでに上級地方裁判所（控訴審）の裁判例が存在する場合に、その後の上告審である最高裁判所が、その事件に対してどのような判断をしたのかを知ることは重要である。

そこで、これらの必要に応じた裁判例情報を見つけるにはどうすべきかである。

2.3 裁判例の出典をたどる

前者の必要の場合には、法文献に過去の裁判例が紹介されているときには、かならずその出典が明示されているであろうから、その典拠文献を入手すればよい。

この典拠文献としては、大別して、いわゆる公式判例集と法律雑誌上の裁判例記事とがある。

(1) 公式判例集

ドイツで一般に公式判例集と称されるのが、連邦憲法裁判所およびその他の連邦裁判所（連邦最高裁判所）のそれぞれの裁判に対応して、連邦憲法裁判所判例集（Entscheidungen des Bundesverfassungsgerichts: BVerfGE）、連邦通常裁判所民事判例集（Entscheidungen des Bundesgerichtshofes in Zivilsachen: BGHZ）および連邦通常裁判所刑事判例集（Entscheidungen des Bundesgerichtshofes in Strafsachen: BGHSt）、連邦行政裁判所判例集

(Entscheidungen des Bundesverwaltungsgerichts: BVerwGE), 連邦税務裁判所判例集 (Sammlung der Entscheidung des Bundesfinanzhofs: BFHE), 連邦社会裁判所判例集 (Entscheidungen des Bundessozialgerichts: BSGE), 連邦労働裁判所判例集 (Entscheidungen des Bundesarbeitsgerichts: BAGE) がそれである。

もっとも, これらの判例集は一般に「公式」と称されてはいるが, 公的機関の刊行するオフィシャルな判例集ではない。いずれも民間出版社の編集にかかるものである。ドイツで刊行されるオフィシャルな判例集は, 連邦行政裁判所の判例を搭載する「連邦法律広報」と連邦税務裁判所の判例を搭載する「連邦税広報 (Bundessteuerblatt: BStBl)」に限られる。

なお, 戦前のライヒ裁判所の判例が, 連邦通常裁判所の判例の先例として意義を有することはすでに述べたが, そのライヒ裁判所の判例を搭載した判例集は, ライヒ裁判所民事判例集 (Entscheidungen des Reichsgerichts in Zivilsachen: RGHZ) およびライヒ裁判所刑事判例集 (Entscheidungen des Reichsgerichts in Strafsachen: RGHSt) である。

では, 最高裁の判例を引用する学説の記述例を示そう——。

„Eine persönliche geistige Schöpfung kann aber in der originallen Art des gedanklichen Inhalts oder in der eigenständigen persönlichen Formgebung liegen (BGHZ 31, 308/311 — Alte Herrn; RGZ 69, 401/405 — Nietzsche-Briefe...) ...." (Ulrich Loewenheim/Gerhard Schricker, Urheberrecht Kommentar, 3.Aufl., §2, Rn.94)

（しかし, 個人的かつ精神的な創作が存在し得るのは, 観念的な内容に関する独自の態様なり独立の個人的な造形においてである。)

上記の例は, ドイツ著作権法のコンメンタール (Ulrich Loewenheim/Gerhard Schricker, Urheberrecht Kommentar, 3.Aufl., §2, Rn.94, 2006) からの抜粋である。この部分では, 筆者がカッコ内に日本語訳で示した内容を判示した2件の裁判例の掲載箇所を, 連邦通常裁判所民事判例集 (BGHZ) とライヒ裁判所民事判例集 (RGZ) の掲載巻と頁数で示している。一方は,

BGHZ 31, 308/311 — Alte Herrn，すなわち，連邦通常裁判所民事判例集 31 巻 308 頁から搭載が始まる「Alte Herrn 事件」最高裁判決の 311 頁であり，もう一方は， RGZ 69, 401/405 — Nietzsche-Briefe，すなわち，ライヒ裁判所民事判例集 69 巻 401 頁から搭載が始まる「Nietzsche-Briefe（ニーチェ手紙）事件」最高裁判決の 405 頁である。これらの裁判例のより詳細な判示内容を学習する必要があるとき，これらの判例集の該当部分を参照することになる。

(2) 法律雑誌の裁判例記事

法律雑誌に掲載される裁判例の情報も充実している。裁判例を掲載する主要な法律雑誌をあげるならば，*Neue Juristische Wochenschrift*（*NJW*），*Juristenzeitung*（*JZ*）そして *Monatsschrift des deutschen Rechts*（*MDR*）である。NJW は，ドイツで最も広く購読される法律雑誌とされており，他に法律論文や最新の法律条文も掲載される。

なお，知的財産法の分野は，今日の情報社会化と日進月歩の情報利用技術の発展とがあいまって，その裁判例に対するわが国からの比較法的関心も高いといえる。この分野の法律雑誌の代表格は *Gewerblicher Rechtsschutz und Urheberrecht*（*GRUR*）である。この GRUR でも，毎号のごとく，複数の知的財産法関連の裁判例が掲載されている。

具体例を示そう—。

> „*Auf der künstlerischen Wert der Gestaltung kommt es nicht an (BGH GRUR 1959, 289/290 — Rosenthal-Vase; OLG Schleswig GRUR 1985, 289/290 — Tonfiguren), auch Kitsch kann urheberrechtlich geschützt sein.*"
> （造形が備えている芸術的価値は問題とならないのに加え，キッチュも著作権法による保護を受け得るのである。）

上記の例も，先の例と同様，ドイツ著作権法のコンメンタール（Loewenheim/Schricker, Urheberrecht Kommentar, 2.Aufl., § 2, Rn.160,

1999)からの抜粋である。この部分では，筆者がカッコ内に日本語訳で示した内容を判示した2件の裁判例の掲載箇所を，GRURの掲載年と頁数で示している。一方は，BGH GRUR 1959, 289/290 － Rosenthal-Vase，すなわち，GRUR1959年版289頁から搭載が始まる連邦通常裁判所の「Rosenthal-Vase事件」判決の290頁であり，もう一方は，OLG Schleswig GRUR 1985, 289/290 － Tonfiguren，すなわち，GRUR1985年版289頁から搭載が始まるシュレスヴィッヒ上級地方裁判所の「Tonfiguren事件」判決の290頁である。これらの裁判例のより詳細な判示内容を学習する必要があるとき，いずれもGRURの該当部分を参照することになる。そこに目当ての裁判の内容を見つけることができるであろう。

(3) **電子媒体の活用**

もっとも，公式判例集等でその所在が特定された裁判例を入手するにあたっては，必ずしも紙媒体のそうした情報源にアクセスするまでもなく，別途，有料のオンライン・データベースを活用する方法もある。

まずは，先にも述べたユリスである。公式判例集に搭載された裁判例は，ユリスの有料データベースを通じ，その全文をオンラインにて入手することができる。またユリスは，戦前のライヒ裁判所の裁判例についても，公式判例集のPDFデータとして，オンラインにて有料提供している。ユリスと同様に，裁判例情報を提供するデータベースとして有用なのは，Beck-Online〈www.beck-online.de〉，LexisNexis.de〈www.lexisnexis.de〉である。Beck社が提供するBeck-Onlineでは，NJWやGRUR等の契約によりあらかじめ選定された法律雑誌の全文が，オンラインで提供される。これにより，これらの法律雑誌に掲載された裁判例もそのデータベースから入手することが可能である。

2.4 最新の裁判例動向をさぐる

では次に，コンメンタールや法律雑誌で紹介された裁判例のその後に生まれた新たな裁判例の動きを追跡するにはどうすればよいか。裁判例を常時掲載する法律雑誌であれば，新たな裁判例が出た場合，それらをその都度すみやかに

公表することになる。しかし，その公表には，裁判が公にされた後数か月なり少なくとも数週間の期間を要する。しかも，日本においてドイツの法律雑誌を手にするまでに，その発刊後しばらく時間を要するとなれば，たとえ専門の法律雑誌であっても，裁判例情報の最新状況をそれに期待することは難しいといえる。

そこで活用すべきなのは，裁判所がインターネットを通じて直接に提供する判決等の裁判例情報である。例えば，連邦憲法裁判所は，1998年1月1日以降のすべての裁判を，自身のウェブサイト〈www.bundesverfassungsgericht.de〉で公開している。また，連邦通常裁判所は，2000年1月1日以降の民事・刑事の裁判を無料で，それ以前の裁判については有料で，やはり自身のウェブサイト〈www.bundesgerichtshof.de〉において公開している。他の連邦裁判所としても，連邦行政裁判所〈www.bverwg.de〉，連邦税務裁判所〈www.bundesfinanzhof.de〉，連邦社会裁判所〈www.bundessozialgericht.de〉，連邦労働裁判所〈www.bundesarbeitsgericht.de〉および連邦特許裁判所〈www.bundespatentgericht.de〉が，近時の裁判例を，それらのウェブサイトで公開している。いずれの場合も，判決文中の用語（キーワード）や判決日等による検索が可能である。

3. 法文献

法文献は，法律学を学習するうえで，法令や裁判例のような一次資料に対し，二次資料との位置づけが可能である。しかし，そうした一次資料の存在なり意義，あるいは，当該一次資料を基礎とする法理論の状況を理解するうえで，それは不可欠の法情報である。つまり，法文献によって，われわれは，特定の法律ないし条文の解釈問題に関して，裁判所の判断の体系的な把握が可能となり，その解釈論の理論的到達点を知ることができるわけである。

そこで，ここでは，そうした重要な法文献として参照すべきものの種類それぞれの特色を理解しよう。ドイツの法文献は，大別するならば，コンメンタール（Kommentar），ハンドブック（Handbuch），教科書（Lehrbuch），モノ

グラフ (Monographie) それに法律雑誌 (Juristische Zeitschrift) に分類し得る。

3.1 コンメンタールとハンドブック

コンメンタールすなわち注釈書とハンドブックとは，特定の法解釈論に関する裁判例と学説とを，基本的には網羅的に把握し記述するものである。そしてこれらは，その特色からして，読者に特定の法解釈論に関する理解を一目瞭然のものとし得ることから，ドイツの法文献のなかでは，最も重要な位置づけがなされている。

例えば，基本法（ドイツ憲法）に関する主要なコンメンタールとしては，*Hermann von Mangoldt/Friedrich Klein/Christian Starck, Das Bonner Grundgesetz, Vahlen; Ingo von Münch; Grundgesetz Kommentar, C.H.Beck* などを挙げることができよう。また，民法に関する主要なコンメンタールとしては，最も大部の *Julius von Staudinger, Kommentar zum Bürgerlichen Gesetzbuch, Gruyter* のほか，*Hans-Theodor Soergel, Kommentar zum BGB, Kohlhammer* や *Münchener Kommentar zum BGB, C.H.Beck* などを挙げることができる。

他に比較的近著のハンドブックの例としては，2008年に初版が出版された人格権法のハンドブック *Horst-Peter Götting/Christian Schertz/Walter Seitz, Handbuch des Persönlichkeitsrechts, C.H.Beck* などを挙げ得る。

3.2 教科書とモノグラフ

ドイツ法にいわゆる教科書とは，法学者の研究成果を反映した記述がなされる文献であることに変わりはないが，コンメンタールのように，法解釈上の論点を網羅的にかつ詳細に記述するものではなく，特定の法分野の概説的な法知識を解説することにより，読者にその体系的理解を促すものである。したがって，関係する裁判例も，特定の法知識の理解に必要なかぎりで例示的に触れられるにすぎない。

これに対して，特定の法分野の特定の解釈問題を学問的に掘り下げて記述するのが，モノグラフである。ドイツでは法学の博士論文 (Dissertation) が多

く輩出されるが，そうした博士論文もモノグラフの一種である。出版社のなかには，伝統的にすぐれた博士論文の発行媒体となってきた叢書（Schriftenreihe）を有するものがある。例えば，Duncker & Humblot 社がその例で，*„Schriften zur Rechtsgeschichte"* や *„Schriften zum Öffentlichen RechtRecht"* あるいは *„Schriften zur Internationalen Recht"* がその叢書である。

また，ドイツでは，大学教授がその資格取得のために著した大学教授資格論文（Habilitation）も重要な文献である。この大学教授資格論文は，水準の高い研究モノグラフといい得る。出版社のなかには，伝統的に，この大学教授資格論文の発行媒体となってきた叢書を有するものもある。例えば，Mohr Siebeck 社がその例で，*„Jus Privatum"* や *„Jus Publicum"* がその叢書の例である。

3.3　法律雑誌

法律雑誌には，論文のみを収録するものと，論文にかぎらず裁判例や法改正情報をも収録するものとがある。先にも述べたとおり，ドイツで最も普及する法律雑誌は *Neue Juristische Wochenschrift*（*NJW*）であるが，この NJW も後者の法律雑誌の例である。NJW のほかに，伝統的かつ主要な法律雑誌としては，*Juristenzeitung*（*JZ*），*Monatsschrift des deutschen Rechts*（*MDR*），*Juristische Rundschau*（*JR*），*Deutsche Richterzeitung*（*DRiZ*）などを挙げることができる。

3.4　電子媒体の活用

各種法文献の情報を検索ないし入手するうえで，インターネットの利用は効率的である。すでに紹介したユリス（JURIS），Beck-Online および LexisNexis.de のデータベースを用いるならば，モノグラフと雑誌論文についてそのタイトルを検索することが可能である。また，Beck-Online は，C.H.Beck 社等の発行する各種法律雑誌やコンメンタールを，有料のデータベースとして提供している。このデータベースを利用すれば，特定の雑誌論文を紙媒体の雑誌自体にアクセスすることなく入手することが可能であるうえ

に，特定のキーワードなりテーマに関係する論文の検索・入手が，極めて容易かつ効率的になる。

【参考文献】

ベルンド・ゲッツェ『独和法律用語辞典』(成文堂，1994年)。

村上純一＝矢守健一＝ハンス・ペーターマチュルケ『ドイツ法入門（改訂第8版）』（有斐閣，2012年）。

山田晟『ドイツ法律用語辞典［改訂増補版］』（大学書林，1993年）。

Heribert Hirte, *Der Zugang zu Rechtsquellen und Rechtsliteratur* (Carl Heymanns 1991).

Hildebert Kirchner/Cornelie Butz, *Abkürzungsverzeichnis der Rechtssprache*, 5.Auf. (Gruyter 2003).

Detlef Kröger/Christopher Kuner, *Internet für Juristen*, 3.Auf. (C.H.Beck 2001).

Thomas Möllers, *Juristische Arbeitstechnik und wissenschftiliches Arbeiten*, 4.Auf. (Vahlen 2008).

第16章

フランス法

はじめに

　わが国でフランスの法律情報が必要になるのはどのような場合だろうか。

　個人としては，例えばフランス国籍の異性と知り合った場合を考えてみよう。交際し，結婚を意識し始めると，相手の国の結婚の手続が気になるかもしれない。わが国では民法が近親婚の禁止，重婚の禁止，婚姻年齢など実質的な要件を定めている（日本民法731条〜738条）。また市区町村役場への届出により婚姻は成立する（同739条）。では，フランスではどうか。フランスの民法典も近親婚の禁止，重婚の禁止，婚姻年齢などの要件を定めており（仏民法典144条〜166条），この点についてわが国の民法と大きく違うところはない。しかし方式が異なっている。フランスでは婚姻の10日前に市町村役場に報告し，婚姻を公示させ，さらに役場で面接を受けなければならない（同63条）。さらに当事者のいずれかが住所を有する市町村役場で役人を前に挙式しなければならない（同165条）。その後，教会で儀式を挙げるかどうかは本人次第である。フランスでの婚姻手続はわが国よりも複雑であるが，これには婚姻に対する国の関与度の濃淡が表れている。

　ビジネスとして，会社の設立を考えてみよう。わが国の会社法は，会社形態として株式会社，合名会社，合資会社，合同会社を認めている（日本会社法2条1号）。一方，フランスの会社法（商法典に編集）は，わが国の株式会社に相当する匿名会社の他に，親会社が株主となる簡易株式会社，株主が1社だけの1人簡易株式会社，さらにわが国では廃止された有限会社の形態があり，有限会社にも1人社員有限会社の形態がある。簡易株式会社は外国資本

の現地法人の設立に利用される。また，フランスでは依然として合資会社や合名会社の形態の会社も多い。さらに欧州連合の複数の加盟国でビジネスを展開するのであれば，欧州会社（*societas europaea*）の形態も選択肢に入ってくる。

この他にもフランスの法律情報が必要になることは多い。

実は，わが国とフランスは，法律面で浅からぬ縁がある。明治初年に司法卿などを務めた江藤新平氏は「フランス民法をもって日本民法となさん」として，箕作麟祥博士にフランス民法典を翻訳せしめたことがある（穂積陳重『法窓夜話』（岩波文庫，1980年）210頁）。この構想通りになっていたら，日本民法・イコール・フランス民法典になっていた。結局この思わくは実現しなかったが，パリ大学教授ボワソナードを招聘して日本民法を起草させた。当時は，先進的であったフランス法に対する信頼があったからであろう。ただし法典論争によってこの法案の施行は延期され，穂積，梅，富井の3博士により民法典が起草されたことはご承知のとおりである。

わが国の法体系はいわゆる大陸法系（シビル・ロー）であり，フランス法，ドイツ法と類似した点が多い。しかし法律条文の規定や構造，基本的考え方には大きな違いがある。またフランスは大陸法系，すなわち成文法システムであると理解されているが，現在では法理・法原則のなかで判例の占める地位は相当に高い。フランス法の情報としては法律そのものとともに特に最高裁である破毀院の判例に注意を払う必要がある。

1. フランス法とEU法

フランスを含め欧州連合の加盟国では，わが国では生じない問題がある。国内法のほかに欧州連合法があるからである。2007年のリスボン条約後の欧州連合運営条約は，欧州連合の基本条約の1つであるが，同条約は一定の事項について，欧州連合に独占的な権限を与えている。その1つがカルテル，企業結合などの競争政策である。欧州連合という域内単一市場に影響を及ぼすようなカルテル，企業結合には，加盟国の国内法ではなく，欧州連合の規則

が適用される。欧州連合の権限は競争政策だけでなく，域外の第三国との通商政策，消費者保護，環境保護，運輸インフラなど数多くの分野に及んでいる。これらは欧州連合が垂直的に，上から規制するものであるから，私人間の婚姻など当事者の合意による分野には存在しない。一方，ビジネスでは営業分野によってさまざまな規制があるから，国内法だけでなく欧州連合の規制を確認しなければならない。EU 法については，本書の「EU 法」を参照願いたい。

2. フランス法の立法形式

2.1 法典

　フランス法は，憲法（現在は 1958 年制定の第五共和制憲法）と 1789 年人権宣言を頂点とするピラミッド構造をとり，その下に多くの「法典」（Codes）がある。人権宣言には憲法的価値があるとされている。

　19 世紀初めの第一帝政（ナポレオン皇帝）時代に民法典，民事訴訟法典，商法典，刑事治罪法典，刑法典の 5 つの「法典」（les cinq codes）が制定された。民法典，商法典には多くの改正が加えられたが，依然として有効である。刑事治罪法典は 1957 年に刑事訴訟法典に改組され，刑法典，民事訴訟法典も改正され，現在でももっとも重要な法典である。

　ここで注意すべきことは，フランス法には「法典」は存在するが，現在の第 5 共和制憲法には「法典」という立法形式は存在しないことである。

　第二次大戦後，法令制定が相次ぎ，分かりにくくなったため，1948 年に法律の簡素化を調査する特別委員会が設けられた（1948 年 5 月 10 日デクレ 48-800 号）。この委員会のもとで法律を分野ごとに分かりやすく編集するという「法典化」作業が続けられた。さらに 1989 年に「法典編集高等委員会」が新設され（1989 年 9 月 12 日デクレ 89-647 号），首相直轄で法典化作業が行われるようになった。法典とは，法律や規則を分野ごとに集約し，編集し直したものであり，法典自体は「立法」形式ではない。

　現在，法典数は約 70 に達する。主要な法典の内容を紹介してみよう。先ず，

民法典（Code civil）は私的法律関係を規定し，第1部「人」（権利能力，国籍，戸籍，住所，婚姻，離婚，養子，親権，未成年，成年後見，同性婚）を定め，第2部「物権」，第3部「所有権の移転」（わが国では債権，相続，贈与・遺贈にあたる）で構成される。商法典（Code de commerce）は，第1部「商行為」，第2部「会社」，第3部「競売等」，第4部「反競争行為」，第5部「商業手形・保証」，第6部「倒産予防・処理」，第7部「商工会議所等」，第8部「規制業種」，第9部「海外県・領土特例」から構成されている。注意すべきは，わが国では個別の法律になっている独占禁止法，破産法，民事再生法，手形法が商法典に含まれていることである。

労働法典（Code du travail）は，法典化作業が開始される前の1910年12月28日法律で法典になっていた。19世紀後半から産業革命が進行し，労働者が深刻な状態に置かれたことから多くの法律が定められ，これを法典化したものである（その後，1973年1月2日法律73-4号で抜本改正）。この他の重要な法典には，消費法典（Code de la consommation，消費者契約，消費者取引，個人多重債務処理），通貨金融法典（Code monétaire et financier，金融機関の業法，新株発行，株式公開買付け等），保険法典（Code des assurances），運送法典（Code de transport），都市計画法典（Code de l'urbanisme），建設・住宅法典（Code de la construction et de l'habitation）などがある。

2.2 法律，オルドナンス，デクレ

フランスの立法形式には，法律（loi），オルドナンス（ordonnance），デクレ（décret）がある。

法律には，通常の法律（loi ordinaire），予算法律（loi de finance），社会保障予算法律（loi de financement de securité sociale），組織法律（loi organique）（以上は憲法34条）と憲法を改正するための憲法的法律（loi constitutionnelle）がある（憲法改正は89条）。

通常の法律は，首相または議員のイニシアティブで提案され，議会により議決される（憲法34条）。予算法律は一会計年度における予算を定め，社会保障予算法律は1996年に社会保障費の均衡のために設けられた形式であって，迅

速な手続を要するため通常の法律とは別とされている。組織法律は，憲法に準じた地位を占め，通常の法律よりも上位にあり，手続上も通常の法律と異なった点があり，大統領選挙法，国民投票法，上院・下院の構成・任期法などが定められている。

オルドナンスは，議会の承認を得て，法律により政府に対して一定の立法を授権し（この法律を授権法律という），この委任を受けて政府が閣議決定によって行う立法形式である（憲法38条）。例えば，2014年に倒産法（商法典第6部）が改正されたが，この改正は，法律ではなく，オルドナンスの形式で行われた（2014年3月12日オルドナンス2014-326号）。政府が授権法律として，企業手続簡素化・維持存続法案を提案し，2014年1月2日法律2014-1号として成立し，これに基づいて行われたものである。オルドナンスは一定期間内に議会における承認を得る必要がある。

デクレは，首相単独，または関係閣僚ないし大統領が連署して行う立法形式であり（憲法37条），法律の施行規則を定める場合に使われる立法形式である。ただし，デクレについて注意すべきは，わが国では法律の形式をとる場合にも，フランスではデクレの方式によることがあることである。例えばわが国では仲裁に関する規定は仲裁法（平成15年法律138号）に定めがあるが，フランスでの2011年の仲裁規定の改正はデクレの方法で行われた（2011年1月13日デクレ2-11-48号）。これは，権利義務にかかわる事項の制定・改正には議会の承認が必要だが，手続は直接，権利義務にかかわらないので，デクレの方法によるとされたためである。仲裁は紛争解決の手続にすぎないので，その改正は法律によるまでもないと考えられたのである。

2.3　法典の構成

法典は原則として，法律部分（partie législative）と規則部分（partie règlementaire）で構成されている（民法典は法律部分のみ）。法律部分，規則部分は，部（Livre），編（Titre），章（Chapitre），節（Section），款（Sous-Section）と目（Paragraphe）で構成される。わが国の法律と単純比較できないが，ほぼわが国の法律の編がフランスの法典の部にあたる。

フランスの法典は，条文のナンバリングもわが国と大きく異なっている。民

法典，民事訴訟法典，一般税法は第 1 条から順番にナンバリングされているが，多くの法典は，第 1 条から始まらず，また整数順でもない。これは条文のナンバリングに一定の法則性があるためである。例えば，商法典第 1 部（商行為），第 2 編（商人），第 1 章（商人の定義）の規定は，L.121-1 条（商人性）から始まる。また第 1 部・第 2 編・第 2 章（外国商人）の規定は，L.122-1 条（外国人の商行為）から始まる。従って，章が変るまで，L.121 または L.122 という条文の番号が続き，1 つの章に多くの条文があれば枝番を整数順に付して対応している。つまり，条文のナンバリングは，法典の部・編・章に対応し，条文自体の番号は枝番で示されるのである。また商法典を例にとると，第 2 部（会社）・第 2 編（商事会社の形態）・第 5 章（株式会社）は，L.225 条というナンバリングであるが，株式会社に関するすべての事項（設立，機関，増減資，監査，組織変更，解散など）を規定するため，L.225-1 条から L.225-270 条まで多くの規定が同じ L.225 条に置かれ，枝番によって区別されている。場合によっては，L.225-149-1 条（増資に関する規定）のように枝番の体系が 2 つになることもある（なお，部・編・章が 2 桁になることはない）。さらに労働法典は，部の上位に部分（Partie）があるという構成になっているため，条文番号は 4 桁である（例えば，L.1231-1 条：解雇）。

次に法典の規則部分にはデクレによって定められた施行規則が置かれている。規則部分の条文は，対応する法律の部分の条文を使う（これを並行主義といい，例えば，上記の株式会社の設立手続の規則の部分は R.225-1 条などである）。

3. フランスの裁判制度

3.1 憲法院（Conseil constitutionnel）

憲法院は違憲審査機関，すなわち法律等の規定に憲法違反がないかどうか，審査する機関である。第二次大戦後の第四共和制時代には，憲法委員会（Comité constitutionnel）が設けられていたが，これは国民議会による憲法改正法案の審議機関であって，違憲審査権限のある機関ではなかった。これに

代わり，憲法院が 1958 年 10 月 4 日第五共和制憲法により設けられた（憲法 61 条）。わが国では最高裁判所に違憲審査権があり（日本国憲法 81 条），憲法院のような特別の機関は存在しない。

　従来の憲法院による違憲審査は事前審査であった。すなわち，議会で成立した法律について，組織法律（lois organiques）については常に，その他の法律については共和国大統領，首相，両院議長，または両院の 60 人以上の議員が申し立てれば，大統領が審署（promulgation）をする前に，違憲審査を行うと規定されていた（憲法 61 条）。2008 年に憲法が改正され（2008 年 7 月 23 日憲法的法律 2008-724 号），「合憲性優先的照会」の制度（Question prioritaire de constitutionnalité）が新たに設けられた。これは従来はなかった法律の事後審査制度であり，具体的な事件（行政事件または民刑事事件）が係属した場合に，当事者が係属している裁判の審級にかかわらず照会を提起することができるとされている（憲法 61-1 条）。議会の権限の強いフランスでは，議会が定めた法律の審査しか存在しなかったが，周辺のドイツ，イタリア，ベルギーなどと同様の制度が設けられた。

3.2　行政裁判所

　フランスでは，行政裁判所（juridiction administrative）と司法裁判所（juridiction judiciaire）の系列が峻別され，行政裁判所については，行政裁判所法典（Code de justice administrative）による。行政訴訟（contentieux administratif）として，取消訴訟（annulation），完全裁判訴訟（pleine juridiction），行政行為解釈・適法性審査訴訟（interprétation et l'appreciation de légalité）および処罰訴訟（répression）の 4 類型がある。

　第一審は事実審であり，全国に 40 カ所余ある地方行政裁判所（Tribunal administratif，行政裁判所法典 L.211-1 条，R.221-3 条）が管轄する。控訴審は全国に 8 カ所ある控訴行政裁判所（Cour administrative d'appel，同 L.211-1 条，R-221-7 条）である。

　さらに上訴審として国務院（Conseil d'État，同 L.111-1 条）がある。この名称の起源は古く，1578 年のアンリ 3 世時代にさかのぼるとされている。現在の国務院は，行政裁判所の最終審としての機能を有するほか，政府が提出す

る法案や政府から付託を受けた問題について答申を提出する諮問機関としての機能（憲法38条，39条を参照），市町村会議員・県会議員選挙などの訴訟に関して，地方行政裁判所の決定に対する控訴裁判所としての機能があり，省令やデクレなどの行政決定をめぐる訴訟，州議会議員・欧州議会議員選挙に係わる訴訟に関して，第一審かつ終審の裁判所の機能を有する。

　同種の事件でも当事者の属性によって，行政事件，司法事件に分かれることがある。例えば医療過誤事件でも被告が公立病院であれば行政訴訟であり，個人開業医であれば，司法裁判所の管轄である（例えば，国務院2013年7月25日判決339922号と破毀院2013年3月20日民事第一部判決12-12300号を参照）。

3.3　司法裁判所
(1)　第一審民事裁判所

　民事と刑事の裁判所をまとめて一般に司法裁判所と呼び，その構成は裁判所組織法典（Code de l'organisation judiciaire）に定められている。

　民事事件の一般的な裁判所は，大審裁判所（tribunal de grande instance，同L.211-1条）および小審裁判所（tribunal d'instance，同L.221-1条）であり，前者は全国に150カ所余，後者は全国に300カ所弱に設けられている。さらに2002年に，司法のための指針および計画に関する2002年9月9日法律2002-1138号（ペルベン法および2003年2月26日組織法律2003-153号）は，身近な裁判官の制度（juriction de proximité）を設けた。これは増加する訴訟事件に迅速に対応するために，民間から本職ではない裁判官を「身近な裁判官」（juge de proximité）として特別に任用し，民事の事件，刑事の事件の両方について，小さな事件を単独で審理することを目的とした。とくに民事事件については，身近な裁判官に和解のための調停を申し立てることもできた。ただし2011年12月13日法律2011-1862号には，身近な裁判所という機関は2017年にも廃止されることが規定された。機関としての身近な裁判所は廃止されるが，職責としての身近な裁判官のほうは大審裁判所または小審裁判所で職務を継続するとされている。以下の記述は身近な裁判所の廃止を前提とする。

大審裁判所，小審裁判所，身近な裁判官はいずれも第一審の事実審で，訴額によって管轄が区分される（身近な裁判官は 4000 ユーロ以下，小審裁判所は 4000 ユーロから 1 万ユーロ，大審裁判所は 1 万ユーロ超）。

民商事の第一審裁判所の判決で訴額が 4000 ユーロ以下の場合には控訴ができず，第一審裁判所の判断が最終であり，控訴するにはそれ以上の訴額でなければならない。小審裁判所の判決に対する控訴は，控訴院民事部に対して行われ，大審裁判所ではない（わが国では，裁判所法 24 条 3 号により，簡易裁判所の判決に対する控訴の審級管轄は地方裁判所であるが，フランスでは小審裁判所と大審裁判所の間に審級の区別はない）。

(2) 第一審刑事裁判所

フランス刑法典（Code pénal）は，刑事犯罪を重大性の順に重罪（crimes），軽罪（délits）と違警罪（contraventions）に区分し（同 L.111-1 条），それぞれ別の裁判所が管轄する。

重罪は 10 年以上の懲役刑の犯罪（殺人，強盗など，同 L.131-1 条），軽罪は 10 年以下の懲役刑の犯罪（窃盗，重大な傷害，薬物取引など，同 L.131-3 条），違警罪は原則として 3000 ユーロ未満の罰金が科される犯罪（同 L.131-12 条）で，さらに損害賠償に加えて一定期間の運転免許の停止，小切手の使用停止を命じられる。なおフランスでは最近，医学的治療や市民的権利の停止など，伝統的な身体刑・金銭刑とは異なるあたらしい形態の刑罰が課されることがあり，わが国と事情が異なる。

重罪は，重罪院（Cour d'assise，裁判所組織法典 L.241-1 条）が管轄する。なお重罪院は違警罪裁判所，軽罪裁判所が行った判決の控訴審でもあり，この場合には刑事控訴院（Cour d'assises d'appel，同 L. 321-1 条）として機能する。

軽罪については，大審裁判所の刑事部である軽罪裁判所（tribunal de correctionnel）が管轄する（刑事訴訟法典 381 条）。

違警罪は，小審裁判所の刑事部である違警罪裁判所（tribunal de police）または一定の範囲については身近な裁判官が管轄する（刑事訴訟法典 521 条，裁判所組織法典 L.221-1 条）。

第一審刑事裁判所として，このほか子ども裁判所（Tribunal de mineurs，裁判所組織法典 L.251-1 条以下に規定）がある。

(3) 控訴院

控訴院（cour d'appel）は，司法裁判所の第二審であり，事実審である（裁判所組織法典 L.311-1 条）。民事事件については控訴院民事部と社会部があり，刑事事件のうち軽罪裁判所と違警罪裁判所が行った判決の控訴は，控訴院の軽罪控訴部が管轄する（違警罪については単独裁判官で行う）。控訴院は現在，ヴェルサイユ，パリなど 36 カ所に設けられている。

(4) 破毀院

司法裁判所の最上級に，破毀院（Cour de cassation）がある（裁判所組織法典 L.411-1 条）。破毀院は法律審であり，事実については判断しないので，事実審である控訴審が行った判決について上訴があった場合，上訴を棄却（rejet）するか，原判決を破毀し（casse et annule），控訴審に差し戻す（remet）ことになる。現在，民事第一部，民事第二部，民事第三部，商事金融経済部，社会労働部，刑事部の 6 部構成となっている。

控訴院は事実審なので，民事事件であれば，判決は事実と当事者双方の主張を記述し，その上で控訴院としての判断をするので，相当程度の長さになる（わが国の地裁・高裁判決に類似する）。一方，破毀院は法律審なので，事件の要約と法律上の争点だけを挙げて判断を加えているので，判決自体はきわめて短い。また最近は，インターネット上で紹介される破毀院判決には上告人の上告理由が付されることが多く，事件の詳細を知ることができる。

3.4 例外裁判所（autres juridictions d'attribution）

裁判所組織法典 L.261-1 条は，個々の法典が定める例外裁判所について総括的に規定している。これらは第一審裁判所であって，原則として上訴は，上記の民刑事裁判所の控訴院に提起する。例外裁判所として主要なものは，商事裁判所と労働審判所である。

商事裁判所（tribunal de commerce）の職分管轄は，商法典に商人間の紛

争，有価証券に関する紛争などと規定され，倒産処理事件も含まれる（商法典L.721-3条，L.721-4条，L.611-3条など）。商事裁判所の裁判官は，所在地の商工会議所のメンバーから選出される素人裁判官である。

労働審判所（conseil de prud'homme）の職分管轄は，労働法典に定められている（労働法典L.1411-1条など）。個別労働関係民事紛争の解決にあたる機関であり，その裁判官は，労使双方からそれぞれの属性に従って同数が選出される。

このほかに，裁判所構成法典が定める例外裁判所としては，商船規律・刑事法典88条による海事裁判所（海事法違反），公用収用法典L.13-1条が定める公用収用裁判官，刑事訴訟法典が定める量刑裁判所，農村・海洋漁業法典が定める農地賃貸借同数裁判所，社会保障法典が定める社会保障事件裁判所，1859年11月19日デクレが定める漁業審判所などがある。

3.5 仲裁機関

私人間，私企業間の紛争の解決を裁判ではなく，仲裁で解決することがある。フランス法は，民事訴訟法典に仲裁規定をおいており，特に国内仲裁と国際仲裁に分けて規定を設けていることと国連国際商取引法委員会（UNCITRAL）のモデル法を採用していないことの2点で特異である。また常設仲裁機関として著名な国際商業会議所国際仲裁裁判所の本拠はパリに置かれている。

またフランスには業界ごとに業界団体による仲裁がある。パリ海事仲裁会議所，ルアーブル・コーヒー胡椒仲裁会議所，弁理士会，映画人調停仲裁協会，国際コーヒー協会仲裁協会などがある。パリ国際仲裁会議所は業界の制限はない。ただし仲裁は機密性を尊重するため，その事例は公表されないことが多い。

4. フランスの法律情報の調べ方

4.1 日本語情報

フランスの法律情報について，日本語の情報として主要なものは下記のとお

りである。

(1) フランス法に関する教科書・参考書

- 辞典　山口俊夫編『フランス法辞典』（東京大学出版会，2002年）
　　　　中川登編『フランス法律基本用語』（大修館書店，1999年）
- 体系書　野田良之『フランス法概論上巻』（有斐閣，1954年）（フランス法の歴史）
　　　　オリヴィエ=マルタン（塙浩訳）『フランス法制史概説』（創文社，1986年）
　　　　山本和彦『フランスの司法』（有斐閣，1995年）
　　　　山口俊夫『概説フランス法（上）・（下）』（東京大学出版会，1978年，2004年）
　　　　滝澤正『フランス法（第4版）』（三省堂，2010年）

(2) 雑誌

- 日仏法学

「日仏法学」は学会（日仏法学会）の機関誌で，最近の立法が紹介されているほか，紀要等に掲載されたフランス法に関する文献が一覧で示されている。またフランス法制度に関する論文が毎号2件程度掲載されている。

- 国際商事法務

とくにフランスだけに限っているわけではないが，国際商事法研究所の月刊誌「国際商事法務」にはときどきフランス法，判例が掲載されているので参考になる。

4.2 フランス語情報

わが国でアクセス可能なフランス語によるフランスの法律情報としては下記のものがあり，このうち(1)がもっとも広範である。内容の理解には，相応のフランス語基礎能力を要するが，上記の『フランス法辞典』を併用することで相応の理解が可能になろう。

(1) **フランス政府提供の法律情報サイト**〈http://www.legifrance.gouv.fr/〉

このサイトでは，憲法から各種法典および個々の法律・オルドナンスなどを検索することができる。また判例として，憲法院，国務院等の行政裁判所，破毀院等の司法裁判所の主たる判決を検索することができる。

(2) **法令集**

紙媒体での法令集として，ダロズ社（Dalloz）の法典集が利用しやすい。同社は民法典，商法典，消費法典，労働法典，通貨金融法典など多数の法令集を発行している。フランスの法令集はわが国の六法のように多様な分野の法令をまとめて編集した形式ではなく，特定の法典について，関連の他の法典・法令の条文や判例要旨を含めて編集する形をとっている。

(3) **破毀院判決集**

司法裁判所の頂点にある破毀院は，定期的に下記の判決集を発行している。

Bulletin de la Cour de cassation

Bulletin d'information bimensuel de la Cour de cassation

Rapport annuel de la Cour de Cassation

BICC: Bulletin d'information de la Cour de cassation

Bull. civ.: Bulletin des arrêts de la Cour de cassation: Chambres civiles [1]

Bull. crim.: Bulletin des arrêts de la Cour de cassation: Chambre criminelle

(4) **法律雑誌**

フランスの大学法学部には，わが国のような紀要を発行する慣行はないようで，その代わりに，法律分野ごとに多数の法律雑誌がある。例えば，民事季刊誌，公法雑誌，労働法雑誌，競争法・消費者法雑誌，民事訴訟雑誌，会社法雑誌，倒産法雑誌などがある。

また，特定の法律分野ではなく，全体をカバーする法律雑誌として，ダロズ選集（Recueil Dalloz），法の現在（Actualite juridique），法律週報（La

Semaine Juridique），法廷通信（Gazette du Palais）などがある。

第IV編

中近東・アフリカ編

中近東・アフリカ編　概要

中近東

　西洋近代法と比べた場合のイスラーム法（シャリーア）の特徴は，その宗教法としての性質にある。イスラームにおいて宗教と法は不可分の関係にあり，イスラーム法は「公私」に渡る人間生活のあらゆる側面を規律する。イスラーム的価値観に基づいて社会の変革を求める動き―いわゆる「イスラーム復興」という現象―が顕著となって久しいが，そこにおいてイスラーム法の導入が主張されるのは，まさにイスラーム法こそがイスラーム的価値観を体現すると考えられているからである。

　第17章「イスラーム法」では，初学者および企業関係者を読者層として想定している本書の目的に資するように，イスラーム法だけでなく，中東法，特にビジネスに関する法情報についても言及する。「イスラーム法」の節では，資料の入手し易さを考慮して，学術誌等収録の論文ではなく，日本語で書かれた，あるいは邦訳のある図書を中心に挙げた。

アフリカ

　多種多様な民族・宗教で構成され，それぞれ固有の歴史・文化的背景を有する56余りの国から成り立つアフリカ全土の法を総括しアフリカ法と呼ぶことは，本来できないことである。それをあえてアフリカ法と総括した場合，植民地化以前からの固有法としての慣習法の存在，今なお残る植民地統治下における移入法と植民地政策の影響，独立後の新体制と近年の援助競争やグローバリゼーション化に対応した制度の変容の経緯といった共通項を見出すことはできよう。

　第18章「タンザニア法」においては，アフリカの法研究を志す初学者が手さぐりでも研究の途につくことが可能なように筆者の経験をもとに参考になりそうな情報を提示した。複雑な経緯の国の成り立ち，その成り立ち故に存在する法制度や裁判制度を把握した後にどのようにして法情報へアクセスできるか

を示した。なお，多くのアフリカ研究者がそうしているように，実態を把握するためには現地におけるフィールド・ワークが必要であろうと考える。従って，本章の最後の節においては提供したほうがよいと思われる初学者向けの現地調査の手順等について頁を割いている。

第17章

イスラーム法

はじめに

　イスラーム法と訳されるアラビア語は，シャリーア（sharī'ah）である。シャリーアとは，神の法ないし命令の総体を意味する。比較法学の碩学たるツヴァイゲルト＝ケッツは，西洋近代法とシャリーアの決定的な違いについて，シャリーアがその妥当根拠を，何らかの地上における法創造者の権威に基礎を置くのではなく，啓示された神の意思である点に求めることを強調する（ツヴァイゲルト＝ケッツ 1974:667）。すなわち，シャリーアはすでに人間に与えられていると観念されているのであり，法学者がシャリーアを発見する役割を担うわけである。そして，シャリーアを発見しようとする法学者の知的営為を通じて特定の法源から引き出された法規定ないし法的判断の総体を，フィクフ（fiqh）という。イスラーム法は，法学者による学説法として発展してきたのであり，このような法学者の学説を記した法学書は膨大な数に上る。

1. 現代におけるイスラーム法

　イスラーム法は，日本法，イギリス法，フランス法，アメリカ法などのように制定法や判例という形式で存在する法ではない。確かに，ムスリム（イスラーム教徒）が居住する中東，東南アジア，南アジアなどの地域では，「イスラーム家族法」ないし「身分法」と称される制定法は存在するが，これらは，家族法に

関するイスラーム法のルールの一部を選択して実体的な権利義務を定めたにすぎない。また，実体的な権利義務を定めていたとしても，必ずしも網羅的なわけではない，あるいは制定法の規定の大部分が手続規定にとどまるために，実体的な権利義務については，その多くが裁判官の解釈に委ねられることも決して少なくない。このような場合，裁判官は，イスラーム法の法源たる聖典クルアーンおよびスンナ（預言者ムハンマドの範例）の明文，法学者たちの知的営為の所産である法学書を典拠として，法解釈方法論たる法理論（uṣūl al-fiqh）に従って，その判断を下すことが多い。

　さて，ムスリムが国民の過半数以上を占める中東やアジアなどの国々では，近代化の過程でわが国と同じように，西洋近代法を継受した法制度を築いてきた。その結果，大半の国では，国家法としてイスラーム法が適用される法領域は，主として家族法領域に限られることとなった。もっとも，家族法を除く法領域において，西洋近代法がイスラーム法に完全に取って代わったわけではない。例えば，イラク，シリア，リビアなどがモデルとした1948年に制定された現行エジプト民法典は，フランス法を継受しながらも，イスラーム法的な要素をその一部に取り込んでいる。また，憲法にシャリーアが立法の源である旨を定める国においては，法令とイスラーム法の齟齬をめぐって違憲訴訟が提起されることもある。さらには，近年，イスラーム法に則った金融であるイスラーム金融やイスラーム法に照らして許容される食材のみを用いたハラール食品等が，グローバルに展開している。

2. イスラーム法

　イスラーム法の概要を把握するには〔1〕〔2〕が，イスラーム法の史的展開を追うには〔3〕が優れている。〔1〕には，紙幅の都合上，本章では挙げなかったイスラーム法に関する文献も紹介されている。

　〔1〕　両角吉晃「イスラーム法」北村一郎編『アクセスガイド外国法』（東京大学出版会，2004年）

　〔2〕　大河原知樹＝堀井聡江『イスラーム法の「変容」：近代との邂逅』（山

川出版社，2014年）

〔3〕 堀井聡江『イスラーム法通史』（山川出版社，2004年）

　フィクフは，法理論と実定法学（furū' al-fiqh）からなる。法理論は，特定の法源から法的判断を引き出す方法を論じる学問であり，スンナ派の四法学派（ハナフィー派，シャーフィイー派，マーリク派，ハンバル派）が共通して認める法源は，クルアーン，スンナ，イジュマー（合意），キヤース（類推）である。クルアーンは，預言者ムハンマドに下された神の啓示で，法学者が法的判断を下す際の第1の法源である。第2の法源たるスンナは，預言者ムハンマドの範例であり，それはハディースによって後世へ伝えられた。第3の法源たるイジュマーとは，ある時代の全ての法学者による法的判断の見解の一致である。第4の法源たるキヤースとは，法的判断について明文をもたない事案を，それと類似の事案にしたがって法的判断を下すことである。

　スンナ派の法理論については，

〔4〕 アブドル＝ワッハーブ・ハッラーフ著／中村廣治郎訳『イスラムの法：法源と理論』（東京大学出版会，1984年）

〔5〕 ワーエル・B・ハッラーク著／黒田壽郎訳『イスラーム法理論の歴史：スンニー派法学入門』（書肆心水，2010年）

がある。シーア派の法理論について，

〔6〕 イブン・ザイヌッディーン著／村田幸子訳・解説『イスラーム法理論序説』（岩波書店，1985年）

がある。クルアーンの邦訳（クルアーンはアラビア語原典のみをさし，他言語への翻訳は解釈の一種とされるため，正確には邦訳ではない）には，

〔7〕 井筒俊彦訳『コーラン』全3巻（岩波文庫，1957-58年）

〔8〕 藤本勝次＝池田修＝伴康哉訳『コーラン』全2巻（中公クラシックス，2002年）

〔9〕 中田考監修／中田香織＝下村佳州紀訳『日亜対訳クルアーン』（作品社，2014年）

がある。ハディース集の邦訳としては，

〔10〕 ブハーリー編／牧野信也訳『ハディース：イスラーム伝承集成』全3巻（中央公論社，1993-94年）

〔11〕　ブハーリー編／牧野信也訳『ハディース：イスラーム伝承集成』全 6 巻（中公文庫，2000-01 年）（〔10〕と同内容）

〔12〕　ムスリム編／磯崎定基＝飯盛嘉助＝小笠原良治訳『日訳　サヒーフムスリム』（日本サウディアラビア協会，1987-89 年）

がある。

　実定法学に関する文献の射程には，イバーダート（'ibādāt）とムアーマラート（mu'āmalāt）が含まれる。イバーダートでは，礼拝前の清め，礼拝，葬制，ザカート（宗教税），断食，巡礼といったいわゆる宗教儀礼が扱われ，ムアーマラートでは財産法，家族法などが扱われる。実定法学に関して，アラビア語の一次資料に依拠した本格的な研究書として，

〔13〕　柳橋博之『イスラーム財産法の成立と変容』（創文社，1998 年）

〔14〕　柳橋博之『イスラーム財産法』（東京大学出版会，2012 年）

〔15〕　柳橋博之『イスラーム家族法』（創文社，2001 年）

〔16〕　両角吉晃『イスラーム法における信用と「利息」禁止』（羽島書店，2011 年）

がある。これらのほか，

〔17〕　ワーイル・ハッラーク著／奥田敦編訳『イスラーム法の歴史と理論：イジュティハードの門は閉じたのか』（慶應義塾大学出版会，2003 年）

〔18〕　中田考『イスラーム法の存立構造：ハンバリー派フィクフ神事編』（ナカニシヤ出版，2003 年）

〔19〕　ノエル・J・クールソン著／志水巌訳『イスラムの契約法：その歴史と現在』（有斐閣，1987 年）

がある。

　英語で書かれたイスラーム法の概説書としては，

〔20〕　Schacht, Joseph, *An Introduction to Islamic Law*, Oxford University Press, 1964

〔21〕　Coulson, N.J., *A History of Islamic Law*, Edinburgh University Press, 1964

〔22〕　Hallaq, Wael B., *An Introduction to Islamic Law*, Cambridge University Press, 2009

〔23〕　Hallaq, Wael B., *Sharī'a: Theory, Practice, Transformations*, Cambridge University Press, 2009

がスタンダードなものとして参照される。現行エジプト民法典など中東諸国の民法典へ影響を与えたといわれるオスマン帝国で編纂された民法典（メジェッレ）の一部の邦訳を収録したものとして，

〔24〕　大河原知樹＝堀井聡江＝磯貝健一『オスマン民法典（メジェッレ）研究序説』（人間文化研究機構（NIHU）プログラム　イスラーム地域研究　東洋文庫拠点，2011 年）

がある。

イスラームにおけるビジネスの理念と法制度を紹介するものとして，

〔25〕　イスラムビジネス法研究会＝西村あさひ法律事務所編著『イスラーム圏ビジネスの法と実務』（一般財団法人経済産業調査会，2014 年）

がある。

イスラーム金融を理解するには，

〔26〕　長岡慎介『現代イスラーム金融論』（名古屋大学出版会，2011 年）

〔27〕　イスラム金融検討会編著『イスラム金融：仕組みと動向』（日本経済新聞出版社，2008 年）

〔28〕　濱田美紀＝福田安志編『世界に広がるイスラーム金融：中東からアジア，ヨーロッパへ』（アジア経済研究所，2010 年）

〔29〕　北村歳治＝吉田悦章『現代のイスラム金融』（日経 BP 社，2008 年）

が便利である。

イスラーム法に関する学術誌としては，

〔30〕　*Islamic Law and Society*, vol.1(1) (1994)〜, Brill 社

がある。イスラーム法および中東法に関する文献検索には，

〔31〕　*Index Islamicus*, Brill 社

が便利である。

3. 中東法

　アラブ首長国連邦（UAE），エジプト，サウディアラビア，イランおよびトルコの法律事情を紹介し，アラブ首長国連邦民法典の邦訳を掲載したものとして，
　〔32〕　田中民之＝西村あさひ法律事務所編著『中東諸国の法律事情とUAEの民法典』（一般財団法人経済産業調査会，2013年）
がある。
　中東諸国におけるビジネスに関する法令の概要やビジネス環境を知るには，日本貿易振興会（JETRO）の中東ビジネスに関するサイト〈http://www.jetro.go.jp/world/middle_east/〉が便利である。同サイトからは，ビジネス法に関する以下のハンドブック，ガイドブックなどを入手できる。
　〔33〕　バーレーン　税務・会計制度ハンドブック（2014年3月）
　〔34〕　カタール　税務・会計制度ハンドブック（2014年3月）
　〔35〕　オマーン　税務・会計制度ハンドブック（2014年3月）
　〔36〕　クウェート　税務・会計制度ハンドブック（2014年3月）
　〔37〕　イラン　税務・会計制度ハンドブック（2014年3月）
　〔38〕　イラク　税務・会計制度ハンドブック（2014年3月）
　〔39〕　サウディアラビア　税務・会計制度ハンドブック（2014年3月）
　〔40〕　トルコ　税務・会計制度ハンドブック（2014年3月）
　〔41〕　UAE（アラブ首長国連邦）税務・会計制度ハンドブック（2014年3月）
　〔42〕　中東・北アフリカ諸国の貿易・投資関連法制度（イラク）（2014年3月）
　〔43〕　中東・北アフリカ諸国の貿易・投資法制度ガイドブック（カタール）（2013年3月）
　〔44〕　中東・北アフリカ諸国の貿易・投資法制度ガイドブック（バーレーン）（2013年3月）

〔45〕 中東・北アフリカ諸国の貿易・投資法制度ガイドブック（クウェート）（2013年3月）

〔46〕 中東・北アフリカ諸国の貿易・投資法制度ガイドブック（オマーン）（2013年3月）

〔47〕 中東・北アフリカ諸国の貿易・投資関連法制度（ヨルダン・ハシェミット王国）（2012年3月）

〔48〕 中東・北アフリカ諸国の貿易・投資関連法制度（レバノン）（2012年3月）

〔49〕 イラク―海外からの投資に関連する法律

〔50〕 中東・北アフリカ諸国の労働法制度（バーレーン，イラク，クウェート，オマーン，カタール，イエメン）（2012年10月）

〔51〕 中東・北アフリカ諸国の労働法制度（アラブ首長国連邦（UAE）・サウジアラビア・イラン・トルコ・エジプト）（2012年3月）

〔52〕 平成18年度 湾岸協力会議（GCC）加盟国の労務・税務・通商手続き関連法制度概況（2007年3月）

中東法についての概説書として，

〔53〕 Mallat, Chibli, *Introduction to Middle Eastern Law*, Oxford University Press, 2007

がある。

4. 法令等の検索方法

政府のE-Government等ポータルサイトを通じた法令情報の収集〔これらポータルサイトの最終閲覧日は2014年10月29日〕

近年，中東諸国においても，E-Governmentなどのポータルサイトを整備する国が増えている。これらポータルサイトはアラビア語だけでなく英語やフランス語でも提供されているが，多くの場合，同サイト内からアクセスできる各国法令についてはアラビア語のみの提供にとどまる。そこで，アラビア語による法令情報へのアクセスのほか，ライセンス，許認可，労務などビジネス環

境に関する情報などへアクセスできる各国政府ポータルのHP（英語・アラビア語）も記すこととする。

① アラブ首長国連邦（UAE）

〔54〕からはアラブ首長国連邦政府関連の各種情報へアクセスできる。アラブ首長国連邦のビジネスの中心であるドバイ政府のポータル〔55〕からは，企業，雇用等ビジネスに関する情報（英語，アラビア語）が，〔55〕内の「ドバイ裁判所（محاكم دبي）」からは法令等（アラビア語），入手できる。

〔54〕 アラブ首長国連邦政府ポータルHP　http://www.government.ae （アラビア語）http://government.ae/web/guest/uae（英語）

〔55〕 ドバイ首長国政府ポータルHP　http://www.dubai.ae/ar/Pages/Default.aspx（アラビア語）http://www.dubai.ae/en/Pages/Default.aspx（英語）

② アルジェリア

〔56〕からは政府関連の各種情報へアクセスできる。〔56〕内の「Documents／ملفات」から法令（アラビア語）へアクセスできる。

〔56〕 アルジェリア政府ポータルHP　http://www.cg.gov.dz（アラビア語，フランス語）

③ イエメン

〔57〕からは政府関連の各種情報へアクセスできる。

〔57〕 イエメン政府ポータルHP　http://www.yemen.gov.ye/portal（アラビア語）

④ イラク

〔58〕からは政府関連の各種情報へ，〔59〕からは法令へアクセスできる。

〔58〕 イラク政府ポータルHP　http://www.egov.gov.iq（アラビア語，英語）

〔59〕（司法省，国連開発計画〔UNDP〕等が構築した）法令データベース　http://www.iraqld.com（アラビア語）

⑤ イラン

〔60〕〔61〕からは，大統領府，政府関連の情報へアクセスできる。

〔60〕 大統領府ポータルHP　http://www.president.ir（ペルシア語，ア

ラビア語，ウルドゥー語，英語，フランス語，ドイツ語）

〔61〕 イラン政府ポータル HP　http://dolat.ir（ペルシア語）

⑥ エジプト共和国

〔62〕からは政府関連の情報へ，同ポータル内の〔63〕からは2014年憲法，身分法に関する法律，商法などへアクセスできる。

〔62〕 エジプト政府ポータル HP　http://www.egypt.gov.eg（アラビア語，英語）

〔63〕 エジプト政府ポータル HP　http://www.egypt.gov.eg/arabic/laws/default.aspx（アラビア語）

⑦ オマーン

〔64〕からは政府関連の各種情報へ，国会に相当する（但し，立法権なし）諮問評議会（مجلس الشورى）の HP〔65〕および国家評議会（مجلس الدولة）の HP〔66〕から同国の憲法に相当する国家基本法（النظام الاساسي للدولة）へアクセスできる。

〔64〕 オマーン政府ポータル HP　http://www.oman.om/wps/portal（アラビア語，英語）

〔65〕 諮問評議会 HP　http://www.shura.om/ar/basicnew.asp（アラビア語）http://shura.om/en/jurisdictnew.asp（英語）

〔66〕 国家評議会の HP　http://www.statecouncil.om/Kentico/Inner_Pages/CountrySystem.aspx?lang=ar-om（アラビア語）

⑧ カタール

〔67〕からは政府関連の各種情報へ，〔68〕からは法令へアクセスできる。

〔67〕 カタール政府ポータル HP　http://portal.www.gov.qa/wps/portal/homepage（アラビア語，英語）

〔68〕 カタール政府の法令ポータル Al-Meezan
http://almeezan.qa/Default.aspx?language=ar（アラビア語）
http://almeezan.qa/Default.aspx?language=en（英語）

⑨ クゥエート

〔69〕からは政府関連の各種情報へ，〔70〕からは法令へアクセスできる。

〔69〕 クゥエート政府ポータル HP

http://www.e.gov.kw/sites/KGOArabic/portal/Pages/PortalMain.aspx（アラビア語）

http://www.e.gov.kw/sites/KgoEnglish/portal/Pages/PortalMain.aspx（英語）

〔70〕 http://www.e.gov.kw/sites/kgoarabic/portal/Pages/Business/LawsAndRegulations_Information.aspx（アラビア語）

http://www.e.gov.kw/sites/KGOEnglish/Portal/Pages/Business/LawsAndRegulations_Information.aspx（英語。但し，最初のページのみ英語で，そこに挙げられている法令名をクリックするとアラビア語の法令テキストへアクセスされる）

⑩ サウディアラビア

〔71〕からは政府関連の各種情報へアクセスできる。同ポータル内の「法令 الأنظمة و اللوائح 」へ進むと法令（アラビア語）にアクセスできる。

〔71〕 サウディアラビア政府ポータル HP　http://www.saudi.gov.sa/wps/portal（アラビア語，英語）

⑪ チュニジア

〔72〕からは政府関連の各種情報へ，〔73〕からは法令，判決等へアクセスできる。

〔72〕 チュニジア政府ポータル HP

http://www.pm.gov.tn/pm/content/index.php?lang=ar（アラビア語）

http://www.pm.gov.tn/pm/content/index.php?lang=en（英語）

http://www.pm.gov.tn/pm/content/index.php?lang=fr（フランス語）

〔73〕 チュニジア司法省 e-justice portal　http://www.e-justice.tn/（アラビア語，フランス語）

⑫ トルコ

〔74〕からは法令へアクセスできる。

〔74〕 トルコ司法省　http://www.justice.gov.tr（トルコ語）

⑬ バーレーン

〔75〕からは政府関連の各種情報へ，〔76〕からは法令へアクセスできる。

〔75〕 バーレーン政府ポータル HP　http://www.bahrain.bh/wps/portal

(アラビア語,英語)

〔76〕 法令委員会 http://www.legalaffairs.gov.bh（アラビア語）

⑭ モロッコ

〔77〕からは政府関連の各種情報へ，〔78〕からは法令へアクセスできる。

〔77〕 モロッコ政府 e-government program http://www.egov.ma（アラビア語，英語，フランス語）

〔78〕 モロッコ司法省 e-justice http://adala.justice.gov.ma（アラビア語，フランス語）

⑮ ヨルダン

〔79〕からは政府関連の各種情報および憲法へアクセスできる。

〔79〕 ヨルダン政府ポータル http://www.jordan.gov.jo（アラビア語，英語）

⑯ レバノン

〔80〕からは政府関連の各種情報へ，〔81〕は法令（但し登録必要）へアクセスできる。

〔80〕 http://www.dawlati.gov.lb（アラビア語，英語，フランス語）

〔81〕 http://ldb.justice.gov.lb（アラビア語）

これらのほか，電子媒体の

〔82〕 Westlaw Gulf, Westlaw 社

がアラブ首長国連邦，カタール，イラクの法令および判決（アラビア語，一部英訳あり）へのアクセスを提供している。

学術雑誌等

中東諸国における法制度の動向を知るための年鑑，雑誌として，

〔83〕 *Yearbook of Islamic and Middle Eastern Law*, vol.1（1994-95）〜, Brill 社

〔84〕 *Arab Law Quarterly*, vol.1(1)（1985）〜, Brill 社

〔85〕 *Middle East Law and Governance*, vol.1(1)（2009）〜, Brill 社

がある。

【参考文献】
ツヴァイゲルト＝ケッツ／大木雅夫訳『比較法概論原論』下巻（東京大学出版会，1974年）。

第18章

タンザニア法

はじめに

　本章では東アフリカの一国であるタンザニア連邦共和国における法律情報の調べ方についての一端について紹介する。多種多様な部族，宗教，歴史的・文化的背景等を有する広いアフリカ大陸の法をまとめてアフリカ法などと総括することは出来ない。しかしながら多くのアフリカ諸国に共通にいえることは，植民地政策以前からの固有法といえる慣習法の存在，植民地統治下における移入法と植民地政策の影響，独立後の新しい体制（独立直後は社会主義体制をとった国も多い）と近年の資本主義経済体制へ対応した制度への変容といった複雑な経緯があることではないだろうか。また，経済的利益に関わりそうな法制度に関しては，国際機関，世界銀行といった国際援助ドナーの政策が強い影響力をもたらしていることも共通していえることであろう。本章におけるタンザニアの紹介は上記の複雑な状況下におけるアフリカ諸国の典型例ととらえて参考にしていただければ幸いである。

1. 概要・特色

　タンザニアはその正式名称 United Republic of Tanzania という国名からも明らかなように共和制をとる国である。正式には，以前タンガニーカ（Tanganyika）と呼ばれたタンザニア本土部（Mainland）とザンジバル（Zanzibar）と呼ばれる島嶼部よりなる。1964年に両者の合邦が成立したのち

にタンザニア連邦共和国と国名を改めた経緯がある。従って正確にはタンザニアの中には2つの対等な関係の国家が存在し，それぞれの国家がそれぞれの行政自治権を有する体制がありそれぞれ独自の大統領を有する。しかしながら，実際には本土とザンジバルは必ずしも同等の関係とはなっていない。ザンジバルは独自の大統領，議会，政府が直接統治するが，外交権，貨幣発行権は持たず，本土部は，連邦の大統領，議会，政府が直接統治する形となっている。この状況についてザンジバルは長年不満を抱いており，一主権国家としての国際的な認知や本土部との対等な連邦体制の形成が，ザンジバル側の積年の願望であるといわれている。そして，ザンジバル側には自治政府はあるが本土部には連邦政府しかないといういびつな形が，タンザニア政府の特色であるといえよう。

なお，タンザニアの面積は94.5万平方キロメートル（日本の約2.5倍）で人口は2012年で約4362万人（日本の約1/3）あり，ザンジバル島の面積は2650平方キロメートル（沖縄の約1.1倍）で人口は約130万人となっている。ザンジバルは本土の港からフェリーで片道約1時間半の距離にある。なお，ザンジバルは1856年に独立するまでは，18世紀から19世紀にかけてインド洋を制する海洋帝国であったオマーンの支配下にあった。ザンジバルはオマーンにとっては東西貿易のためのアフリカにおける拠点であり，その後のドイツ・イギリスの植民地支配が徹底されるまでスルタンによる統治がなされていた。ザンジバルは歴史的経緯によりアラブの影響を強く受けており，白い石造りのアラブ式・ヨーロッパ風の建築物の混在する幻想的で美しい街並み，アラビア文化・伝統の雰囲気を楽しめる一大観光地である。ザンジバルにおいては約95％の人口がイスラム教徒である。一方本土部では，沿岸地方にこそイスラム教徒は多いものの全体では4割，キリスト教徒4割，ヒンズー教・土着の宗教が残り2割程度の人口で構成される黒人社会が中心となり，まったく異なっている。

上記のように，表向きは共和制をとりつつも国としてのバランスにおいては圧倒的に本土部が中心となる体制に基づき，歴史的・文化的にもまったく異なる別個の国であった2国の関係は複雑である。政治・経済・交易・国際協力等あらゆる場面で，「タンザニア」といった場合，それは本土部のみを指してい

ることがほとんどであり，本章においても特に断りのない限り，タンザニアといった場合本土部のことを指すこととする。また，本章の項目についてもそれぞれ本土部とザンジバルの2つ体制の表記が必要となるところであるが，実質的に本土部の体制がそのままザンジバルに踏襲されているものが多いこと，筆者のザンジバルにおける調査経験が乏しいことから以下の項目の内容は本土部についての記載が主となる。

なお，2013年に憲法改正草案が出され，3つの政府案—連邦政府，タンガニーカ政府，ザンジバル政府がそれぞれの主権をもつことにすることを主眼とする案—が出された。憲法改正委員会の機能もまひするほどの紛糾の末，2014年末に現行憲法を修正する程度にとどめる案—現状通りの連邦政府とザンジバル自治政府のままを保つ形—での決着がついたところである。

2. 法制度

タンザニアは第一次大戦前まではドイツ植民地支配，その後1961年までイギリス植民地支配の統治下にあった。独立時にイギリスの植民地統治下にあった東アフリカ3国（ケニア，ウガンダ，タンザニア）は，共通の制度・基盤を有する事項が多い。3国は植民地時代にはイギリスの法制度により支配されていたことにより，当然のこととして基本的にはイギリス法が継受されていることになる。

2.1 植民地時代

イギリスは，他の東アフリカ諸国と同様にタンザニアにおいても間接統治をとった。植民地時代においてはイギリス人のための法制度，そして原住民の地域の慣習法が存在する2重の法制度であった。これらの法律は独立後も各法律の下地となり，かつ今日でも有効な法律として裁判所においても実務においても用いられているところである。

なお，植民地時代に多くの法律の下地が作られたのであるが，その当時にイギリスが植民地統治していた国で用いていた法律をそのままタンザニアに導入

したものもある。例えば今日でも有効な1865年インド人相続法などは本国インドではすでに使われていない19世紀の法律である。このような例にみるようにタンザニアの法制度はイギリスが植民地管轄下の国々で使用させていた手持ちの法律をつなぎあわせてパッチワークのようにつぎはぎに作ったような面もあり，実際の法の適用の場面においても問題がある。

2.2 独立後

1965年にタンザニア暫定憲法により民主的一党制の確立をはかり，1967年にはアルーシャ宣言により社会主義路線が明確になった。アルーシャ宣言による社会主義はウジャマーと呼ばれ，独立へとタンザニアを導いた初代大統領ニエレレの思想が強く反映されたものである。1977年に独立した国としての憲法が制定され，1995年の修正憲法による条文修正となるまで一党制は続いた。

ザンジバルのみで独自の制度をとることが可能ではあるが，実際には本土の法律をそのままコピーしてザンジバルの法律として採用しているものが多いのが現状である。

3. 裁判機構

3.1 植民地時代

東アフリカでは植民地時代の1897年に，そしてタンザニアでは第一次大戦後のイギリス統治下に入ってから東アフリカ法および原住民裁判所規則が作られ，裁判制度は植民者とアフリカ人（原住民とほぼ同義語）に対するものとの二重の制度を持つようになった。アフリカ人には入植者イギリス人に対する司法手続きとは別の手続きがもうけられた。イギリス人は最終的に本国の枢密院司法委員会に上訴することができたが，アフリカ人においては地方行政官の支配下にある原住民裁判所に限られ，上級裁判所へとアクセスする道は閉ざされていた。

3.2 独立後

植民地時代の司法制度は独立にともない変更されることになる。東アフリカ3国はそれぞれの独立から共和国への移行過程に作られた東アフリカ共同体（第二次大戦中にケニア，ウガンダとともに結成した3地域の共同機構で1967年に東アフリカ共同体と改組）の下，司法制度においても東アフリカ上告裁判所および枢密院司法委員会へ上訴することが可能になった。3国がそれぞれ自治領国家から共和国へと変遷をとげることとなり，枢密院司法委員会への上訴の制度は廃止され，さらに東アフリカ共同体体制が崩壊し東アフリカ上告裁判所もその機能を停止した。現在は3国ともそれぞれの司法制度の下にそれぞれ独自の司法制度を有する。

タンザニア行政府は大統領，副大統領，首相をおき，立法府は一院制の国民議会（ザンジバルもその選出に加わる）から成る。司法府は初等裁判所（Primary Court），治安判事審判所（Magistrate Court），地方裁判所（District Court），高等裁判所（High Court），控訴院（Court of Appeal）で構成されている。高等裁判所の部門としては，商業裁判所，労働裁判所，土地裁判所がある。ザンジバルの司法府は地方裁判所（District Court），高等裁判所（High Court），イスラム裁判所（Khadhi's Court）で構成される。イスラム裁判所は家族およびその関連事項についてイスラム慣習法に関係する事件を管轄している。ほか，軍事法廷が規定されている。

なお，憲法により18歳以上の成人に選挙権が与えられており，普通選挙により民主主義が実現されていることになっている。

4. 法令・法律等文書の入手

アフリカの場合，植民地時代の宗主国の統治の仕方・植民地時代の法の在り様が独立後の法基盤を形づくっている。従って，宗主国によってその確立された基盤は異なることになる。イギリスの場合は，当然にそれは植民地統治に役立てる入植者のための制度形成を中心とし慣習法を尊重するという建前のもと

に圧倒的多数であるアフリカ人を除外する法制度を形作ったことにほかならない。しかし，イギリスは前宗主国のドイツと異なりかなり細かく制度作りを行った。タンザニアは独立に際しコモンウェルスに加盟し，今日でも独立後に引き継いだ法制度を用いており裁判所でも適用されているところである。

法令については，タンザニア国内で入手できるものと難しいものとがある。以下，比較的最近の法令，独立前・植民地時代の法律にわけて法令・法律文書等の入手について記述する。そのほか，法制定過程の深い理解のための議会議事録の入手の必要性，国立公文書館について紹介をする。

4.1 比較的最近の法令

独立後のものについては，ほとんどタンザニア政府 HP 〈http://www.tanzania.go.tz/〉において PDF 形式で入手可能なように整備されてきており，現地の貧しい印刷物事情を考えるとウェブ経由のほうが確実に集められる場合も増えてきている。日本国内において，法律を参照する際にはまずウェブにアクセスすることが有用である。少し前までは法律文書はすべて英語が基本であったが，ここ数年で法律文書においてようやく母語であるスワヒリ語化がすすんでいるところである。新しい法律の動向等，例えば2014年末まで注目されていた憲法改正の動きなどは，憲法改正委員会の資料等すべてが基本的にスワヒリ語である。アフリカ法研究に着手するためには現地語に精通することが求められよう。

なお，最新の法令であればダルエス・サラームの街中にある政府刊行物専門店にいき購入することも可能である。ただしその時の予算の都合で印刷部数が少ない法令も多く，一度販売されても増刷・再販はほとんどなく入手困難となる場合も多い。従って，目当ての法令を見かけたときに購入できれば非常に幸運である。

また，政府刊行物専門店において購入できる法令，ウェブでダウンロードできる法令の両方とも乱丁・落丁はよく見られることである。

また，ごく最近の法改正についてはタンザニア司法 HP 〈http://www.judiciary.go.tz/〉に掲載されているものもある。同 HP 自体が運用後間もないものであるようなので，今後の充実に期待をしたいところである。

4.2　独立前・植民地時代の法律

　独立前・植民地時代の法律となるとタンザニアの現地においても収集が難しいものが多い。しかし，タンザニアの法律は植民地時代のものを下地として改正され続け適用されているものも多いので，どうしても調べざるをえなくなるのである。現地調査をすると，研究者であっても法律の原本テキストを目にしたことはないといわれるほど古い法律が，実際には各所で引用され続けているという事象によく遭遇する。

　タンザニアで唯一の法学部のある総合大学，ダルエス・サラーム大学の図書館には植民地時代からの主要法文書・法律が保管されていることになっているが，実際に書棚を見てみると保管状況は劣悪であり劣化の著しいものが多い。また昔の法文書・法律になるほど入手困難なものが多いので，重要な法律の箇所だけ破り取られていることも稀ではない。こうしたことの原因は大学における文書整理・管理の問題もあるが，在学する学生のほとんどが気軽に図書館の本のコピーをとるということをせずにひたすら文書を書き写して勉強・論文執筆をしていることに起因すると思われる。なぜコピーをあまり利用しないかという理由については，日本のようにコピー機利用が気軽にできる環境ではないことにある。コピー専属の事務員にコピーを依頼しなければならないシステムとなっており，その金額も日本人にとってはそれほど高くはないがタンザニア人学生にとっては決して安くはないこと，そのコピー事務員も常駐のはずであるが不在のことも多いこと，ダルエスサラーム（およびタンザニア全土）では今でも突然におこる停電が多くコピー機械が常に使用可能であるとは限らないこと等コピーのために費やすエネルギーを考えれば納得したくなるものがある。筆者は短期滞在の調査期間中に図書だけコピーして帰ろうなどと計画した末，常にコピー事務員を探し回ったり，勤務時間が終わった等の理由で突然に帰宅してしまった事務員に会えずにコピーを持ち帰ることができずに帰国したりするような目に何度となくあっている。

　また，ダルエス・サラーム大学の図書館内にある東アフリカ関連の図書を集めた East Africana には，植民地時代からの貴重な資料—政府出版物，国連の出版物，地図，論文等—が所蔵されており，マイクロフィルム化されている

資料も多い。East Africana への入室は，調査許可書（後述 6. に詳細を記載）を携帯した研究者等に制限されており，資料の貸出や East Africana 室からの持ち出しも禁止されているので，いつ来室しても朝から閉館までその場で資料を読んだり書き写したりする海外からの研究者の姿が多数見られる。

結局，法律文書，特に植民地時代からのものを閲覧・収集することのみを目的とすると旧植民地宗主国であるイギリスに滞在し収集することが最も効率がよい。ロンドンの SOAS (School of Oriental and African Studies, University of London) にも比較的法令集はそろっているが，網羅的ではない。同じくイギリスのケンブリッジ大学の中央図書館においてはタンザニアの植民地時代からの法令・法文書を非常によい状態で書庫内に一括整理・管理されており，非常に効率よく閲覧できる。タンザニアの法律関係の資料収集目的であれば，ケンブリッジ大学の中央図書館を訪問する価値は非常に高い。

なお，タンザニア国内でも欧米からの外国人弁護士をもスタッフとして抱えているような大規模な弁護士事務所においては，植民地時代からのものを含めた法文書・法律を網羅的に揃えているところもある。こうした弁護士事務所と個人的なコネクションがあれば，手軽に法律文書を閲覧する場所として有用なソースを得られることになる。

4.3　法制定過程の深い理解のために

過去には本国イギリスで用いられている法令に習い作成される法令が多かったため，タンザニアにおいてもイギリスの法律用語に類似の単語を用いることが多いようなのであるが，法令を解釈したり実務での運用を見るに似て非なることが多々ある。また，経済開発に直結するような各種の法においては国際援助ドナーによる法案に基づきつつもタンザニアの歴史・文化・慣習を加味し後にタンザニアオリジナルの法を作り上げるというプロセスをとることもあり得ることから，真に条文の内容，時にはその法令自体の存在が何を意味するのかを解釈するために制定過程の議論をも検討する必要があろう。制定過程の議論について公的な文書で探すとなるとタンザニア議会議事録（hansard，スワヒリ語版のみ）をみることとなる。なお，タンザニア議会議事録は冗長でありわかりにくい面もある。従って，最終的には法案作成に直接かかわった法曹団の

一員（弁護士事務所等）をたずねて言葉・条文の真の意味や作られた経緯を聞くことができれば複雑な経緯の法令の制定過程についてもより詳しく理解できよう。

なお，過去のタンザニア議会議事録については近年のものはタンザニア議会 HP Parliament of Tanzania 〈http://www.parliament.go.tz/〉にアップされているほか，1975 年，飛んで 2003 年以降のもののうちのいくつかについては閲覧できるようになっている。

4.4 国立公文書館

ドイツ統治下における法令，植民地行政に関する資料が一番集められていると聞いていたのはタンザニア，ダルエスサラームに所在する国立公文書館（Tanzania National Archives）である。確かに，ドイツ時代の文書も特定の分野のものであれば保管されているとはいえるが，虫食い等による文書の劣化は著しい。また，図書目録にはあっても書庫にはなかったり，傷みの激しい文書が多く，設立以来の整理・保管の状況に問題が多い。また図書館のようなサービスはないので文献は閲覧のみが原則であり，短時間に多くの文書を探し出し複写するような目的では使用は難しい。

5. 判例

前述 3. 裁判機構にあるように，裁判例については東アフリカ 3 国で東アフリカ共同体のものとして積み重ねられてきた植民地時代からのものを編纂して共通の財産として活用されている。東アフリカ判例集（East Africa Law Reports）は，東アフリカ上告裁判所，選挙区特別裁判所および枢密院司法委員会の 3 機関で決定された 1957 年－1975 年におきた事件を収録している。植民地時代および東アフリカ共同体としての判例集は整備されていたといえよう。その後はダルエスサラーム大学出版から Tanzania Law Report1983-1992，その後 1998 年－2006 年の間毎年判例集が出されていることが確認できた。同 Law Report には控訴院，本土およびザンジバルの高等裁判所から出

された民事，刑事事件が収録されている。

　独立以降からしばらくの間は，もっとも判例や法情報を探すことが難しかった時期といえるのではないか。また，1983年にダルエスサラーム大学が判例集編纂を試みて以降も毎年必ず編纂できているわけではなく，その時の財政事情により，可能なときに出版がなされていたようである。

　最高裁判例については，極めて最近の裁判例のごく一部についてはタンザニア司法HP〈http://www.judiciary.go.tz/〉に掲載されているものがある。

6. 現地調査 について

　判例，法令収集に際して上述のような現地における閲覧・収集方法を紹介したが，主要な閲覧・収取場所であるダルエスサラーム大学図書館，国立公文書館，各行政機関およびフィールド・ワークを行う地の行政機関等において必ず提示を求められるものが調査許可証である。現地調査を行う場合には最初にダルエスサラーム街はずれにあるタンザニア文部科学省管轄下の科学技術委員会COSTECH（Tanzania Commission for Science and Technology〈http://www.costech.or.tz〉）に出向き手続きを済ませる必要がある。規定の書式による履歴書，申請書，調査計画書，国内外から1名ずつの推薦状，顔写真，料金（申請料50米ドル手数料300米ドル）を揃え現地調査前に日本から郵送しておくとダルエスサラームに到着してからすぐに入国管理局あての滞在許可申請に必要な書類を受け取ることができることになっている。COSTECHオフィスで書類を受け取った後は入国管理局に出向き，長蛇の列に並び調査許可を得て初めて現地調査が可能となる。しかし，筆者は実際に上記理想どおりに到着してすぐに調査を始められたことは一度もなかった。政治・法律関連の調査は何かと質問を受けることになり手続きに時間を要し，業を煮やして現地の政治家や官僚にルートのある知人を頼り許可書入手にたどり着けることもあった。こうした煩雑な手続きのため連日COSTECHに通いつめた結果，数か月滞在後に許可書を得るに至ったり，結局調査に着手できずに帰国するという研究の初心者も目にした。なお，調査許可書を取得し調査を行った後には終

了報告書提出が義務付けられており、調査延長のためには調査経過報告書等の書類と延長料金300米ドルが必要となる。

　タンザニア現地に行かなければ法律の運用実態や法施行等による現地の人々に対する影響、特に貧しい人々が多い地方の農村に対する影響等を知ることは難しい。従って、上記に掲げた煩雑な調査許可書入手プロセスや法律文書や文献を探し回り複写に奔走する等の労力を覚悟しつつ現地に赴かざるをえなくなる。日本にいて法律だけを読んでも当然わからないことが多いので、実際の法案作成の過程の議論、法運用の実態、地方における運用状況や実態とのギャップ等を知るために現地調査に出かけるのであるが、実際には現地に行くことによりさらに分からないことが新たに増える結果となることも多い。これは多くのアフリカ研究者が共通して悩むことではないだろうか。

　なお、現地に行った場合にはダルエスサラーム大学の購買部も一見する必要はある。法律関係の学術書は基本的にそのときにある限りであり網羅的に揃えることは難しいが、運がよければ Tanzania Law Report、有用な大学の講義でテキスト・参考書として使われている学術書等を購入できることがある。

　また、タンザニアおよびアフリカの多くの都市部・中心市街地を中心として、路上で商品（食べ物、衣類等日用品～大型の家電製品までありとあらゆる物）を販売する露天商を多く目にするが、古本の露天商も多い。法律のテキスト自体が売られているのは目にしたことはないが、筆者は入手が容易ではない古い法律研究に関する学術書や有名な著書等が路上に積まれ雑然と売られているのを目にして購入した経験が何度かある。一見すると同じような古本の露天商ではあるが、品揃えをよく見るとそれぞれの店舗に得意な分野があるようで顔なじみになり関心のある文献のジャンル等を伝えておくとどこからともなく入手し、次に通りかかった際に「好きそうな本があるよ」と声をかけてくれることもある。なお、一般の街中の書店、ショッピングモールにある外国人向けの品揃えの書店では、学術書や古本を目にすることはあまりない。

　結論として、現地調査をしても新たに分からないことが増える可能性も否定できないとはいうものの、現地に滞在しフィールド・ワークをしたからこそ貴重な情報、資料に巡り合える可能性もあるのであり、アフリカにおける法律研究においては現地調査をした方がより多面的に事象を考察することができると

いえよう。

【参考文献】

雨宮洋美「タンザニア『1999年村土地法』にみる土地所有権の構造」（名古屋大学提出博士論文・未刊行，2005年）。

伊谷純一郎ほか『アフリカを知る辞典』（平凡社，2010年）。

中原精一『アフリカの法と政治』（成文堂，2001年）。

中原精一『アフリカ憲法の研究』（成文堂，1996年）。

吉田昌夫『東アフリカ社会経済論 タンザニアを中心に』（古今書院，1997年）。

Bonaventura Rutinwa, *Constitution and Legal System of East Africa, Part Three, The Court System and Conflict of Laws in Tanzania*, The Open University of Tanzania, Dar es Salaam, 1996.

タンザニア政府HP　http://www.tanzania.go.tz/（2014年1月16日確認。）

Tanzania On-line, A Gateway to Information on Development Issues in Tanzania http://www.tzonline.org/（2014年1月16日確認。）

Tanzania Commission for Science and Technology (COSTECH) http://www.costech.or.tz（2014年1月16日確認。）

Parliament of Tanzania　http://www.parliament.go.tz/（2014年1月16日確認。）

The Judiciary of Tanzania http://www.judiciary.go.tz/（2014年1月16日確認。）

第Ⅴ編

国際ルール編

国際ルール編　概要

　ここでいう国際ルールとは，国際取引を対象とする条約などのハード・ローのほか，国際的な機関・団体の策定する規則，モデル法，標準書式などのソフト・ローを含む。本編は第19章の1章のみで，国際取引に適用される国際ルールのうち国連国際商取引法委員会が策定したルールが適用された裁判例・仲裁例のデータ・ベースの調べ方，とりわけウィーン売買条約の適用事例について重点的に取り上げた。

　第19章の「1. 国家法以外の国際ルールの形成」は，国際ルールがどのように形成されてきたかについて，その沿革に触れ，「はじめに」と併せ序論部分であり，「2.」以下が本論である。

　本論前半の「2. 国際ルールに関する主な国際機関・国際私的団体」では，国際ルールの全体像を明らかにするため，国際ルールを策定する母体となっている機関・団体についての概要とそれら機関・団体の策定している国際ルールについて解説した。

　本論後半が本章の核心部分であり特色でもあるが，ウィーン売買条約に関するデータ・ベースに焦点を合わせた。つまり「3. CLOUT による裁判例・仲裁例の調べ方」で同条約の適用された事例についての具体的な活用方法を解説し，そのうえで同条約に関する多面的な検討に資するよう CLOUT 以外の著名かつ信頼性の高いデータ・ベースの活用方法についても「4. CISG 適用事例に関するその他の情報源」で取り上げた。

第 19 章

国家法以外の国際ルール

はじめに

　1国の国境を越えて行われる国際取引は，その取引にいかなるルールが適用されるかが問題になるが，取引の予測可能性と安定性を図るには，統一的なルールが適用されることが望ましい。したがって国際取引の分野では世界的な統一法・統一規則などが重要な役割を担っている。もっとも国際取引にも多くの場合，いずれかの国の法が適用される。しかし固有の文化を色濃く反映している家族や不動産に関する法と異なり，国際取引に関する法は，国家法といえども国際ルールの影響を受け，世界的に共通した特徴がみられる。本章では，国際取引に適用される国家法以外のルールについて概観したうえで，国連国際商取引法委員会（後述 2.1 参照）の公表するデータ・ベースを中心にウィーン売買条約（後述 2.1(1) 参照）関連の情報入手方法を重点的に取り上げる。

1. 国家法以外の国際ルールの形成

　国際ルールは，自然発生的に生まれ，あるいは人為的に策定されてきた。今日，こうした国際ルールの知識は国際取引に欠かせないものになっている。
　自然発生的なルールとしては，地中海沿岸の商人たちの間で形成され，ヨーロッパ各地に伝播したとされるレークス・メルカトーリア（Lex Mercatoria, 商慣習法）がある。日本でも封建時代の各藩は，独立国家のように独自の法制度によって規律されていたから，藩を越える取引には商人間で共通のルールが

形成されていた。

　一方，経済のグローバル化に伴って，自然発生的なルールの形成を待つのではなく，人為的に国際ルールを策定する動きが活発になり，国際機関や国際私的団体がこのためのさまざまな活動をしている（後述 2. 参照）。

　もっとも自然発生的であれ，人為的であれ，これらのルールは，相互に影響しあっており，例えばレークス・メルカトーリアは，ユニドロワ商事契約原則（後述 2.6 参照）に具現化されていると説かれる。

2. 国際ルールに関する主な国際機関・国際私的団体

　ここでは国際ルール策定に関与している諸機関・団体について取り上げるが，国際取引のみならず経済政策の国際ルールに関与している組織も含めた。こうしたルールは国際取引を直接規律しているわけではないが，国際取引に大きな影響を及ぼしているからである。

2.1　国連国際商取引法委員会（UNCITRAL）

　国連国際商取引法委員会（United Nations Commission on International Trade Law，以下，「UNCITRAL」という。）は，国際取引促進のための法的フレームワークの改善を目的とする国連の中核組織であり，1966 年 12 月 17 日の国連総会においてその設立が決議された。UNCITRAL は，この目的のために条約，モデル法，規則など多くのルールを策定している。とりわけ重要なルールの概要について以下に述べるが，UNCITRAL の提供する法律情報のうち UNCITRAL に報告された裁判例・仲裁例を英文で要約したデータ・ベース（Case Law on UNCITRAL texts，以下，「CLOUT」という。）に関しては，「3.」以下で詳しく解説する。

(1)　ウィーン売買条約（CISG）

　ウィーン売買条約（国際物品売買契約に関する国際連合条約，United Nations Convention on Contracts of International Sale of Goods

(Vienna, 1980), 以下, 「CISG」という。) は, 国際売買契約に適用される万民型の統一法として, UNCITRAL が策定し, 1980 年のウィーン外交会議で採択され, 1988 年 1 月 1 日に発効した。CISG は, 締約国数 83 カ国（確認日 2015 年 2 月）にみられるように, イギリスを除く世界貿易のプレーヤーとして登場する国のほとんどが加盟しており, いまや国際売買のルールに関するグローバル・スタンダードとなった。日本の債権法改正にあたっても無視しえないゆえんである。日本は, 中国や韓国よりも出遅れたが, 2008 年 7 月 1 日に CISG に加入し, 2009 年 8 月 1 日に発効させた。

(2) ニューヨーク条約 (NYC)

ニューヨーク条約（外国仲裁判断の承認および執行に関する条約, Convention on Recognition and Enforcement of Foreign Arbitration Awards (New York, 1958), 以下, 「NYC」という。）は, 日本も含め世界 154 カ国（確認日 2015 年 2 月）が加盟し, 締約国間相互に外国仲裁判断の承認・執行を認める。国際取引の紛争解決手段として仲裁が広く用いられているのもこの条約の存在が大きい。

(3) UNCITRAL 国際商事仲裁モデル法 (MAL)

UNCITRAL 国際商事仲裁モデル法（UNCITRAL Model Law on International Commercial Arbitration (1985), 以下, 「MAL」という。）は, 各国がこのモデル法に準拠しつつ自国の事情を考慮して仲裁法を制定することにより, 結果的に各国の仲裁手続の世界的調和を図ることを目的に策定された。日本の仲裁法もこのモデル法に準拠している。

また仲裁機関が仲裁手続に適用する仲裁規則に関しても「UNCITRAL 仲裁規則」があり, 国際商業会議所（後述 2.5 参照）の仲裁規則とともに世界的に広く採用されている。

(4) UNCITRAL 国際倒産モデル法 (MLCBI)

UNCITRAL 国際倒産モデル法（UNCITRAL Model Law on Cross-Border Insolvency (1997), 以下, 「MLCBI」という。）は, 国際倒産を円滑

に処理するために策定されたモデル法である。複数国にまたがる倒産手続において債権者を公平に扱うには，統一的に処理することが理想である。しかし各国の倒産法制は多様であり，これらを一律に統一する条約の策定は至難である。そこで条約に代わる国際倒産処理の調和を目指す方法として，モデル法を策定し，それを各国が可及的に採用することによって国際倒産処理の円滑化を図る方法が採られた。日本の外国倒産処理手続の承認援助に関する法はこのモデル法に準拠している。

2.2 世界貿易機関（WTO）

世界貿易機関（World Trade Organization，以下，「WTO」という。）は，ガット（GATT，関税および貿易に関する一般協定）のウルグアイ・ラウンドにおいて設立が合意され，1994年4月に採択された「世界貿易機関を設立するマラケッシュ協定」（WTO協定）に基づき1995年1月1日，本部をジュネーブに置く国連関連機関として発足した。

WTO体制においては，従来のガット体制における物品の貿易に関する協定の他に，サービスや知的財産などに関する規定が加えられたこと，また紛争解決手段が格段に強化されたことが特徴である。

WTO協定は，協定本文のWTO設立協定を骨子とする政府間協定と付属協定より構成される。協定本文は，WTOの設立や組織とその運営について規定する。付属協定は，①付属書1Aが物品の貿易，②付属書1Bがサービスの貿易，③付属書1Cが知的所有権の貿易関連，④付属書2が紛争解決規則および手続，⑤付属書3が加盟国の貿易制度の審査について規定する。

2.3 世界知的所有権機関（WIPO）

世界知的所有権機関（World Intellectual Property Organization，以下，「WIPO」という。）は，国際的な知的財産保護に関する「工業所有権の保護に関するパリ条約」および著作権に関する「文学的および美術的著作物の保護に関するベルヌ条約」の管理のための行政事務を扱うために1970年に設立され，1974年に国連の専門機関になった。知的財産保護の行政事務にくわえ，その国際的推進のための条約の改正作業や新たな条約の策定にも関与している。

WIPO が提唱した主な条約に，ベルヌ条約を補完して情報通信技術の進歩に対応する「著作権に関する世界知的所有権条約（World Intellectual Property Organization Treaty, WCT）」や「実演およびレコードに関する世界知的所有権条約（World Intellectual Property Organization Performances and Photograms Treaty, WPPT）」などがある。

2.4　経済協力開発機構（OECD）

経済協力開発機構（Organization for Economic Co-operation and Development，以下，「OECD」という。）は，先進工業国が主導して，世界の経済成長，発展途上国経済への寄与，世界貿易の拡大を目的として，1961 年にパリに本部を置いて設立された国際機関であり，加盟国は 2010 年の新規加盟を加えて 34 カ国となった。活動範囲は広範にわたるが，とりわけ国際取引に強い影響を与えているのは以下のルールである。

「OECD モデル租税条約（OECD Model Tax Convention on Income and on Capital）」は，国際税制に関する最も重要な条約で，1977 年に公表され，その後頻繁に改正されてきた。また同条約に関する「移転価格（Transfer Pricing）についてのガイドライン」は，同条約の柱である 9 条に定める移転価格の概念を補足し，日本をはじめ各国の国際税務に多大な影響を与えている。別途，国連モデル租税条約も存在するが，国際的な影響力は今一つである。

「OECD 外国公務員贈賄禁止条約（国際商取引における外国公務員に対する贈賄の防止に関する条約，OECD Convention on Combating Bribery for Public Officials in International Business Transactions）は，国際取引上の利益を得るための外国公務員等への贈賄を禁ずる条約であり，近年，この問題は企業のコンプライアンス上の重要課題となっている。この条約の趣旨は日本の不正競争防止法 18 条に組み込まれた。

2.5　国際商業会議所（ICC）

国際商業会議所（International Chamber of Commerce，以下，「ICC」という。）は 1920 年，世界各国の商工会議所の国際的連絡調整機関として機能

する民間団体として創設された。国際取引のための統一ルール作りを推進してきており、またICCが国際紛争処理機関として設置したICC国際仲裁裁判所は、3大国際仲裁機関の1つとして重きをなしている。

ICCが策定した主なルールに「インコタームズ（貿易取引条件解釈の国際規則）」「荷為替信用状に関する統一規則および慣例（信用状統一規則）」、「取立統一規則」、「銀行間補償統一規則」、「仲裁規則」、「友誼的紛争解決規則」、「契約保証証券統一規則」、「請求払保証に関する統一規則」、「UNCTAD/ICC複合運送書類に関する規則」などがあり、とりわけインコタームズや信用状統一規則は国際取引に欠くことのできないルールになっている。

2.6 ユニドロワ（UNIDROIT）

ユニドロワ（私法統一国際協会、以下、「UNIDROIT」という。）は、国際的な契約法の一般原則を策定することを目的として、1926年に国連の下部機関として設立され、1940年に多国間協定に基づく国家間組織として改組された。世界各国の契約法分野の指導的地位にある専門家がさまざまな法体系を代表して参画している。

UNIDROITが策定した「ユニドロワ国際商事契約原則」は、各国裁判例を分析し、国際的な契約の一般原則を条文の形式で編集したもので、条約のような拘束力のあるものではないが、CISG（前述2.1(1)参照）の解釈をはじめとして、国際契約の解釈に重要な役割を担っている。

3. CLOUTによる裁判例・仲裁例の調べ方

CLOUT（Case Law on UNCITRAL texts）は、UNCITRALに報告された裁判例・仲裁例（以下、「事例」という。）を英文で要約したデータ・ベースであり、「3.1」以下にその活用方法を述べる。

CLOUTを作成しているUNCITRALの組織・活動状況など全般的な基本情報に関しては、次のサイトにアクセスするとPDFで入手することができる。〈http://www.uncitral.org/pdf/english/texts/general/12-57491-Guideto-UNCITRAL-e.pdf〉（確認日 2015 年 2 月）。このデータを「A Guide to UNCITRAL」という。

このなかで法律情報として最も重要な「UNCITRAL Texts」の一覧表が「Annex VI」に掲載されている。UNCITRAL Texts には，UNCITRAL が策定した条約その他の法律文書が以下の A，B および C のカテゴリーに分けて記述されている。

A. Legislative Texts：条約，モデル法，立法ガイド，モデル条項など。
B. Contractual Texts：仲裁規則，調停規則など。
C. Explanatory Texts：建設契約，電子送金，電子商取引のガイドライン。

上記のうち「A. Legislative Texts」の適用された事例のデータ・ベースが CLOUT であり，その調べ方について，以下で取り上げる。

3.1 CLOUT へのアクセス方法

(1) CLOUT の Abstracts（事例要旨）

CLOUT には，UNCITRAL のホームページである以下の URL からアクセスできる（確認日 2015 年 2 月）。

〈http//www.uncitral.org/uncitral/en/index.html〉

ここには UNCIRAL に関するさまざまな情報ソースの見出しがあるので，その中から，「Case Law (CLOUT)」を選択する。また UNCITRAL 全体の情報が不要であれば，UNCITRAL ホームページをスキップし，以下の URL から直接 CLOUT のページにアクセスすることもできる。

〈http//www.uncitral.org/uncitral/en/case_law.html〉

ここからは CLOUT 関連の UNCITRAL texts（前述 3. 参照）すべての情報にアクセスできるが，事例を見る場合は「Abstracts」を選択する。また以下の URL からここに直接「Abstracts」にアクセスすることもできる。

〈http//www.uncitral.org/uncitral/en/case_law/abstracts.html〉

(2) Abstracts の表示形式

「Abstracts」を開くと CLOUT Case の一覧表が表示される。このリスト

はUNCITRAL texts別に分類されているわけではない。時系列で公表年の最新のものから順に5年毎（1993年～1995年だけが3年間）に区切ったブロックのなかに通し番号（CLOUT No.）の付されたファイル形式で収録されている。

2011年～2015年のブロックが最新で，ここには，CLOUT No. 105～153のファイルが収録されている（確認日2015年2月）。このブロックの冒頭のファイルはA/CN.9/SER.C/ABSTRACTS/105と表示されているが，末尾の数字「105」がCLOUT No.である。このすぐ下の行に「Cases 1033-1041」という表示があるが，これは事例番号1033から1041の事例が収録されているファイルという意味である。求めている事例がこの中にあれば，ここをクリックすれば，当該事例を見ることができる。事例番号が分からない場合の調べ方は，以下で述べる。

3.2 CLOUTの検索方法

「Abstracts」でも「Case Law (CLOUT)」の頁（前述3.1(1)参照）でも検索用の「Search CLOUT Cases」の欄があるので，そこをクリックすると，表19-1の検索項目が表示される。

表 19-1

① Legislative texts：事例に適用された条約やモデル法の選択
② Article：上記①の関連条文による検索
③ Court/Arbitral Tribunal：裁判所または仲裁機関による検索
④ Court Reference：裁判所の事件整理番号による検索
⑤ Decision Date：判決日または仲裁判断日による検索
⑥ Parties：当事者名による検索
⑦ Country：法廷地または仲裁地の国別の検索
⑧ Case Number：CLOUT Case No.（前述3.1(2)参照）による検索
⑨ CLOUT Number：CLOUT No.（前述3.1(2)参照）による検索

表19-1の検索項目のうち，必須の項目は①である。いかなる条約・モデル法の適用事例を検索するかが出発点となるからである（後述3.3参照）。さらなる検索の仕方については，次項以降で述べる。

なお検索項目⑧と⑨が紛らわしいので注意が必要である。⑧が事例毎に付された通し番号であるのに対し，⑨はファイル（前述3.1(2)参照）毎の通

し番号である。

3.3 CLOUT に掲載されている事例の種類

CLOUT には，Legislative texts（前述 3．参照）の適用事例が掲載されている。検索可能な条約・モデル法の数は全部で 13 本であるが，事例が 1 件しかないものやまったくないものもある。掲載件数も多く，かつ最もよく利用されているのは CISG 適用事例である。次項以下で CISG に絞って活用方法を取り上げる。

なお掲載数などからみて，利用価値のあるのは，以下の条約・モデル法適用事例であろう（カッコ内は掲載件数，確認日 2015 年 2 月）。

  CISG（前述 2.1 (1) 参照）適用事例（779 件）
  NYC（前述 2.1 (2) 参照）適用事例（117 件）
  MAL（前述 2.1 (3) 参照）適用事例（411 件）
  MLCBI（前述 2.1 (4) 参照）適用事例（89 件）

3.4 CISG の適用事例

(1) CISG 適用事例の検索方法

CISG の適用事例を検索するには，「Search CLOUT Cases」（前述 3.2 参照）をクリックし，さらに検索事項の 1 行目にある「Legislative texts」（前述 3.2 の表 19-1 ① 参照）の欄の☑マークをクリックすると，Legislative texts の一覧が示されるので，「CISG (1980)」を選択し，「Search」をクリックすると，CISG の適用された事例すべての一覧表が示される。この一覧表の中から調べたい事例を絞り込む方法は，以下の通りである。

(2) 裁判所・仲裁機関所在地の国別事例の絞込み

どこの国で裁判や仲裁が行われたかを調べるニーズは高い。ここでは日本に先立って CISG 締約国となった韓国の裁判例を調べてみることにする。裁判の行われた国を絞り込むには「Country」の欄（前述 3.2 の表 19-1 の ⑦ 参照）の☑マークをクリックし，「Republic of Korea」を選択すると，韓国裁判所の事例の 7 件（確認日 2015 年 2 月）の一覧表が示される。

なおこの場合，国名は公式名称が用いられているので，「Korea」では表示されない。アメリカも「United States of America」である。

(3) 関連条文による絞り込み

CISG の関連条文による検索もよく利用される。国際売買の紛争では損害賠償問題がつきまとうことが多く，損害賠償の範囲が問題になるので，この点について調べてみることにしよう。損害賠償の範囲は CISG 74 条が規定する。

そこで「Search」の頁の「Article」の欄（前述 3.2 の表 19-1 の ② 参照）に「74」と入力する。すると CISG 74 条に関係のある事例 190 件が表示される（確認日 2015 年 2 月）。

CISG 76 条のように (1) 項と (2) 項があるような場合は，「76 (1)」や「76 (2)」のように項も入力して絞り込むことができる。

(4) 関連条文と国別両方の絞り込み

ここでも具体例として，CISG 74 条について韓国の裁判所でどのように判断されたかを調べるとしよう。それには上記 (1)，(2) および (3) すべての検索事項を「Search」の頁から入力する。すなわち適用される条約である「CISG (1980)」，損害賠償の範囲について規定する条文「74」，および裁判所所在地の「Republic of Korea」である。

その結果，以下の内容の 4 件が表示される（確認日 2015 年 2 月）。

　　(Case No.)　　（裁判所および判決日）
　　　1280　　水源地方法院城南支院 2010 年 4 月 13 日判決
　　　1281　　ソウル高等法院 2009 年 7 月 23 日判決
　　　1282　　ソウル高等法院 2009 年 2 月 23 日判決
　　　1283　　ソウル中央地区地方法院 2008 年 12 月 19 日判決

上記の一覧表の「Case Number」の欄の数字をクリックすれば，その番号の判決内容を見ることができる。

4. CISG 適用事例に関するその他の情報源

　ここでは CISG の事例を多面的に検討するために，CLOUT 以外の情報源の入手方法について取り上げる。CLOUT は，UNCITRAL の運営する権威あるデータ・ベースではあるが，ケースによって精粗がみられる。そこで CLOUT 以外のデータ・ベースも参照することが有意義である。以下に Pace CISG Database，UNILEX および CISG-online の利用方法を紹介する。

4.1　Pace CISG Database
　http://cisgw3.law.pace.edu/（確認日 2015 年 2 月）で閲覧することができる。
　米国ペース大学（Pace University）が運営するデータ・ベースで CISG に関して最も詳細な英文の情報が得られる。CISG に関する世界的に著名なペース大学のスタッフが作成しており，信頼性が高く，条文解説，事例，文献などが豊富に提供されている。CLOUT や UNILEX（後述 4.2 参照）などへのリンクも充実しており，法律情報調査はこのデータ・ベースを起点にすると便利である。
　また CLOUT のように要約ではなく，事例によっては判決や仲裁判断の全文（英文）が掲載されており，詳細を調べる場合に有用である。
　事例を調べるには，この頁の「CASES ON THE CISG」の欄にある表 19-2 のいずれかの項目から検索する。

表 19-2

① Search from for case law	② Cases organized by CISG Article
③ Case law yearbooks	④ UNCITRAL Case Law Digest
⑤ Cases organized by country	⑥ Cases organized by word descriptor

(1) 事項検索

表 19-2 の検索項目欄のうち，① はさまざまなキーワードから検索できる。しかし裁判所や判決日など予備知識を要する項目が多く，簡便に利用できるキーワードは「Search by Word Descriptor」くらいである。だがこれは検索項目 ⑥ の「Cases organized by word descriptor」による検索方法と同じであるので，事項検索による場合は，ここを利用したほうが早い。

例えば「Set-off（相殺）」について，CISG の適用された事例がどのように扱っているかを調べるとしよう。検査項目 ⑥ をクリックすると，アルファベット順に事項が表示され，このなかから「Set-off」をクリックすると，相殺が問題となった事例 75 件（確認日 2015 年 2 月）の一覧表が示される。そして個々の事例を見るには「Filename」の項をクリックすればよい。

(2) 関連条文別検索

関連条文別に事例検索するには，表 19-2 の検索項目 ② を選択し，CISG 条文の一覧表から，該当条文のところをクリックする。具体例として CISG 4 条（条約の規律する事項）に関する「Article 4」を検索してみよう。UNCITRAL Case の 214 件（確認日 2015 年 2 月）の一覧表が最新のものから順に表示されるので，そこから調べたい事例をクリックすればよい。

(3) 国別検索

表 19-2 の検索項目 ⑤ による検索は，おそらく最も利用頻度が高い。特定の問題を調べるのでなければ，通常，CISG 適用事例がどこの国でどのような事例があるかに関心があるし，また詳細が不明な事例を見つけるにも国別のリストから見つけるのが便利だからである。

(4) その他

表 19-2 の検索項目 ③ と ④ とはあまり利用頻度は高くない。③ は時系列で最近のものから順に 2000 年までの CISG 適用事例の一覧表が示されている。④ は，UNCITRAL のデータ・ベースにリンクしており，CISG 条文ごとの解説であるから，上記 (2) と併せて活用することができる。

4.2 UNILEX

http://www.unilex.info/（確認日 2015 年 2 月）で閲覧することができる。

比較法の大家で「ユニドロワ国際商事契約原則」（前述 2.6 参照）作成の作業部会議長でもあるボネル教授らが運営する英文のデータ・ベースである。「UNILEX on CISG」の頁では CISG に関する条文，適用事例，文献などの情報を検索することができる。CISG 適用事例に関しては，この頁の「CASES」の欄に質の高い要約が掲載されている。

「CASES」は，表 19-3 の 4 つの検索方法がある。

表 19-3

① BY DATE：1988 年以降の裁判例・仲裁例を年代順にリスト
② BY COUNTRY：裁判例について裁判所の所在地国別にリスト
③ BY ARBITRAL AWARD：仲裁判断について年代順にリスト
④ BY ARTICLE & ISSUES：関連条文別に裁判例・仲裁例をリスト

裁判例・仲裁例を含み全部で 940 件（確認日 2015 年 2 月，以下の件数も同様）の事例が掲載されている。①は全件の 940 件，②は裁判例だけの 848 件，③は仲裁例だけの 92 件である。④の関連条文別検索は，さらに各条文の論点別に分類されているので便利である。

例えば前述 4.1 (1) 事項検索と (2) 関連条文検索で取り上げた「相殺」と CISG 第 4 条との関係についても，表 19-3 の ④ を利用することができる。④ の頁から「Article#4」を検索したとしよう。するとこの「Issues」の欄に「Set-off」の項目があるから，そこをクリックすると相殺に関する事例 30 件（確認日 2015 年 2 月）のリストが国別に表示される。

4.3 CISG-online

http://www.globalsaleslaw.org/index.cfm?pageID=29 で閲覧することができる（確認日 2015 年 2 月）。CISG 研究の権威であるシュレヒトリーム教授やシュベンツァー教授らにより運営されているデータ・ベースである。UNILEX（前述 4.2 参照）には事例に通し番号が付されていないという難が

あるが，このデータ・ベースは CLOUT（前述 4. 参照）同様に事例に通し番号が付されている点，使い勝手がよい。

CISG-online は，シュレヒトリーム教授やシュベンツァー教授らの著書をはじめとして，CISG に関する文献では事例の表示に CISG-online の事例番号が多用されているので，文献を読むには必須ともいえる。同一の事例が CLOUT にも掲載されている場合，どちらかの番号を入力すれば，他方の番号を知ることができ便利である。

具体的な検索方法は，CISG-online の頁を開き，「Search for cases」の欄の表 19-4 の検索項目から該当事項を選択すればよい。

表 19-4

① CISG-online case no.：このデータ・ベースの事例番号による検索
② CLOUT no.：CLOUT の事例番号による検索
③ Search by article(s)：CISG 関連条文による検索
④ Keyword：事項による検索
⑤ Seller's/Buyer's country：売主・買主の所在地国による検索
⑥ Jurisdiction：法廷地国による検索
⑦ Court/Tribunal：裁判所・仲裁機関による検索
⑧ Date（Year Month Day）：判決日・仲裁判断日による検索

ちなみに ① の欄で「2」を入力すると，「CLOUT Case」では同一裁判例が事例 8 番として掲載されていることがわかる。逆に ② で「8」を入力すると「CISG-online no.」では事例 2 番として掲載されていることが分かる。

またさらに，このデータ・ベースで UNILEX（前述 4.2 参照）に収録されているかどうかもわかる。上述の事例「2」を例にとれば，イタリアの裁判所で 1988 年 10 月 24 日に判決があったという情報が得られるから，それに基づいて UNILEX のデータも容易に検索することができる。

【参考文献】
井原宏＝河村寛治編著『判例ウィーン売買条約』（東信堂，2010 年）。
澤田壽夫＝柏木昇＝杉浦保友＝高杉直＝森下哲朗＝増田史子編著『マテリアルズ国際取引法［第 3 版］』（有斐閣，2014 年）。

杉浦保友＝久保田隆編著『ウィーン売買条約の実務解説［第2版］』（中央経済社，2011年）。
富澤敏勝＝伏見和史＝髙田寛編著『Q&A「国際取引のリスク管理」ハンドブック［改訂版］』（セルバ出版，2014年）。
新堀聰著『ウィーン売買条約と貿易契約』（同文舘，2009年）。

第VI編

実践編

実践編　概要

　法律学に関するレポートや報告書を作成する際には，法律用語や法規定の確認を含めて，適切な情報収集を実践することが必要である。特に法律用語の定義を確認することは，レポート等を作成する際の出発点となる。その際に，直接，法令の条文を参照するには，法律に不慣れな場合には該当条文に辿りつくことが困難なことが多いと思われるので，法律用語辞典や基本書（体系書）を有効に活用すると有益である。

　その後，該当テーマに関係する専門書や論文を参考にする。特に，海外文献については，研究者の論文の脚注を手掛かりにした上で，直接，該当文献に当たってみると効率的である。また，判例検索を中心に，インターネット検索も十分に活用することが考えられる。

　具体的に，レポート等を作成する際には，必要に応じて，法規定の変遷（内容によっては，海外制度の紹介），国内外の判例の確認，学界や経済界の見解の確認も必要である。法律は，判例や立法事実の蓄積によって立法化されていることが多いことから，法規定の変遷や立法趣旨，比較法的観点からの分析，判例による規範の確認，各界の主張点などを整理することによって，テーマに対する周辺知識を得ることができる。

　レポート等が完成した後は，時間を置いて読み直すことにより，誤字・脱字が発見できたり，先生や先輩・同僚達にコメントをもらったり添削してもらうことによって，作成技術が向上する。

　事前の的確な文献収集を元にした論点整理を行った上で作成に取り掛かるとともに，作成後は十分な見直しをすることによって，評価の高いレポート等の作成につながる。

第 20 章

法律学のレポート作成のための情報収集と活用の実践

はじめに

　授業の一環や期末テストの代替で法律学のレポートが課されたり，社会人として報告書を作成する機会があろう。レポートや報告書（以下，まとめて「レポート」という）の作成を前にして，何をどこから手をつけてよいか迷う者も多いと聞く。レポートを作成するためには，適切かつ的確な情報収集を行い，それらを十分に検討し，構想を練った上で作成に取り掛かることが望ましい。
　そこで，本章では，法律学のレポートを作成する際に，情報収集を行うための視点やプロセス，法律学特有の文献検索の活用の実践について紹介する。

1. レポート作成にあたって

　世の中に情報は氾濫しているが，漠然と情報を収集するのではなく，目的にそって的確な情報収集や文献の検索を行うことが必要である。例えば，学生諸君は授業の一環として，レポートの作成が課されることも多いであろう。また，社会人になった後でも，報告書の提出や懸賞論文などに投稿する機会があるかもしれない[1]。学年末の筆記試験では，書籍や授業ノートを復習することによって予め関連知識を記憶する必要があり，かつ限られた時間内で答案を作成しなければならないのに対して，レポートの場合は，記憶や作成のための時間的制約が筆記試験と比較して緩やかである分，学生としてはレポートへの対

応の方が容易であるとの声も聞く。しかし，採点する側からすると，レポートの場合は，課題に対して有益な情報収集を行った上で，いかに的確かつ論理的にまとめる作業を行っているかが評価のポイントとなる。

　学生のレポートの中には，書籍やインターネットからの情報をそのままコピーしたり，単に引き写したと思われるものに遭遇することがあるが，そのようなレポートの評価が低くなるのは当然である。また，安易な手法・手段に基づくレポートは，著作権の観点から問題であると採点者が印象を持つことにより，一層厳しい評価となる可能性もある。レポートであるからこそ，事前に十分な調査と情報収集を実行した後に，必要な情報を取捨選択した上で自分の考えや結論を述べるべきである[2]。

　レポートの作成において，予め課題となるタイトルが提示される場合と，自らがテーマを選定する場合がある。「〇〇について論ぜよ」のように課題が設定されていれば，直ちに，課題に関係する文献の情報収集に注力することになる[3]が，「授業で扱った範囲内で，特に興味を持ったテーマを選定して論ぜよ」との課題となると，まずはテーマ（レポートのタイトル）そのものを検討・決定することが必要になる[4]。

　テーマの検討・決定は，具体的にレポートを作成する前提となるものであり，情報収集や文献検索とその具体的な引用にも大きく関わってくるものだけに慎重を要する。その際，レポートのタイトルそのものよりも，もう少し大きく捉えて，何に関心または問題意識があるのかという観点から出発するとよい場合が多い。しかし，当初から余りにも大きなテーマを設定すると，焦点が曖昧になるだけでなく，そもそも情報収集や文献検索に膨大な作業を強いられ，最終的に作成に要する時間が足りなくなって中途半端なレポートになる可能性が高くなる。例えば，最近よく見聞きする「コーポレート・ガバナンス」ということに関心があったとしても，コーポレート・ガバナンスについては，正式な法律用語ではないだけに，その定義を曖昧なままで使用している傾向が見られる[5]。同様に，「内部統制」についても，巷に氾濫している用語ではあるが，会社法や金融商品取引法に「内部統制システム」という用語自体の記載は存在しない[6]。また，「内部統制システム」という言葉を使用したとき，それは内部統制の概念そのものを示しているのか，あるいは内部統制の構築や運用など

の体制を表しているのか明確にする必要がある。したがって，テーマを検討する際には，マスコミで見聞きする用語を漠然と選択するのではなく，その用語の正確な意味・位置付けの確認と併せて，背後にある個別・具体的な課題にまで深く掘りさげる意識を持つことが大事である。

「コーポレート・ガバナンス」であれば，例えば「企業が自律的に統治する体制」であると理解し定義付けした上で，企業不祥事防止の観点から，会社の機関設計や役員の責任問題の在り方と関連付けると焦点が絞られてくる。すなわち，わが国の取締役会や監査役制度の問題点や課題を踏まえた上で，株主の監視の観点から株主代表訴訟の要件を強化したり，株主総会事項を増加する方向がよいのか，あるいは社外役員による監視・監督機能を強化することが望ましいのか，具体的に論ずることが可能となってくる。

確かに，ある程度情報収集や文献を検索する過程を通じて論点が絞られてくることもあるが，予め課題の背景や選定の理由を念頭においた上で，課題と関連する論点を整理しておくと，効率のよい情報収集や文献検索を行うことができる。

2. レポート作成のための情報収集の実践

それでは，レポートの作成において具体的な情報収集の手法の実践はどのようにしたらよいのであろうか。

ここでは，レポートのテーマとして，株主権の適切な行使という観点から，「わが国の株主代表訴訟制度の課題」についての文献検索について考えてみることとする。

2.1 法律用語や法規定（定義）の確認

法律に関するレポートであれば，テーマに関連する法律用語や法令の規定を確認することが重要である。今回のテーマ設定の中心的な用語は，「株主代表訴訟」ということになるので，「株主代表訴訟」について，会社法の条文で確認してみよう。

まず，会社法の条文の索引を見ても定義規定を見ても，「株主代表訴訟」を直接示した項目はないことに戸惑うかもしれない。「株主代表訴訟」とは，株主が一般株主を代表して，会社のために会社役員に対する責任追及をする制度のことであり，会社法の条文全体の中では，第7編第2章第2節以下の「株式会社における責任追及等の訴え」に規定がある。このように，979条まである膨大な会社法の条文の中から，直接の用語が見当たらない場合には，該当する法律に日常的に接している法律専門家でなければ，直ちに辿り着くことは困難である。

　そこで，定義がどこに規定されているか見つけ出すことに不慣れな場合は，法律用語辞典や基本書（体系書）の索引から該当箇所を参照すると，条文が明記されている[7]。

　また，単に条文ではわからない周辺知識を習得するために，法律学のレポートを作成する場合には，基本書を参考にするとよい。例えば，平成17年会社法制定に際して，法制審議会会社法制部会長に就任されていた江頭憲治郎先生の基本書において，「代表訴訟」の語句を索引から辿ってみると，取締役の責任追及方法の項目に，「株主の代表訴訟」というタイトルがあることがわかる。ここに，「株主が会社のために取締役に対し訴えを提起することも認められ，「代表訴訟（derivative suit）」と呼ばれている（会社法847条・847条の4～853条）。」と記述されている[8]。この記述により，株主代表訴訟とは，株主が会社のために訴訟提起をするから，一般的に「株主代表訴訟」と呼称され，英語では"derivative suit"と呼称されているということが判明する。また，会社法の該当条文番号も示されていることから，条文に直接あたることも可能となる。さらに，代表訴訟制度についての説明の中で，「会社が取締役の責任を追及することを怠る事態があり得るので」と記されており，制度の立法趣旨まで解説されている。

　このように，本格的な体系書は説明も丁寧に記載されており，全体フレームを明らかにし，かつその後の文献を参照する手掛かりとなる情報も豊富である。法律学のレポート作成のための第一歩は，テーマに関連する法令をきちんと押さえることであり，そのために必要に応じて，法律用語辞典や法律の基本書を参考にするとよい。

また，外国における株主代表制度の状況を検討するに際しても，各国の法律での規定の確認が重要となる。アメリカでは，連邦単位の会社法は存在しないため，株主代表訴訟は，連邦民事訴訟規則（Fed.R.Civ.P.R.23（1938））のb項（株主による二次的訴訟（secondary action））として規定されている。歴史経緯として，アメリカでは株主代表訴訟はクラス・アクションの類型として整理されていたためであり，このあたりの経緯は，やはり書籍で確認することになる[9]。他方，欧州諸国において，イギリスでは，2006年のイギリス会社法（Companies Act of 2006）改正によって，新たに株主代表訴訟制度が法制化された（260条〜269条）[10]。また，ドイツでも2005年に，「企業組織の統合と株主総会決議取消訴訟の現代化のための法律」（Gesetz zur Unternehmensintegrität und Modernisierung des Anfechtungsrechts）が施行され，ドイツ法制史上，初めて株主代表訴訟制度が導入された（株式法148条）[11]。ちなみに，フランスでは，個別に行使される会社訴権（Action sociale ut singuli）との位置付けとして，株主代表訴訟は早くから法制化されている（フランス商法245条）[12]。

以上のように，国内外の制度検討の際に，法規定がどのようになっているかを確認することが出発点であり，その際，適宜，基本書や解説書を手掛かりに直接条文にあたってみることが大切である。

2.2 文献検索

次の段階は，テーマに関連する情報の収集である。情報収集の手段として，大きくは，書籍，雑誌，インターネットの3つがある。その中で，狭義には書籍や雑誌などを文献というが，目覚ましく普及しているインターネットも広義には文献ともいえるであろう。

書籍は，会社法，民法，刑法など法分野別に体系的に解説した基本書と，個別テーマを扱った専門書がある。基本書は，前述したように，テーマに関する周辺知識や選択したテーマが全体としてどのような位置付けに相当するかを明らかにしてくれる点で有益である。同じ法分野でも数多く出版されているが，改訂がなされていて現行法をきちんと反映しているものであれば，手にとってみて使いやすそうな書籍でよいであろう[13]。

他方，専門書では，テーマに相応しい書籍を適切に選択することが重要になってくる。テーマで選択した法律用語がそのまま書籍のタイトルとなっている場合は，文献検索システムを利用して，その単語をインプットすることにより該当する書籍を選択することが可能である。しかし，書籍にタイトルとして表示されていないときは，テーマに関連した記述がなされていると思われる書籍を検索した上で，該当箇所を抽出する作業が必要となる。書籍の本文中にテーマに関連する記述が存在しているとしても，直接，その該当箇所を検索することはできないため，基本書によって得た周辺知識をもとに，書籍を検索した上で，実際に図書館で確認する手順を踏むことになる。

書籍と比較して，学術誌または専門誌に掲載された論文が大いに参考になることがある。書籍と異なり，論文の場合はテーマが絞られている場合が多く，テーマに直結したタイトルを持つ論文に接する可能性が高くなる。文献検索システムでは，書籍と論文が分かれており，論文検索の過程で，キーワードをインプットすることによって容易に検索できる。また，法律論文の場合は，脚注によって文献を示すことが通常であり[14]，それらの脚注を頼りにテーマに関係する文献にあたっていく方法も効率的な方法である。したがって，予め該当する書籍の見当がつかないときに，まずは論文を検索し，その脚注を手掛かりとして情報を入手することによって，書籍などの文献に関する必要な情報を見つけ出すことができる場合も多い。

昔と異なり，現在はどの大学図書館もオンラインによる検索ができるようになり，文献検索において格段に利便性が向上した。したがって，まず母校の大学図書館のシステムを利用することが出発点となる。母校のシステムを利用するメリットは，操作を含めて文献検索の過程で不明な点などを図書館の職員の方にすぐに質問することができることであり，また，現物の書籍や雑誌をその場で確認することによる文献の絞込みの点でも便利である[15]。その上で，リストアップされた書籍の中から自分のテーマに最も関係があると思われる書籍や雑誌を選択する。

法律学の勉強を開始して間もない頃は，どの書籍や論文を選択したらよいか判断に迷うことがあると思われるが，判断に迷ったら，可能性のある書籍などに実際にあたって読んでみる。なお，書籍や論文を読む機会が増えてくると，

著名な研究者やその分野で優れた研究者の書籍は，他の書籍や論文で引用されることが多いので，参考とすべき書籍の見当がついてくるようになる。

　一方，海外文献を探すのは，慣れていないと日本文献を探すより格段に困難を伴う。そこで，やはり，日本の書籍や論文が海外の文献を紹介（脚注で紹介している場合が通例）していることを手掛かりに，直接あたってみるとよい。海外の文献については，一般的には実務家によるものより大学教員や企業の研究所在籍者の文献の方が豊富に紹介されている。大学教員の学術論文の場合には，比較法的観点から，海外の文献を調査し紹介することが通例であることから，特にテーマが海外の制度にも関係する場合には，大学教員の文献に絞ってあたってみることが考えられる。

　海外における制度についての基本的理解については，概略を把握するために日本語の文献をあたってみることは手っ取り早い[16]。もっとも，可能な限り，原語で書かれた文献を読むことによって，より理解が深まる可能性が高い。アメリカの株主代表訴訟制度であれば，"derivative suit"をキーワードにして検索をかければ，例えば，Bert S. Prunty 著の *"The Shareholders' Derivative Suit: Notes on Its Derivation*, 32N.Y.U.L. Rev. 980 (1957)" などによって，沿革がわかるであろう。

　また，英語圏以外であると，その国の言語を習得していないと現実問題として困難であるが，大学時代に選択した第2外国語であれば，時間が許す限り辞書を片手に原書にあたってみるのも無駄なことではない[17]。本書で紹介している各国の文献収集ルーツを十分に活用すれば，テーマ設定に近い書籍や論文に辿り着くことが可能である。

　なお，所属している大学図書館が全ての文献を所蔵しているとは限らないので，一応，全ての文献が網羅されている国会図書館[18]の文献についても，書籍と雑誌別に検索し確認することを勧める。

　最後に，インターネットによる情報収集もある。インターネットは，テーマに関係する単語をインプットすると，通常は膨大な数の情報がヒットする。官公庁のホームページから個人のブログの類までそれこそ千差万別である。インターネットによる情報収集の手軽さは大きな長所であるが，内容に正確さを欠く場合も多く，利用には慎重さも必要である。また，インターネットの情報内

容が突然変更されることもあり，情報の質という点での信頼性は書籍や論文と比較すると劣るといわざるを得ない。しかし，情報収集としての手軽さは事実であり，テーマに対する概念を把握する上では，その利便性は大いにある。

また，インターネットの利用で忘れてならないのは判例検索である。雑誌の中でも，重要な判例が掲載されるが，膨大な判例の中から，レポートのテーマにそった判例を検索するためには，インターネットの持つ膨大かつ迅速な処理の特性を利用すると便利である。判例検索は，大学図書館で利用できると思われるが，国会図書館などの公立図書館においても，検索することが可能である。

以上のように，書籍，論文，インターネットによる情報収集は一長一短があり，その目的やタイミングを考えた上で利用することに留意すべきである。

3. テーマ関連の具体的視点

文献のツールにより書籍や雑誌を検索したとしても，予め，調べるべき内容や視点がないと，漠然と読み流したりコピーすることになりかねない。そこで，ここでは，法律学のレポートに対して押さえるべき点について解説する。

3.1 法規定の変遷

第1は，テーマに関する法令改正の変遷である。法律学のレポートは，法令の条文上の規定の確認が基本であるが，現行法の規定に至るまでの改正および趣旨について丹念に確認することにより，背景事情や立案の狙いなどを押さえておくこともポイントである。株主代表訴訟制度であれば，以下のようにまとめることができる。

【参考】わが国の株主代表訴訟制度法改正の変遷
昭和25年　商法改正により，初めて株主代表訴訟制度を導入（昭和25年改正商法267条1項，275条ノ4）
　　　　　・6カ月前から引き続き株式を保有する株主（公開会社の場合）は，

監査役に対し，書面をもって取締役の責任を追及する訴えの提起を請求することができる。

平成5年　提訴株主の経済的負担軽減の改正（平成5年改正商法268条ノ2第1項）
- 株主代表訴訟の訴訟費用を，損害賠償の請求額の如何にかかわらず，一律8200円とすること
- 勝訴株主は，弁護士報酬のみならず，相当額の支払いを請求できるとすること

平成13年　株主代表訴訟制度の手続的な改正（平成13年改正商法268条3項～8項）
- 監査役の調査期間の伸長
- 一般株主に対して訴訟提起の公告・通知
- 株主代表訴訟の訴訟上の和解
- 会社の被告取締役への補助参加

平成17年　会社法制定（会社法847条1項・4項・851条）
- 却下制度の導入
- 不提訴理由通知書制度の導入
- 組織再編行為に伴う原告適格の見直し

平成26年　改正会社法成立・公布（会社法847条の2・3）
- 組織再編行為に伴う原告適格の更なる見直し
- 多重代表訴訟制度の創設

　株主代表訴訟制度は，戦後アメリカの株主権強化の視点から株主代表訴訟制度がわが国に導入されたものの，わが国では長い間活用されなかったために，平成5年に，提訴株主の経済的負担を一挙に軽減した。このことによって，濫用的な訴訟提起が増加することになったことから，今度は，会社の取締役への補助参加や却下制度などによって，その防止に向けた制度設計が行われた。併せて，株主代表訴訟制度の実効性を担保するために，監査役の調査期間の伸長や不提訴理由通知書制度も図られた。さらに，株主による取締役らへの監督是正権の観点から，組織再編行為の伴う原告適格の見直しや多重代表訴訟制度の

創設が行われた。このような制度設計の流れとその趣旨は，制度の変遷を丁寧に追っていくと明らかになり，今後の課題や展望を考える上では極めて有益である。

また，余裕があれば，比較法の観点から，諸外国との比較をしてみると，レポートの内容にも深みが出てくるであろう（株主代表訴訟の制度比較として，「表20-1」参考)[19]

【参考】 表20-1 株主代表訴訟の制度比較

	日本	アメリカ	イギリス	ドイツ	フランス
原告適格	・単独株主権 ・6カ月継続保有 （公開会社）	・単独株主権 ・適切代表性 ・行為時株式所有	・単独株主権	・少数株主権	・少数株主権 （共同行使又は団体行使の場合）
不当な訴訟への対応	・担保提供申立	・担保提供申立 ・訴訟委員会	・裁判所事前許可	・裁判所事前許可 ・経営判断原則の法定化	・会社の訴訟引込

3.2 判例

法律学のレポートや論文作成において，法規定と同等に重要なものとして判例がある[20]。重要な最新の判例を紹介した雑誌[21]も参考になるが，効率的な検索のためには，一つには，判例六法の活用，もう一つはインターネットやCDの利用が便利であろう。

判例六法は，該当の条文が明らかになっていれば，直ちに，その条文に関連する過去の重要な判例が示されている。今回のテーマでは，会社法847条であることから，判例六法で確認してみると[22]，847条（旧商法267条）を巡って，個別の論点毎に整理されている。具体的に見てみると，① 会社役員に対する損害賠償請求権の譲渡の効力（東京地判平17・5・12金法1757号46頁)，② 会社に対する提訴請求の場合の事実の特定の程度（東京地判平8・6・20判時1572号27頁)，③ 責任追及の訴えを提起した後に，会社に同訴えの提起の請求をした場合（東京地判平4・2・13判時1427号137頁)，④ 不正利益を図

ることを目的とした事例（長崎地判平 3・2・19 判時 1393 号 138 頁）⑤ 責任追及の訴えにおける担保提供の申立ての悪意の意義（大阪高決平 9・11・18 判時 1628 号 133 頁）などがある。株主代表訴訟制度に関する論点別に判例が掲載されてあり，裁判所の判断の概要も記されているので参考になる。

　インターネットの活用であれば，予め，テーマに関係する裁判例がわかっていれば，裁判年月日や事件番号などによって検索できる。しかし，該当する裁判例について知見がないときは，キーワードを手掛かりにして検索することになる。しかし，キーワードによる検索の結果，該当する裁判例が多数出てくるときは，関連すると思われる語彙を追加インプットして絞込みをかけることも必要である[23]。今回の「株主代表訴訟の課題」であれば，「株主代表訴訟」「課題」（または「問題点」）をインプットすればよいであろう。有料データベースでは，判決の全文のみならず，事案の概要や掲載文献などの情報も充実しているので，活用するとよいと思われる。

　テーマに関係の深い判例を検索できたとしても，掲載されている判例集（最高裁民事判例集，判例時報，判例タイムズ，金融・商事判例など）やデータベースに掲載されている判決の全文を読み，事実関係に対して裁判所がどのような判断を下しているか，事実との法的因果関係を意識して理解するように努めるべきである。そして，研究者や実務家が当該判例に対して判例評釈を出していれば，それらも参考にしながらレポートや論文の意見や結論のための補強材料として活用することが重要である。

　なお，海外の裁判例をあたってみるときには，本書で紹介しているツールを是非，活用してもらいたい。

3.3　学界の見解

　制度についての課題や問題点，解釈に関わる内容については，学説についての確認も重要である。法律の分野では，研究者による学説が多数説となって意見形成されて，立法化につながるケースが少なくないからである。そこで，今回取り上げた株主代表訴訟制度の課題というテーマに関して，過去，研究者の主張が立法化につながったケースをみてみよう。

　会社法施行前においては，株主代表訴訟係属中に，被告取締役の会社が株式

交換などの手法を利用して完全子会社となると，原告株主は，被告取締役の会社の親会社株主となるために，株主代表訴訟の原告適格は喪失した。例えば，大阪地裁で巨額の損害賠償が認容された「大和銀行株主代表訴訟事件」[24] は，控訴審によって和解により決着したが，原告株主が和解に応じた理由は，大和銀行が「大和銀ホールディングス」の完全子会社となることに伴い，原告適格を喪失し請求が棄却される可能性があったからである。このような状況に対して，圧倒的多数の商法の研究者からは，自らの意思とは関わりなく株主の地位が移転したのに対して，原告適格が喪失することは，余りにも文言解釈に偏っており不合理であるとの批判が寄せられた[25]。

この結果，平成 17 年会社法では，会社の組織再編行為時点ですでに株主代表訴訟を提起し係属中であれば，原告適格を喪失しないという手当てが行われた（会社法 851 条）。もっとも，この規定では，組織再編行為以前に提訴を実行していなければ，完全子会社役員の責任追及はできないということになる。そこで，平成 26 年会社法では，さらに進めて，組織再編行為時点の訴訟係属要件を撤廃し，組織再編の効力発生日までに株主であり，株式交換などにより完全親会社の株主となった（旧株主という）のであれば，原告適格を喪失しないこととなった（会社法 847 条の 2・851 条）。

このように，判例の状況や学説の多数説・通説[26] のもと，立法化につながることもあるので，判例や学説の動向にも注意を払うとよいであろう。

3.4 経済界の見解

法制度改正を伴う事項については，経済界の意見を代弁した形で，日本経済団体連合会（経団連）や日本商工会議所などの団体が意見表明を行う場合が多い。個々の企業の経営方針や実務実態によって，色々な意見があるのは当然であるが，一方で，経団連などは多くの会員企業の意見を踏まえた上での意見表明であることが多いことから，直接の利害関係者の意見として確認しておくことも必要である。特に，法改正の動きがある場合は，その背景についての実務実態や課題の検討を出発点とすることが多いために，経済界の動向把握は押さえておくべきであろう。

株主代表訴訟に関しては，平成 22 年 4 月から開始された「会社法制の見直

第20章　法律学のレポート作成のための情報収集と活用の実践　353

し」において，多重代表訴訟制度の創設の有無についても，重要な項目の1つとして掲げられた。法務省法制審議会会社法制部会の審議の中でも，多重代表訴訟の創設の是非について賛否両論が出され，公表された中間試案の段階では，多重代表訴訟を創設する案と創設しないという案の両論併記となった[27]。多重代表訴訟の是非を検討するにあたって，現行法の単体の株主代表訴訟についての課題にも言及されることから，この点について，経済界がどのような見解を持っているか確認することができる[28]。

3.5　情報収集のまとめ

以上の情報収集をもとに，レポート作成に取り掛かるわけであるが，その前に，簡単にまとめておくと，レポート作成の際に便利であろう。今回の「わが国の株主代表訴訟制度の課題」というテーマに関する情報収集では，次のようにまとめることができるであろう。

①　わが国では，戦後，アメリカから株主代表訴訟制度が新たに導入されたが，株主は勝訴しても，経済的利益がない上に，訴額に応じた提訴手数料を支払わなければならないことから，制度としてほとんど活用されなかった。

②　そこで，提訴株主の経済的負担を軽減するために，訴額にかかわらず提訴手数料を一律に低額とすること，訴訟に係る相当額の支払いを受けることなどの改正を平成5年の商法改正で行った。他方で，この改正により，株主代表訴訟の件数は一挙に増加したが，その中には，濫用的な訴訟も含まれることとなった。

③　しかし，長い間活用されなかった制度を定着化するため，株主による提訴要件を縮減することはできなかったために，わが国の株主代表訴訟は，株主による不適切な訴訟提起に対しては，従来からの担保提供の申立制度の活用に限定されていた。もっとも，担保提供の申立制度は，悪意の疎明の意義が裁判上の判断が確立していない中で，十分な対抗措置とはいい難かった。

④　わが国がモデルとしたアメリカの制度では，原告株主適切代表や行為時株主原則，訴訟委員会による訴訟終了制度が存在し，近年，新たに株主代表訴訟制度を導入した欧州主要国では，裁判所の事前審査機能が充実している上に，ドイツでは原告適格要件として少数株主権の制度も取り入れている。

⑤　平成17年に制定された会社法では，却下制度や不提訴理由通知書制度などにより，不適切な訴訟への対抗制度を導入したが，要件が厳しかったり，法的位置付けが不明確などの理由により，十分な効果が発揮されていない。

⑥　平成26年の改正会社法では，このような制度的不備を念頭に，新たに創設した多重代表訴訟では，親会社株主の原告適格要件を少数株主権とするなどの一定の対応措置をとっている。

⑦　今後は，通常の株主代表訴訟制度も少数株主権とするのか，または欧米諸国のような立法措置を採用するのか，株主による監督是正権と会社の対抗措置とのバランスを考慮しながら，適切な制度設計を検討することが大事である。

4. レポート作成終了後の留意点

どのようなレポートでも論文でも同様であるが，作成して満足するのではなく，提出前によく読み直すことが重要である。論理の矛盾から誤字・脱字の類まで，修正すべき点がないか，確認してみることである。少し時間を置いて読み直してみると，作成に没頭していたときには気がつかなかったような点に気がつく場合が少なくない。例えば，声に出して読んでみると，文章のつながりが悪い点を発見することも多い。

また，対外的な論文（懸賞論文や学内外の雑誌への投稿）では，ゼミの先生や担当科目の先生に添削してもらうと，専門家の立場から色々なアドバイスをしてくれるであろう。社会人であれば，法務部門の先輩や同僚に見てもらって，意見やアドバイスを受けることも有益である。

授業の一環である課題レポートであれば，担当の先生に予め添削してもらうわけにはいかないので，友人や諸先輩に見てもらうのがよいであろう。他人に見てもらうと，自分では気がつかなかったようなことについて，具体的な修正点などの指摘をしてもらえることが多い。このような経験を重ねることによって，レポートや論文作成の技術が向上してくるものである。

文献収集と的確な情報の選択を行うこと，お手本となる論文を手間暇とわ

ずに読む習慣をつけること，実際に手を動かしてレポートを書いてみること，実際に書いたレポートを第三者に見てもらって指摘してもらうこと，を繰り返すことにより，評価の高いレポートの作成能力が身につくものである。そして，慣れてくれば，レポートから小論文，さらには卒業論文や大学院の修士論文，博士論文に至るような本格的な論文の作成にまで意欲が湧いてくるかもしれない。また，企業勤務者であれば，社内の調査部門や研究機関に異動して，色々な報告書を作成するという選択肢も生まれてくるかもしれない。

　当初の間は，法律文献の収集1つをとってみても時間を要するかもしれないが，回数を重ねる内に，効率よくかつ効果的な収集ができるようになるはずである。そして，法律のレポートや論文作成においても，事前の的確な文献収集と論点を予め整理した上で，実際の作成に取り掛かることが説得力のあるレポートや論文の作成につながり，最終的には良い評価を得られることになる。

注
1　例えば，日本監査役協会が設立40周年を記念して，「日本企業の将来とコーポレート・ガバナンスのあり方」をテーマに学生の部と社会人に分けて懸賞論文を広く募集し，結果発表および最優秀論文は，月刊監査役631号（2014年）4-43頁に掲載している。
2　小論文や卒論の場合は，レポート以上にこの点は重要視される。特に，法律論文では，先行研究を丁寧に検討することが重要視されるために，脚注としてその証を示すことが必要である。
3　もっとも予め課題が設定されていても，その課題に対して，自分の関心のあるテーマに絞り込んで，その理由とともに結論を導く方がメリハリのあるレポートとなり，評価が高くなる。
4　小論文や卒論でも，指導教員がテーマを示唆する場合もないではないが，ほとんどの場合は，自分でテーマを決めた上で指導教官に説明し了解を得た上で，具体的な作成作業に取り掛かることになる。
5　田島教授も，コーポレート・ガバナンスは余りにも多義的に使われているために，学会での議論は噛み合っていないと指摘されている。田島裕『法律情報のデータベース』（丸善，2003年）73頁。
6　会社法は，「取締役の職務の執行が法令および定款に適合することを確保するための体制その他株式会社の業務の適正を確保するために必要なものとして法務省令で定める体制」（会社法348条3項4号）とし，金融商品取引法では，「財務計算に関する書類その他の情報の適正性を確保するために必要なものとして内閣府令で定める体制」（金融商品取引法24条の4第1項）と表記されている。
7　初心者は，法令の条文に直ちに辿り着くのは容易ではないため，法律用語辞典や法律の基本書を参照した上で，条文で確認する方が効率的である。しかし，辞典や書籍は，場合によっては簡略化した記述になっている可能性があるので条文検索や一次的な理解の助けに利用し，必ず条文で確認する習慣をつけるべきである。法令は何度も参照することによって，条文構造の理解が深まってくる。
8　江頭憲治郎『株式会社法（第6版）』（有斐閣，2015年）484-485頁。
9　日本に紹介したものでは，北沢正啓『株式会社法研究Ⅲ』（有斐閣，1997年）がある。また，直

接，アメリカの書籍であたるとしたら，アマゾンなどを利用すればよいであろう。ちなみに，Deborah A. DeMott, *Shareholder Deribative Action Law & Practce*（Thomason West, 2006），Ralph C. Ferrara, Kevin T. Abikoff and Laura Leedy Gansler, *Shareholder Derivative Litigation: Besiging the Board*（Law Journal Press, 2006）などがある。

10　260条から264条までは，ENGLAND, WALES および NORTHERN IRELAND が対象であり，265条から269条は SCOTLAND が対象である。2006年イギリス会社法の解説としては，Geoffrey Morse, *Palmer's Company Law Annotated Guide to the Companies Act 2006*（Sweet & Maxwell, 2007）が参考になる。

11　従来欠番であった株式法148条を復活させて新たに規定した。改正株式法を解説したものとして，Uwe Hüffer, *Akiengesetz*（Verlag C.H. Beck München, 2006），Jörg H. Geßler und Markus Käpplinger, *Aktiengesetz-2006-Kommentar*（Luchterhand, 2006）などがある。

12　フランスの株主代表訴訟の特徴である，会社訴権の個別行使については，J. Hémard, F. Terré et P. Mabilat, *Sociétés Commerciales, t. II*（Paris, Dalloz,1974）n°1202 が参考になる。

13　例えば，会社法では，江頭・前掲注(8) 以外にも，森本滋『会社法』（有信堂高文社），河本一郎『現代会社法』（商事法務），神田秀樹『会社法』（弘文堂），前田庸『会社法入門』（有斐閣），近藤光男『最新株式会社法』（中央経済社），弥永真生『リーガルマインド会社法』（有斐閣）が版を重ねておりポピュラーである。

14　法律学の小論文やレポートを書く際には，過去の業績を明らかにする必要があり，また脚注や参考文献リストを見ただけで，ある程度その論文の出来栄えを判断することができるとの指摘がある。弥永真生『法律学習マニュアル（第3版）』（有斐閣，2009年）226頁。

15　公立図書館の職員の方にも丁寧に教えてもらえるが，公立図書館の場合は，あらゆるジャンルの書籍を所蔵しているために，法律学関係の文献が必ずしも十分ではない上，場合によっては書庫から持ってくる（「閉架式」といわれる）ための手続も必要である。なお，全ての文献を確認するためには，国会図書館の検索を利用するのが一番であるが，国会図書館は閉架式の図書館である。

16　アメリカにおける株主代表訴訟であれば，北沢・前掲注(9) 239-282頁を参考にすると，その沿革がわかる。

17　ドイツであれば，さしあたり Andreas Kolb, *Unternehmensintegrität, Minderheitenrechte und Corporate Governance Die Änderungen des Akiengesetzes durch das UMAG und deren Auswirkungen*, DZWIR 2006 が参考になる。

18　国会図書館の検索のためのアドレスは，http://iss.ndl.go.jp/（2015年9月10日現在）。なお，国会図書館は満18歳以上でなければ利用ができない。筆者も大学1年時に，夏休みのレポート作成のために国会図書館に入館したとき，大学生となった実感を味わった記憶がある。もっとも，国会図書館は，閉架式であり，書籍や雑誌をすぐに手にとってみることができなかったこと，夏休みで多くの学生もいて混雑していたことから，当初予定していたとおりの文献収集はできなかった。

19　中国の2005年の改正会社法において，株主代表訴訟は1％以上の株式を保有する少数株主権となっている（中国会社法152条）。

20　田島教授は，法律の条文と判決文そのものは，第一次資料であり，良い論文を書くためには，第一次資料に関する情報の重要性を力説されている。田島裕『法律情報の検索と論文の書き方』（丸善，1998年）46-47頁。

21　例えば，商事関係では，判例時報（判例時報社），判例タイムズ（判例タイムズ社），金融・商事判例（経済法令研究会）などがある。

22　判例六法として，井上正仁＝山下友信編集代表『有斐閣判例六法 Professional』（有斐閣），判例六法編集委員会編『模範六法』（三省堂）がある。法科大学院の学生は，持ち運びに便利なポケット版（井上正仁編集代表『有斐閣判例六法』（有斐閣））の利用も多い。

23 「社外取締役の独立性」のテーマの絞り込みであれば、「善管注意義務」とか「忠実義務」などである。
24 大阪地判平12・9・20金判1101号3頁。
25 当時の主要な商法研究者から構成されていた株主代表訴訟制度研究会(座長 岩原紳作東京大学教授(当時))でも、和解理由を支持する学説はほとんどないと明言している。株主代表訴訟制度研究会「株式交換・株式移転と株主代表訴訟(1)」商事法務1680号(2003年)5頁。
26 通説は、「単に多数の研究者が支持しているということだけではなく、影響力のある研究者が支持していることを意味するはずである」ということである。弥永・前掲注(14) 230頁。
27 法制審議会会社法制部会「会社法制の見直しに関する中間試案」商事法務1952号(2011年)4頁以下。
28 例えば、「多重代表訴訟制度導入により、すでに現行の株主代表訴訟制度に対して企業法務が有している濫訴リスクへの懸念が拡大増幅されるおそれがある」(北川浩「多重代表訴訟導入に対する問題意識－海外子会社に関する議論の必要性を中心に－」商事法務1947号(2011年)31頁)や、多重代表訴訟制度創設の反対理由の1つとして、諸外国に存在する濫訴防止の仕組みが日本には無いこと(法制審議会会社法制部会第11回会議議事録[杉村豊誠委員]6頁)を主張している。

【参考文献】

田島裕『法律情報の検索と論文の書き方』(丸善、1998年)。
田島裕『法律情報のデータベース』(丸善、2003年)。
弥永真生『法律学習マニュアル(第3版)』(有斐閣、2009年)。

索　引

第Ⅰ編　アジア編

【第1章　日本法】

CiNii 学術論文データベース　27
NBL　25
NDL-OPAC　27
TKC「ローライブラリ」　28
金融・商事判例　22
金融法務事情　22
警察学論集　26
高等裁判所刑事判例集　22
高等裁判所民事判例集　22
国際商事法務　25
国立国会図書館　27
国立情報学研究所　27-29
最高裁判所刑事判例集　21
最高裁判所裁判集　21
最高裁判所民事判例集　21
ジュリスト　24
旬刊商事法務　25
知的財産関係民事・行政裁判例集　22
日本法令英訳プロジェクト　12
日本法令外国語訳データベースシステム　12
判例時報　22
判例タイムズ　22
法学教室　24
法学セミナー　25
法曹時報　25
法律時報　24
民事月報　26
民商法雑誌　24
無体財産権関係民事・行政裁判例集　22

【第2章　インドネシア法】

9月30日事件　35
Burgerlijk Wetboek（BW）　42
Het Herziene Indonesisch Reglement（HIR）　42
Hukumonline　49
Kitab Undang-undang Hukum Acara Pidana（KUHAP）　42, 43
Kitab Undang-undang Hukum Dagang（KUHD）　43
Kitab Undang-undang Hukum Perdata（KUHPerdata）　42
Kitab Undang-undang Hukum Pidana（KUHP）　43
Wetboek van Koophandel（WvK）　42
Wetboek van Strafrecht（WvS）　43
アダット　32
アチェ特別自治法　41
違憲立法審査権　36
イスラム　32, 46
イスラム法　32
インドネシア共和国憲法　32, 33, 35, 36
インドネシア共和国暫定憲法　32, 34
インドネシア銀行　41
インドネシア連邦共和国憲法　32, 34
汚職犯罪裁判所　45
オランダ　31, 32
会計検査院　38, 41
改正インドネシア規則　42
議会構成法　38
行政裁判　45, 46
漁業裁判所　45
軍事裁判　45, 46
経過規定　34
刑事手続法　42, 43
刑法典　43
憲法改正　32, 33, 37
憲法裁判所　36, 40, 41, 44-47, 51
憲法適合性審査　44, 47
合意憲章　35

国民法育成局　48, 50
婚姻法　42
最高顧問会議　38, 39
最高裁判所　36, 38, 39, 41, 44-46, 50
産業関係裁判所　45
児童刑事裁判所　45
司法委員会　36, 41, 44
司法権基本法　42-44
シャリア法廷　45
宗教裁判　45　46
上院　34
商業法　43
商事裁判所　45
商法典　42
人権　33, 34, 36, 37
人権裁判所　45
人民協議会　33, 36, 38-41
人民代表議会　33-37, 39-41, 44, 46, 47
スカルノ　32, 35, 48
スハルト　35, 43, 44, 46
スポモ　32, 34
制憲議会　34, 35
税務裁判所　45
全インドネシア会議　34
大統領の直接選挙制　36
地方首長公選制　37
地方代表議会　37-41, 47
地方分権（化）　37, 39, 41
通常裁判　45, 46
独立準備調査会　33
日本　31-33
ハーグ円卓会議　34
法律代行政令　39, 40
法令法　41
民法典　42

【第3章　タイ法】

管区控訴裁判所　59
行政裁判所　62
軍事裁判所　62
憲法裁判所　58
控訴裁判所　59
最高裁判所　58

死刑制度　57
司法裁判所　58
少年家庭裁判所　60
消費者事件手続法　57
専門裁判所　60
専門事件控訴裁判所　59
租税裁判所　61
知的財産・国際取引裁判所　61
通常裁判所　60
トーレンスシステム　56
破産裁判所　62
不敬罪　57
政尾藤吉　55
民商法典　56
薬物事件手続法　57
労働裁判所　60

【第4章　台湾法】

FIA Status Company　78
経理人　69, 77
公平交易法　69, 79
五権憲法　70
股份有限公司　77
公司重整　78
三民主義　68
選編判例　72
専利権　79
総統　70
台湾地区および大陸地区人民関係条例　69
抵押（抵当）権　76
典権　74
董事（長）　77
法の支配　68
香港マカオ関係条例　69
民商合一主義　69
両合会社　76

【第5章　中国法】

CIETAC　84
Rule by Law　80
外商投資産業指導目録　90
外商投資企業　89
経営範囲　89, 90

建設用地使用権　88
公司　89
裁判監督制度　82
三権分業　82
三資企業　89
指導判例　85
司法解釈　85, 90
審批制度　90
専利　91
宅地使用権　88
地方保護主義　81-83
中国国際経済貿易仲裁委員会　84
重整　90
法の支配　80
民商合一主義　88

【第6章　ベトナム法】

慣習(法)　98
監督審　100
行政文書　94
公文　98
再審　100
三権分業　95
人民検察院　100
人民裁判所　100
仲裁　99, 101
調停　100
判決文　98
判例　98
ベトナム共産党　92
法律文書　96
　法律下位文書　96
　法律規範文書　94
　法律適用文書　94

【第7章　香港法】

charge　113
Chief Justice　107
Covernment Lease　113
debenture　113
floating charge　113
HKSAR　106
Hong Kong International Arbitration
　Centre　108
Hong Kong Judiciary　107
Independent Commission Against
　Corruption (ICAC)　114
Ordinance　109
Senior Counsel　109
一国二制度　105, 106
終審裁判所　106, 107
香港国際仲裁センター　108
廉政公署　114

【第8章　マレーシア法】

Doing Business 2015　116
イギリス法　116
エクイティ　121
コモンロー法系　116
シャリーア裁判所　119
枢密院司法委員会　117

第Ⅱ編　北米・ラテンアメリカ編

【第9章　アメリカ法】

American Digest System　152
American Jurisprudence　151
American Law Reports　150
American Law Yearbook　151
Black's Law Dictionary　152
Bloomberg　147
Burton's Legal Thesaurus　153
California Reporter　146
Code of Federal Regulations　141
Corpus Juris Secundum　151
Current Law Index　155
Decennial Digest　152
Dictionaries　152
Digests　152
EBSCOhost　155
Federal Register　141, 146
Federal Rule Decisions　146
Federal Supplement　146
Findlaw　136
Gale Encyclopedia of American Law　151
General Digest　152

索引　361

Google Scholar　155
GPO Access　156
HeinOnline　135, 140, 141, 147, 150, 155
Index to Legal Periodicals Law and Books　154
JSTOR　155
Legal Encyclopedias　151
Legal Information Buyer's Guide and Reference Manual　148
Legal Information Institute　140
Legal Reviews　154
Lexis　133, 134, 140, 141, 145, 147, 148, 150, 151, 153-157
LexisAdvance　134
Loislaw と Bloomberg Law　135
Matthews Municipal Ordinances　141
Model Business Corporation Act　139
Monthly Catalog of U.S. Government Publications　156
National Reporter System　146
NELLCO Legal Scholarship Repository　155
New York Supplement　146
Prince's Bieber Dictionary of Legal Abbreviations　153
Restatement　147
session laws　140
Shepard's　147
Shepard's Acts and Cases by Popular Names: Federal and State　141
Shepard's Federal Statutes Citations　141
Social Science Research Network　155
Statute at Large　140, 141
Supreme Court Reporter　145
THOMAS　156
U.S.Code　140, 141
Uniform Commercial Code　139
Uniform Laws Annotated　141
United States Code Annotated　140
United States Code Congressional and Administrative News　156
United States Code Service　140
United States Law Week　146
United States Reports　145
United Supreme Court Reports, Lawyer's Edition　145
Westlaw　133, 134, 140, 141, 145, 147, 148, 150, 151, 153-157
WestlawNext　134
アメリカ合衆国
　──憲法　131, 137
　──控訴裁判所　143
　──国際通商裁判所　143
　──国際取引委員会　144
　──最高裁判所　142, 143, 145
　──地方裁判所　143
　──特許商標庁(局)　139, 144
　──破産裁判所　143
アメリカ合衆国連邦
　──議会　137
　──議会議事録　156
　──控訴裁判所　146
　──最高裁判所判例集　145
　──裁判所　142, 143
　──巡回区控訴裁判所　143
　──制定法　140
　──地方裁判所　146
　──取引委員会　136
　──法令集　140, 141
　──問題管轄　142
　──連邦請求裁判所　143
アメリカ法　148
　──判例集　150
　──判例百選　149
アメリカ法律協会　139, 147
委員会配布資料　155
委員会報告書　155, 156
一般法律　138
英文法辞典　152
英米商事法辞典　152
英米法系　131
英米法律語辞典　152
会期別法律集　138
下院　137
議会情報サービス　156
規制権限　137
キーナンバー　147

教科書　149
競合管轄　142
行政規則　139
行政規則・命令　141
ケースブック　149
憲章　139
権利章典　137
控訴裁判所　144
公聴会記録　156
公文書　155
個別法律　138
市議会　139
事実審裁判所　144
辞典　152
州憲法　137
州際通商委員会　136
州裁判所　144
州籍相違管轄　142
首席裁判官　144
巡回裁判所　144
上位裁判所　144
上院　137
上院・下院での議論　156
少額請求裁判所　145
証券取引委員会　136
上訴裁判所　144
少年裁判所　145
条約　139
条例　139, 141
書誌　148
シリーズ・セット　156
審決　144
請求裁判所　145
制定法　136, 141
専属管轄　142
体系書　149
ダイジェスト　147, 152
大統領声明　139
大統領令　139, 141
地方裁判所　144
注釈付法典　140, 141
デラウェア州衡平法裁判所　145
統一商事法典　139

統一法　139, 141
都市裁判所　145
ドッド＝フランク・ウォール街改革・消費者保護法　157
ニューヨーク州事実審裁判所商事部　145
判例　147
判例集　145
判例法　131
法案　155
法律雑誌　154
法律時報　148
法律省略事典　153
法律百科事典　151
法律類義語辞典　153
法令速報　140
ホーンブック　149
モデル法　139
模範刑法典　139
模範事業会社法　139
遺言検認裁判所　145
リステイトメント　147
労働省　139

【第10章　カナダ法】

Appeal Courts　164
Boards　163
Civil Marriage Act　163
Constitution Act　161
Federal Court　164
Federal Court of Appeal　164
Patriation　161
Provincial Courts　164
reference　165
Supreme Court of Canada　165
Tribunals　163
移管　161
カナダ最高裁判所　165
カナダの権利および自由の憲章　161, 162
カナダ連邦議会　166
勧告意見　165
ケベック州　162, 163, 166
憲法の法源　161
州議会　168

州の上級裁判所　164
照会　165
枢密院における総督　167
総督　167
ヌナブト準州　166
副総督　168
明示の宣言がある場合の例外　162

【第11章　メキシコ法】

1857年憲法　174
1917年憲法　173
amparo　178
Calvo Doctrine　174
Cámara de Diputados　175
Cámara de Senadores　175
equidad　177
leyes ordinarias　177
leyes regulamentarias　177
obligaciones contractuales　178
PEMEX　174
principios generals del derecho　177
一般法　177
エクイティー　177
エコロジーの均衡と環境保護に関する包括法　188
外国投資法　182
外資登録　182
会社法　183
下院　175
閣僚任免権　176
カスティーリャ法　172
カディス憲法　173
株式会社　183
株式合資会社　183
可変資本制　183
カルボ原則　174
環境責任に関する連邦法　188
環境保護法　188
企業結合規制　184
規制法　177
共同管轄　178
協同組合　183
クエルナヴァカ綱領　173

組合　183
経済競争に関する連邦法　183
刑事訴訟法典　179
刑法典　179
契約法　178
減免制度（リニインシー）　185
公共契約における連邦腐敗防止法　185
公共契約についての連邦汚職行為禁止法　181
工業所有権の振興と保護に関する法律　187
工業所有権法　187
合資会社　183
合名会社　183
国営石油会社　174
国際商取引における外国公務員に対する賄賂の防止に関する条約　181
国際連合腐敗防止条約　181
国家反腐敗行為局　185
最高裁判所　176
三権分立原則　175
シエテ・レイェス　173
自白　181
資本金増減登録簿　183
資本市場法　182
社会私法典　180
巡回(合議)裁判所　176
上院　175
証券法　182
商事会社　183
植物新品種に関する連邦法　187
人材派遣スキームにおける労働　186
人身保護請求　178
選挙裁判所　176
専属的管轄　178
専属的制定権限　179
専属的立法権限　177
第三者審議会　186
大統領制　175
地区裁判所　176
知的財産権保護法　187
調停委員会制度　186
著作権法　187
特定産業分野における発明者または完成者の所有権に関する法律　187

内資による投資促進と外資の規制に関する
　　法律　182
ヌエバ・エスパーニャ　172
罰金軽減制度　181
反マネーロンダリング連邦法　185
米州腐敗防止条約　181
法人処罰規定　181
法の一般原則　177
民事会社　182, 183
民事訴訟法典　179
民法典　179
メキシコ革命　173, 174
メキシコ産業財産庁　187
メキシコ法典　180
優越的地位の濫用　184
有限会社　183
レフォルマ　173
連邦議会　175
連邦行政組織法　176
連邦競争委員会　184
連邦刑事訴訟法典　179, 180
連邦刑法典　179, 180
連邦司法会議　176
連邦商法典　180
連邦電子通信協会　184
連邦特別区　175, 178
連邦犯罪　180
連邦民事訴訟法典　179
連邦民法典　179
連邦労働法　186
労働契約の柔軟化　186
労働調停・仲裁委員会　186

【第12章　ブラジル法】

CADE　205
Calvo Doctrine　206
委任法　199
ウィーン物品売買条約　191
外国仲裁判断の承認および執行に関する
　　条約（1958年）　207
下院　192
株式会社（S.A.）　201-203
株式会社法　190, 202
株主総会　203
簡易労働訴訟手続　195
環境基本法　202
企業の法　201
行政規則　200
競争法　191
　　1991年競争法　191
協同組合　201
共有社団　201
共和制　192
拒否権　194
銀行法　190
軍事司法審議会　195
軍事司法判事　195
経営審議会　203
経済防衛行政審議会　205
刑法典　190
決定　200
厳格責任原則　206
憲法　198
　　1824年憲法　190
憲法修正　198
憲法補足法　198
公共民事訴訟法　191
合資会社　201
拘束性判決要旨　196
高等軍事裁判所　195
高等選挙裁判所　195
高等労働裁判所　195
合名会社　201
個人有限責任企業　201
暫定措置法　199
事前届出制度　205
資本市場法　190
州高等裁判所　195
州司法判事　195
重要判決要旨　196
上院　192
消費者保護法　191, 202
商法典　190
選挙委員会　195
選挙裁判官　195
大統領(制)　192, 193

単純会社　201
地方選挙裁判所　195
地方労働裁判所　195
仲裁法　191, 206
通常法　199
統一労働法典　190, 203
特別上訴　197
匿名組合　201
取締役会　203
内規　200
南米共同市場　191
判例拘束性の原理　196
腐敗行為防止法　191, 206
ブラジル競争法　205
ブラジル司法審議会　197
ブラジル仲裁法　207
法人格否認　202
法人処罰規定　206
マネー・ロンダリング規制法　191
民法典　190
ムニシピオ　192
命令　200
有限会社　201, 202
立法府命令　199
リニエンシー（罰金減免制度）　205
連邦官報　200
連邦議会　192
連邦憲法　192
連邦高等裁判所　194
連邦最高裁判所　194
連邦制　192
連邦地方裁判所　194
連邦直轄区　192
労働裁判所　204
労働裁判所判事　195
和解裁定委員会　195

第Ⅲ編　ヨーロッパ編

【第13章　EU法】

一次法　220
欧州統一特許　219
欧州特許付与条約　218
欧州連合運営条約　214
欧州連合司法裁判所　224
欧州連合条約　214
ガイドライン　223
勧告　222
規則　221
義務不履行訴訟　225
競争政策　217
決議　223
決定　222
結論　223
見解　222
権限共有事項　215
公務員裁判所　224
個別授権原則　214
支援・調整・補充事項　216
司法裁判所　224
上訴　227
食品の販売　217
指令　222
政策調整事項　215
先決質問の付託　218, 227
宣言　223
専門裁判所　224
先例拘束性　227
損害賠償請求訴訟　218, 226
第一審裁判所　224
特許　218
取消訴訟　225
二次法　220
排他的権限事項　214
比例性原則　215, 219
不作為訴訟　226
補完性原則　215, 219

【第14章　イギリス法】

1535年ウェールズ法諸法　232
1705年合併法　233
1873年および1875年最高法院法　240
1911年議会法　233, 236
1949年議会法　233, 236
1972年欧州共同体法　233
1998年人権法　233

索引

1998年地方分権法 234
2006年会社法 235
2007年審判所・裁判所施行法 246
All England Law Reports 247, 248
All England Law Reports Reprint 248
BAILII 231, 240, 248, 249
Black's Law Dictionary 252
British and Irish Legal Information Institute 231
Chronological Table 239
Command Paper 254
Cumulative Supplement 239
Current Law Case Citator 248
Current Law Legislation Citator 239
Current Law Monthly Digest 248
Current Law Statutes Annotated 238
Early English Laws 240
English Reports 248
EU指令 237
Finding English Law: Key Titles for Non-UK Lawyers and Researchers 249
Halsbury's Laws of England 239
Halsbury's Statutes Citator, Is it in Force 239
HeinOnline 231, 239, 253
House of Commons Parliamentary Papers 231, 254
Index to Legal Citations and Abbreviations 252
Jowitt's Dictionary of English Law 252
JustCite 232
Law Reports: Statutes, Halsbury's Statutes of England and Wales 238, 247
Lawbore 231
Lawtel 230
Lawyer's Law Books 249
Lexis 230, 239, 248, 253, 254
Lexis Library 229, 230
Note-Up Service 239
Parliaments Acts 239
Public General Acts and Measures 238, 239
Revised Reports 248
Scottish Parliament Acts 239

Statutes at Large 239
Statutes of the Realm 239
Statutory Instruments 239
Stroud's Judicial Dictionary of Words and Phrases 252
The Chronological Table of the Statutes 239
The Oxford English Dictionary 252
The Statutes at Large from the Magna Carta to the End of the Eleventh Parliament of Great Britain 239
Weekly Law Reports 247, 248
West 230
Westlaw 230, 239, 248, 253, 254
Westlaw Next 230
Westlaw UK 230
Year Books 248
委員会(報告の)段階 236
イギリス・アイルランド法情報研究所 231
一般雑誌 252
一般法案 235
一般法案委員会 236
委任立法 234, 236
イングランドおよびウェールズの判例集協議会 247
ウェールズ国民会議 234
欧州司法裁判所 241
王立委員会 254
王立裁判所 243
家事部 244
家庭裁判所 244
カンタベリー・アーチ裁判所 242
議員提出法案 235
議会 233
議会審議報告書 254
議会制定法 234, 235, 237, 239
議会討議資料 254
議場参事 236
貴族院 233, 234, 241, 248, 254
貴族院司法委員会 249
北アイルランド議会 234
北アイルランド控訴院 242
教科書 250
記録長官 243

索　引　367

金銭法案　235
刑事事件再審委員会　243
刑事法院　241, 244
権威的典籍　251
研究書　251
ケント大学　231
憲法　232
憲法準則　232, 233
合議法廷　244
公共センター情報局　240
控訴院　241, 243, 248
高等法院　241, 243, 248
公文書　254
衡平法　211, 232, 240
衡平法部　244
国(女)王の裁可　236
個別法案　235
コモン・ロー　211, 232, 240
混合型法案　235
最高法院　242, 248, 249
裁判所　241
自治法規　237
実務雑誌　253
実務書　251
従位立法　236
州裁判所　245
習律　232, 233
女王座部　244
少額訴訟　246
少年裁判所　245
書誌　249
庶民院　233, 254
人権条約の権利　238
審判所　241, 246
新聞　253
枢密院　237, 243, 248
枢密院司法委員会　241, 242
枢密院令　237
スコットランド議会　234
スコットランド刑事法院　242
スコットランド控訴院内院　242
制定法　232-234, 238, 239
政府刊行物　238

政府提出法案　235
専門雑誌　253
先例拘束性の原理　241, 243
第1読会　236
第2読会　236
第3読会　236
大法官　244
大陸法制度　241
治安判事　245
治安判事裁判所　241, 245
知的財産企業裁判所　246
陪審員　244
犯罪被害補償局　246
ハンサード　254
判例集　247
判例法　232, 233
不文憲法　232
分権化　234
法案　254
法源　232, 251
法の支配　233
法律　232
法律委員会　254
法律雑誌　252
法律辞典　252
法律省略事典　252
マグナ・カルタ　233, 239, 240
マールバラ法　240
命令　234, 237, 239
ヨーロッパ連合　238
連合王国最高法院　241

【第15章　ドイツ法】

Amtsgericht　261
Beck-Online　269
Bundesarbeitsgericht　265
Bundesfinanzhof　265
Bundesgerichtshof　261, 265
Bundesgesetzesblatt　262
Bundesrats-Drucksachen　264
Bundessozialgericht　265
Bundestags-Drucksachen　264
Bundesverfassungsgericht　264

Bundesverwaltungsgericht　265
Dissertation　271
GRUR　268
Handbuch　270
Juristische Zeitschrift　271
Kammergericht　261
Kommentar　262, 270
Landgericht　261
Lehrbuch　270
LexisNexis.de　269
Monographie　271
NJW　268
Oberlandesgericht　261
Referentenentwurf　264
Regierungsentwurf　264
Reichsgericht　261, 265
コンメンタール　262, 270
参事官草案　264
省略記号　259
政府草案　264
ハンドブック　270
法律略語辞典　260
モノグラフ　270
ユリス　263, 269
ライヒ裁判所　261, 265
　ライヒ裁判所刑事判例集　267
　ライヒ裁判所民事判例集　267
連邦議会議事録　264
連邦行政裁判所　265
連邦行政裁判所判例集　266
連邦憲法裁判所　264
連邦憲法裁判所判例集　266
連邦参議院議事録　264
連邦社会裁判所　265
連邦社会裁判所判例集　267
連邦税務裁判所　265
連邦税務裁判所判例集　267
連邦通常裁判所　261, 265
連邦通常裁判所刑事判例集　266
連邦通常裁判所民事判例集　266
連邦法律広報　262
連邦労働裁判所　265
連邦労働裁判所判例集　267

【第16章　フランス法】

1789年人権宣言　276
違警罪　282
違警罪裁判所　282
違憲審査　279
オルドナンス　278
完全裁判訴訟　280
行政行為解釈・適法性審査訴訟　280
行政裁判所　280
行政訴訟　280
軽罪　282
軽罪裁判所　282
憲法院　279
憲法的法律　277
合憲性優先の照会　280
控訴院　283
国務院　280
子ども裁判所　283
司法裁判所　281
社会保障予算法律　277
重罪　282
重罪院　282
小審裁判所　281
商事裁判所　283
処罰訴訟　280
組織法律　277
第五共和制憲法　276
大審裁判所　281
仲裁　284
デクレ　278
取消訴訟　280
破毀院　283
法典（化）　276
法律　277
身近な裁判官　281
予算法律　277
例外裁判所　283
労働審判所　283

索引　369

第Ⅳ編　中近東・アフリカ編

【第17章　イスラーム法】

イジュマー（合意）　295
イスラーム法　293
キヤース（類推）　295
クルアーン　295
シャリーア　293
スンナ　295

【第18章　タンザニア法】

慣習　312
慣習法　291, 305, 307, 309
現地調査　292, 314, 315
植民地　291, 305, 307-312
フィールド・ワーク　292, 314, 315

第Ⅴ編　国際ルール

【第19章　国家法以外の国際ルール】

A Guide to UNCITRAL　327
Abstracts　327, 328
Case Law on UNCITRAL texts (CLOUT)　319, 322, 326, 331, 334
　Case Law (CLOUT)　327, 328
　　CLOUT Case　334
　　CLOUT No.　328
CASES ON THE CISG　331
Cases organized by word descriptor　332
Contractual Texts　327
Convention on Recognition and Enforcement of Foreign Arbitration Awards (NYC)　323, 329
Explanatory Texts　327
GATT　324
International Chamber of Commerce (ICC)　325, 326
　ICC国際仲裁裁判所　326
Legislative Texts　327, 329
Lex Mercatoria　321
Organization for Economic Co-operation and Development (OECD)　325

OECD Convention on Combating Bribery for Public Officials in International Business Transactions　325
OECD Model Tax Convention on Income and on Capital　325
OECDモデル租税条約　325
OECD外国公務員贈賄禁止条約　325
Pace CISG Database　331
Search by Word Descriptor　332
Search CLOUT Cases　328, 329
Search for cases　334
United Nations Commission on International Trade Law (UNCITRAL)　322, 323, 326, 331
　UNCITRAL Case　332
　UNCITRAL Model Law on Cross-Border Insolvency (MLCBI)　323, 329
　UNCITRAL Model Law on International Commercial Arbitration (MAL)　323, 329
　UNCITRAL Texts　327, 328
　UNCITRAL国際商事仲裁モデル法　323
　UNCITRAL国際倒産モデル法　323
　UNCITRAL仲裁規則　323
UNCTAD/ICC複合運送書類に関する規則　326
UNIDROIT　326
UNILEX　331, 333, 334
　UNILEX on CISG　333
United Nations Convention on Contracts of International Sale of Goods (CISG)　322, 323, 326, 329, 330, 332
　CISG-online　331, 333, 334
World Intellectual Property Organization (WIPO)　324
World Intellectual Property Organization Performances and Photograms Treaty (WPPT)　325
World Intellectual Property Organization Treaty (WCT)　325
World Trade Organization (WTO)　324
WTO協定　324
移転価格（Transfer Pricing）についてのガイ

ドライン 325
インコタームズ 326
ウィーン売買条約 319, 321, 322
外国仲裁判断の承認および執行に関する条約 323
外国倒産処理手続の承認援助に関する法 324
関税および貿易に関する一般協定 324
銀行間補償統一規則 326
経済協力開発機構 325
契約保証証券統一規則 326
工業所有権の保護に関するパリ条約 324
国際商業会議所 323, 325
国際商取引における外国公務員に対する贈賄の防止に関する条約 325
国際物品売買契約に関する国際連合条約 322
国連国際商取引法委員会 319, 321, 322
国家法 321
実演およびレコードに関する世界知的所有権条約 325
私法統一国際協会 326
信用状統一規則 326
請求払保証に関する統一規則 326
世界知的所有権機関 324
世界貿易機関 324
世界貿易機関を設立するマラケッシュ協定 324
仲裁規則 326
著作権に関する世界知的所有権条約 325
取立統一規則 326
荷為替信用状に関する統一規則および慣例 326
ニューヨーク条約 323
不正競争防止法 325
文学的および美術的著作物の保護に関するベルヌ条約 324
ベルヌ条約 325
貿易取引条件解釈の国際規則 326
友誼的紛争解決規則 326
ユニドロワ 326
 ユニドロワ国際商事契約原則 326, 333
 ユニドロワ商事契約原則 322
レークス・メルカトーリア (商慣習法) 321

第Ⅵ編　実践編

【第20章　法律学のレポート作成のための情報収集と活用の実践】

海外文献 347
学術誌 346
学説 351
学界の見解 351
基本書 344
脚注 346
経済界の見解 352
懸賞論文 354
公立図書館 348
国会図書館 347
島田弦 360
修士論文 355
情報収集 342, 353
小論文 355
専門誌 346
専門書 345
卒業論文 355
大学図書館 346
体系書 344
多数説 351
通説 352
西澤希久男 360
日本経済団体連合会 352
日本商工会議所 352
博士論文 355
判例 350
判例検索 348
判例評釈 351
判例六法 350
平野温郎 358
文献検索 342, 345
文献検索システム 346
法規定 343
法律学のレポート 341
法律用語 343
法律用語辞典 344
法令改正の変遷 348
立法趣旨 344

編著者紹介
(あいうえお順)

阿部　博友（あべ　ひろとも）　第11章，第12章
　　一橋大学大学院法学研究科教授。国際取引法学会理事副会長。筑波大学博士（法学）。主たる著書に『現代企業法務1』（共著，大学教育出版，2014年），『判例ウィーン売買条約』（共著，東信堂，2010年）など。

小林　成光（こばやし　しげみつ）　第9章，第14章
　　国士舘大学法学部現代ビジネス法学科教授。企業法学会理事，日米法学会評議員。修士（法学）。主著『プライマリー会社法〔第4版〕』（共著，法律文化社，2015年），『アフリカ系アメリカ人ハンディ辞典』（共著，南雲堂フェニックス，2006年）など。

高田　寛（たかだ　ひろし）　第1章（共著）
　　富山大学経済学部経営法学科教授。企業法学会理事，国際取引法学会理事。修士（工学），修士（法学），LL.M，特種情報処理技術者。主著『Web2.0インターネット法』（文眞堂，2007年），『国際取引のリスク管理ハンドブック』（共著，セルバ出版，2014年），『企業責任と法』（分担執筆，文眞堂，2015年）など。

高橋　均（たかはし　ひとし）　第20章
　　獨協大学大学院法務研究科教授。企業法学会理事，国際取引法学会理事。博士（経営法）。専門領域は，商法・会社法，金融商品取引法，企業法務。主著『株主代表訴訟の理論と制度改正の課題』（同文舘出版，2008年），『グループ会社リスク管理の法務（第2版）』（中央経済社，2015年），『企業責任と法』（分担執筆，文眞堂，2015年）など。

平野　温郎（ひらの　はるお）　第4章（共著），第5章，第7章
　　東京大学大学院法学政治学研究科教授。国際取引法フォーラム理事長，国際取引法学会理事。1982年三井物産株式会社入社，法務部勤務。海外法務研修員（中国），香港・北京・ニューヨーク駐在などを経て2013年6月末に退職，7月から現職。著書に『国際的な企業戦略とジョイント・ベンチャー』（共著，商事法務，2005年），『英文契約書の法実務』（共著，三協法規出版，2012年）など。

著者紹介
(あいうえお順)

雨宮　洋美（あめみや　ひろみ）　第 18 章
　富山大学経済学部経営法学科准教授。名古屋大学博士（学術）。主著「タンザニアにおける土地法整備支援」『国際開発研究　第 20 巻 2 号』(2011 年)，「イタイイタイ病から学ぶ公害問題における現代的課題」『環境の視点からみた共生』（富山大学『東アジア「共生」学創成の学際的融合研究』(CEAKS, 2013 年)，「アフリカの土地所有権―タンザニアを事例として―」『富山大学地域生活学第 5 巻』(2014 年) など。

岩瀬　真央美（いわせ　まおみ）　第 6 章
　兵庫県立大学経済学部准教授。博士（学術）（名古屋大学）。主著『投資協定における投資の保護―現地子会社の取り扱いを中心に―』(大学教育出版，2004 年)，『新版　国際関係法入門』(有信堂，2013 年，共著) など。

栗田　佳泰（くりた　よしやす）　第 10 章
　新潟大学大学院実務法学研究科准教授。憲法理論研究会運営委員。修士（法学）。主著『ナショナリズムの政治学―規範理論への誘い』(分担執筆，ナカニシヤ出版，2009 年)，「憲法教育の『法定』に関する序論的考察―リベラリズムに基づく立憲主義の立場から―」日本法哲学会編『法哲学年報 2011』(有斐閣，2012 年) など。

桑原　尚子（くわはら　なおこ）　第 8 章，第 17 章
　福山市立大学都市経営学部・都市経営学研究科准教授。博士（学術）。主著『アジア法ガイドブック』(名古屋大学出版会，2009 年，共著)，『アジアの憲法入門』(日本評論社，2010 年，共著)，『シャリーアとロシア帝国』(臨川書店，2014 年，共著)，『アジアの生殖補助医療と法・倫理』(法律文化社，2014 年，共著)，「イスラーム離婚法改革の論理とその特質」『アジア法研究』第 4 号 (2010 年) など。

黄　瑞宜（こう　ずいぎ）　第 4 章（共著）
　台湾・玄奘大学法律学系専任副教授。博士（法学）。明治学院大学法と経営学研究所研究員。主著「台湾渉外民事法律適用法の改正について―主に契約の準拠法を中心に―」(明治学院大学法律科学研究所年報第 29 号，2013 年)，「民商合一制之問題研究―以民法第 127 條第 8 款規範内容之現代化問題（智財法院 97 民

専訴 61 判決）為中心」（台灣法學雜誌第 238 期，2013 年），「台湾会社法第 23 条における責任者の義務違反に伴う法的責任」（明治学院大学法科大学院ローレビュー第 15 号，2011 年）など。

小梁　吉章（こはり　よしあき）　第 13 章，第 16 章
　広島大学大学院法務研究科教授。国際取引法学会理事。博士（法学）。主著『フランス倒産法』（信山社，2005 年），『フランス信託法』（信山社，2011 年），『欧州競争法』（翻訳）（信山社，2013 年）など。

島田　弦（しまだ　ゆづる）　第 2 章
　名古屋大学大学院国際開発研究科教授。名古屋大学・博士（学術）。主な学術業績：「インドネシアにおける法の支配と民主化―移行過程における法律扶助運動」（国際開発研究フォーラム第 42 巻，2012 年），「災害リスク管理の法制度」（高橋誠・田中重好・木股文昭編『スマトラ地震による津波災害と復興』，古今書院，2014 年）など。

富澤　敏勝（とみざわ　としかつ）　第 19 章
　日商岩井米国株式会社法務部長兼審査部長，本社法務部長，山形大学人文学部教授，神戸学院大学実務法学研究科（法科大学院）教授を経て現在，国際取引法学会顧問。企業法学会理事。前国際商取引学会会長。主な著書は，『国際取引とリスクマネジメント』（悠々社），『国際取引法入門』（窓社），『国際的な企業戦略とジョイントベンチャー』（共著，商事法務）など。

西澤　希久男（にしざわ　きくお）　第 3 章
　関西大学政策創造学部国際アジア法政策学科教授。アジア法学会理事。修士（法学）。主な業績『バンコク土地所有史序説』（共著，日本評論社，2003 年），『タイの立法過程』（共著，アジア経済研究所，2010 年），『差異と共同　マイノリティという視角』（共著，関西大学出版部，2011 年），『アジアの障害者教育法制　インクルーシブ教育実現の課題』（共著，アジア経済研究所，2015 年）など。

本山　雅弘（もとやま　まさひろ）　第 15 章
　国士舘大学法学部・大学院総合知的財産法学研究科教授。筑波大学大学院博士課程満期退学。修士（法学）。2003 年～2005 年および 2013 年～2014 年，ミュンヘンのマックス・プランク知的財産法研究所客員研究員として研究に従事。主著として，『ドイツにおける意匠法と著作権法との体系的峻別構造の生成と展開』（財団法人知的財産研究所，2006 年），『現代知的財産法講座 I 知的財産法の

理論的探究』（共著，日本評論社，2012 年），『著作権法コンメンタール〔第 2 版〕』（共著，勁草書房，2015 年）など。

伏見　和史（ふしみ　かずし）　第 1 章（共著）
　　日商岩井㈱（現双日）大阪法務審査部長，日本大学教授，山形大学人文学部教授を経て現在，山形大学非常勤講師。企業法学会会員，国際商取引学会会員。主書に『改訂版「国際取引のリスク管理」ハンドブック』（共著，セルバ出版，2014 年）など。

世界の法律情報
──グローバル・リーガル・リサーチ──

2016年6月15日 第1版第1刷発行	検印省略

編著者	阿 部 博 友
	小 林 成 光
	高 田 寛
	高 橋 均
	平 野 温 郎
発行者	前 野 隆
	東京都新宿区早稲田鶴巻町533
発行所	株式会社 文 眞 堂
	電話 03（3202）8480
	FAX 03（3203）2638
	http://www.bunshin-do.co.jp
	郵便番号 (162-0041) 振替00120-2-96437

印刷・モリモト印刷　製本・イマキ製本所

© 2016

定価はカバー裏に表示してあります

ISBN978-4-8309-4878-7　C3032